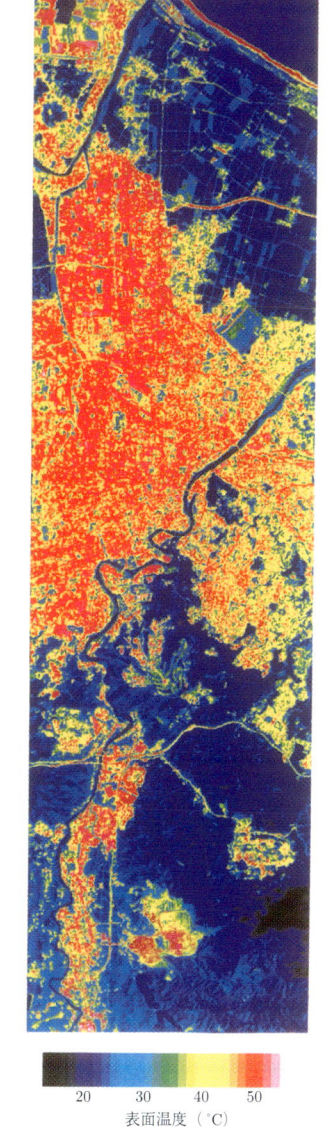

口絵 2-1
仙台における夏季・晴天日の熱画像と緑被分布（航空機 MSS データより作成．1993 年 8 月 29 日観測，天候快晴，気温 26°C）

（本文 48 ページ）

左図：リモートセンシングデータを使って作成した緑被分布図．右図と比較すると緑のあるところは表面温度が低く，緑のない市街地が高温を示していることがよくわかる．杜の都，仙台といわれるが，市街地の中には緑が少ない．

右図：航空機マルチスペクトラルスキャナーによって収録された仙台の市街地と郊外の熱画像．海や水田，そして森林の表面温度は気温と等しいかそれ以下である．これに対して，建築や舗装面で覆われた市街地や開発が進められている郊外の団地の表面温度は気温より 20°C も高い．まさに都市砂漠だ．

池袋サンシャイン 60 から収録

　中央のまとまった緑は護国寺の森．手前は木造の建築が密集した地域．右側の高速道路沿いに鉄筋コンクリート造の建築が並んでいる．

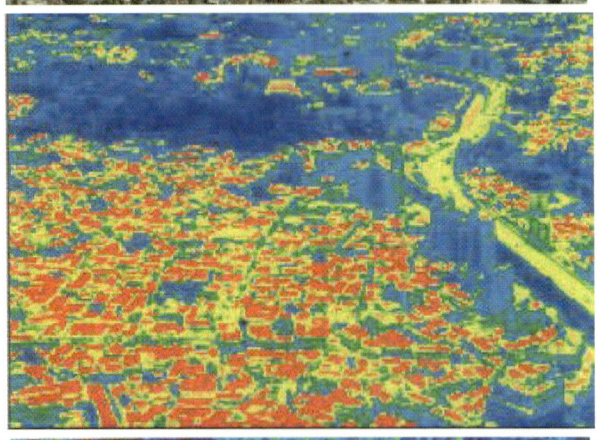

（写真ラベル：護国寺の森／木造建築密集地域／鉄筋コンクリート造建築／首都高速道路）

夏の昼の熱画像
（1990 年 7 月 28 日 12:00）

　手前の木造建築の屋根がもっとも高温になる．高速道路の舗装面も高温を示す．護国寺の森の温度は気温とほぼ等しく，木造建築の屋根と比べると 20°C も低い．

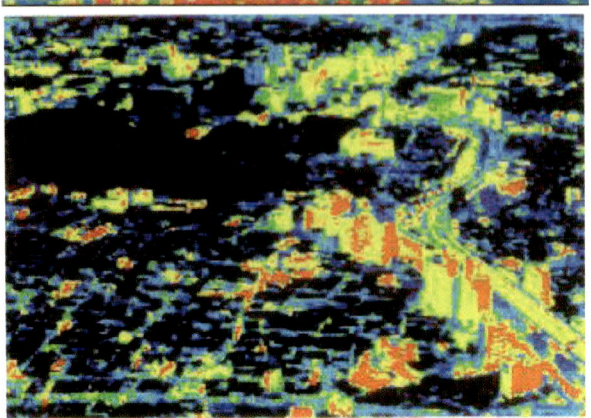

夏の夜の熱画像
（1990 年 7 月 28 日 21:00）

　夜になると木造建築の屋根は大気放射によって急激に表面温度が下がる．護国寺の森の温度は昼と同様に気温とほぼ等しい．鉄筋コンクリート造建築の壁面は日中吸収した日射熱が蓄熱され高温を保つ．舗装道路も高温を示し，熱帯夜の発生を助長する．

口絵 2-2　夏季・晴天日における市街地の熱画像（東京・池袋）（本文 52 ページ）

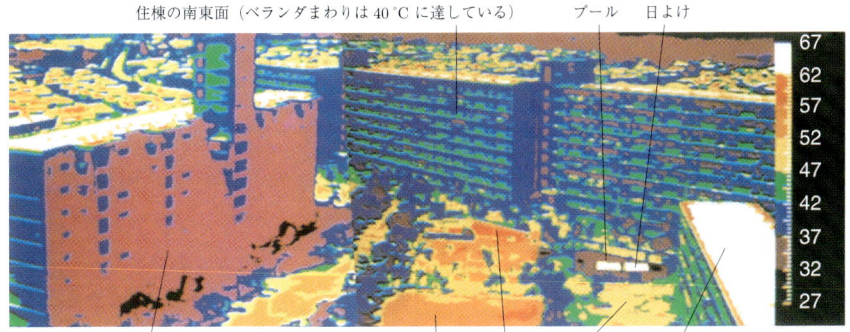

住棟の南東面（ベランダまわりは 40 ℃ に達している）　　プール　　日よけ

住棟の北側（日中周囲の表面温度は気温より低い）　　テニスコート　砂場　　前庭の芝生　　外断熱の屋根（日中は高温）

7 月 31 日　　11：45　　気温 32 ℃，水平面日射量 930 W/m²

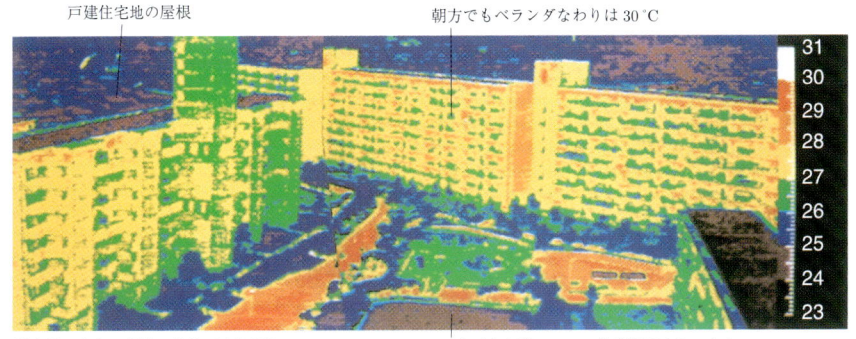

戸建住宅地の屋根　　　　　　　　　　朝方でもベランダなわりは 30 ℃

熱容量の大きい住棟や舗装面は高温を維持している　　クレーコートは少し湿っていて熱容量が小さいため温度降下が激しい

7 月 31 日　　18：40　　気温 24 ℃

住棟北面　　　　住棟南東面　　　　　　　住棟南面

集合住宅における住棟群とオープンスペース（福岡県，公団花鶴ヶ丘団地）

口絵 2-3　住棟に囲まれた団地のオープンスペースにおける夏季の昼と夜の熱画像
（本文 53 ページ）

口絵 3-1　建築の屋上を緑化した場合の都市景観のシミュレーション（本文 60 ページ）

◀ 現況の空中カラー写真

▲ 建築の屋根で陸屋根のところを抽出（白色）

▲ 建築の陸屋根に緑化をしたシミュレーション画像

口絵 3-2　久隅守景筆夕顔納涼図（本文 64 ページ）

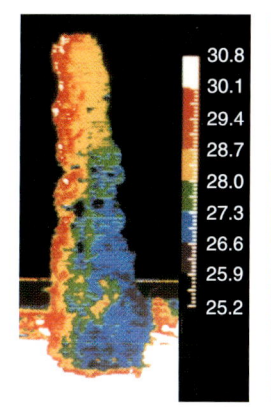

口絵 3-3 左上から日射を受けたカイズカイブキの樹冠の温度

　陰の部分の樹冠は気温とほぼ等しく，日射の影響はほとんど受けない．（本文 66 ページ）

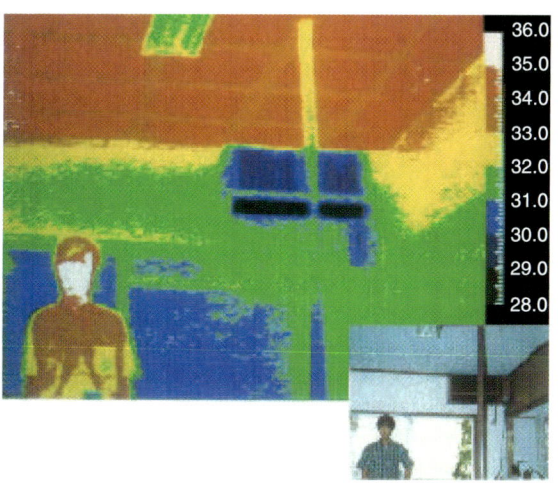

口絵 3-4 断熱の悪い屋根からの焼け込みを示す熱画像

　天井は高温を示す．クーラーをつけても室温は下がらず，天井からの熱放射で不快．（本文 67 ページ）

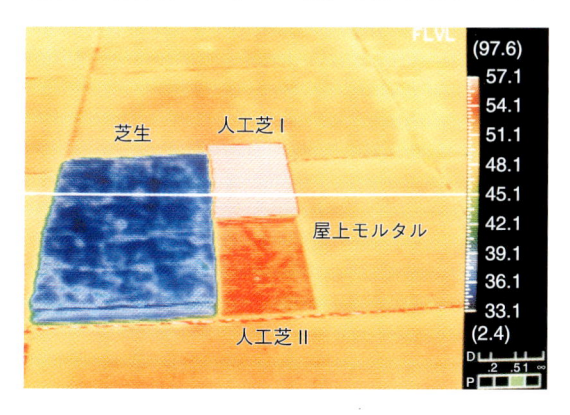

口絵 3-5 夏の晴天日における屋上芝生植栽の日射遮蔽効果（本文 68 ページ）

(a) 正午過ぎの熱画像

　屋上のモルタルや人工芝の表面温度は 50〜60°C に上昇するが，芝生は気温より若干高い程度．

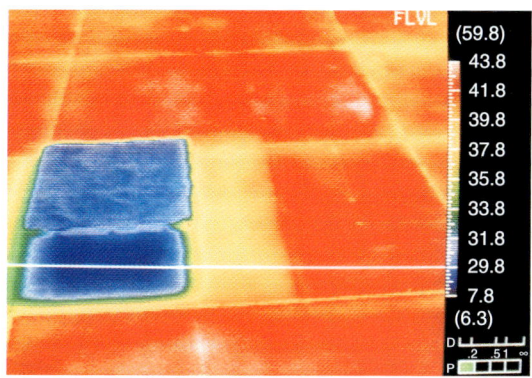

(b) 夕方の熱画像（芝生のプランターの一部〈図 3.8 の青枠で示した部分〉と人工芝を取り除いたところ）

　芝生のプランターの下は芝生と土によって，日射の影響はまったく見られない．

口絵 5-1　床暖房された部屋の熱画像
（本文 96 ページ）

　床全面に床暖房が施され，床の表面温度は約 29°C に保たれている．室温は少し低目でも快適．

口絵 6-1　冬の集合住宅における外観の熱画像
（本文 116 ページ）

　まるで夜景の写真のようである．ガラス窓の表面温度が高く，室内から熱が逃げていることがわかる．断熱戸や雨戸，カーテンによる断熱化を図る必要がある．

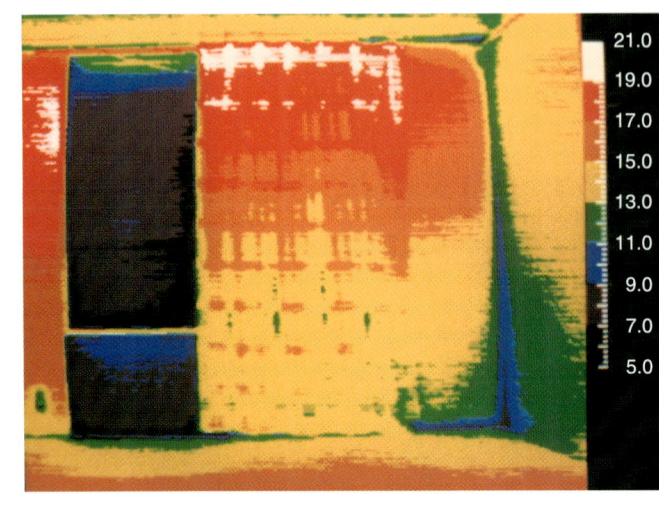

口絵 6-2　冬の北窓の熱画像
（本文 116, 117 ページ）

　カーテンの断熱効果や断熱材のある壁とない壁（左下の窓の下の壁は断熱材をとり除いたところ）の比較．

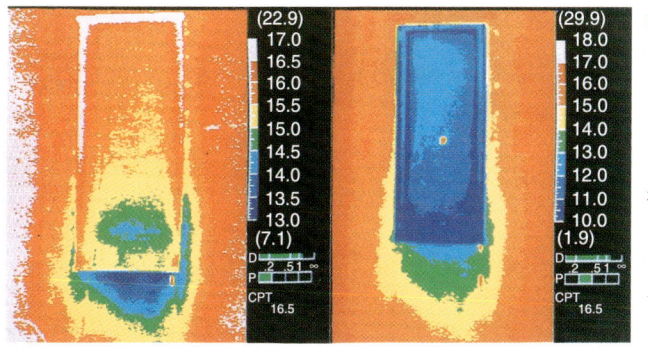

口絵 6-3　ロールカーテンをした窓（左の熱画像）
（本文 117 ページ）

　ロールカーテンと窓枠のすき間から，ガラス面で冷やされた冷気が流れ出ている．

　右の熱画像はロールカーテンを開けた直後のもの．ガラスの表面温度は低温．

口絵 8-1　冬季における外壁の隅角部にみられるヒートブリッジ現象（熱画像）
（本文 164 ページ）

　隅角部の表面温度は低く，結露の危険性が高い．

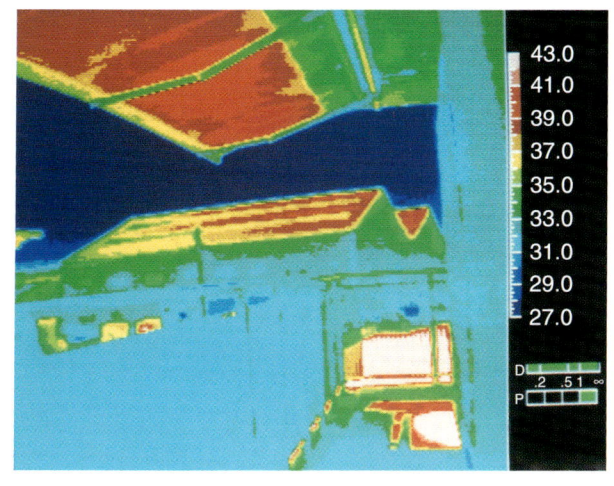

口絵 9-1　日射遮蔽のためのテント（8 月 29 日 14:05）
（本文 172 ページ）

　ベランダへの日射を遮るためのテント．しかし，直射日光は遮れても，テントの表面温度は 40°C 近くに上昇する．このためベランダへ出るとテントからの熱放射で不快．

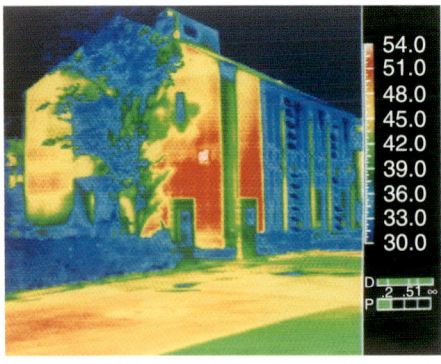

木造住宅（8月29日15：52） 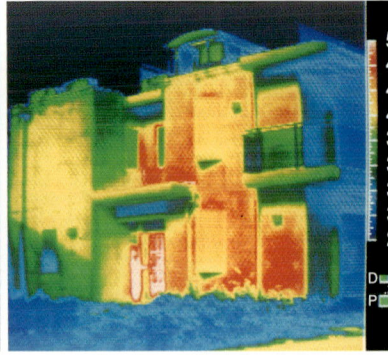　　　鉄筋コンクリート造住宅（8月29日16：15）

口絵 9-2　強烈な夏季の西日を受けた壁面の表面温度分布（本文 176 ページ）

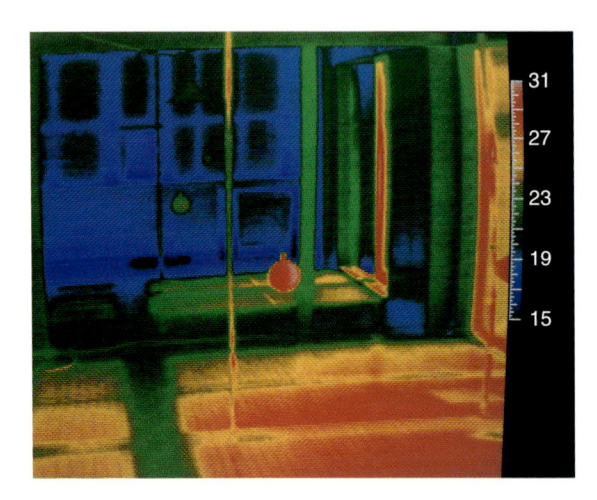

口絵 10-1　ダイレクトヒートゲインシステムの効果（晴天日における正午の熱画像）

（本文 199 ページ）

　日中，南側の大きな開口部から入射した日射が居間と食堂の土間床にあたって吸収され，熱容量が大きいために盛んに蓄熱が行われている．日中は日射熱ができるだけ広い間にわたって蓄熱され，室温がオーバーヒートしないことが大切．窓枠などによる日影部分の表面温度は低い．

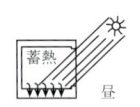

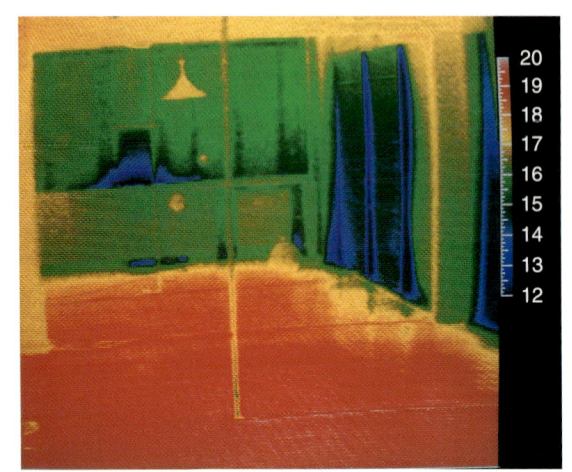

口絵 10-2　ダイレクトヒートゲインシステムの効果（晴天日における翌朝の熱画像）

（本文 199 ページ）

　熱容量の大きな土間床の表面温度がもっとも高く，20°C を示している．日中に吸収された日射熱が蓄熱されていることがわかる．すなわち，そこからの放熱が朝方の室温の維持に大きく寄与していることが推測できる．

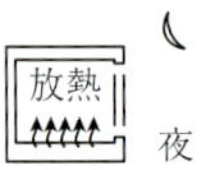

● 建築工学 ●
EKA-10

都市・建築の環境設計
熱環境を中心として

梅干野 晃

数理工学社

ライブラリ「建築工学」について

　建築物は，それが建っている場所に固定されるといってよい．地球上の場所は，場所ごとに異なる特性をもっている．部材や部品は工場で大量に生産されたとしても，建築物を，それが支えられている地盤も含めて，全体としてとらえれば，建築物は現地で単品生産されるといえる．

　個人の住宅，会社の社屋，公共施設，等，いずれにしても建築物は建主にとってかなり高価である．それは，建築物に多量の資源とエネルギーを使用していることを意味する．それゆえ，建築物は，長期間利用せざるを得ない．性能評価も長期間を対象としなければならない．

　数十年あるいは数百年に一回といった自然現象，すなわち，大地震，強風，豪雨，等，に対する性能は，当然のことながら，その現象を被る機会が少ない分，検証しにくく，評価がむずかしい．竣工時から自然災害を被るまでの時間が長いため，責任の所在も曖昧になりがちである．地震で建築物が大きな被害を受けたとき，設計事務所も建設会社もすでに存在していない可能性もある．

　建築物を取り扱う学問である建築学は，相当に幅広い範囲を包含しなければならない．比較的小さな領域を分野と考え，具体的に分野を列挙してみれば，計画，歴史，意匠，構造，材料，設備，環境，等となる．建築物に関しては，法令による規制も多々あり，法に関する知識も不可欠である．

　これまで述べてきたような特質を有しているので，建築に係わる専門家には，建築物を生産，管理，利用し，最終的に取り壊すまでの過程を総合的に把握することが要求される．建築学を体系的に理解することが肝要となる．

　物事を体系的にとらえる能力は，失われつつあるような気がする．情報処理と通信の技術が発達し，極めて大量の細切れの情報を容易に入手し得る，便利な社会になった結果であると考えている．

　失いつつあるものに歯止めをかける方法の一つは，その原因となる状況が生

ずる前の仕組みで教育することであろう．いうまでもないことであるが，大学の教員にとっては，関連する分野を体系的にまとめておくことが必須である．そこに，個人であれ，数人の仲間であれ，学者あるいは学派としての独自の資料と解釈が芯となっていることが重要である．

このように考えていたので，数理工学社による教科書ライブラリ「建築工学」の企画を伺ったとき，即座に賛同した．建築の各分野で，大学学部の講義に使用することを想定したコア書目と，大学院生，技術者を対象としたアドバンスト書目が配されている．ライブラリ「建築工学」が大いに活用されることを望んでいる．

2004年2月 　　　　　　　　　　　　　　　　　　（文責：瀧口　克己）

編者　瀧口　克己・田中　享二
　　　梅干野　晁・大佛　俊泰

ライブラリ「建築工学」書目一覧	
コア書目	アドバンスト書目
1　新・建築材料 I［構造材料編］	A−1　建築エンベロープの性能と材料
2　新・建築材料 II 　　［部位構成材料・機能材料編］	A−2　自然災害の防災システム A−3　地震防災システム
3　建築構造工学	A−4　建物の動特性
4　建築構造力学入門	A−5　建築デザインの科学
5　建築構造工学演習	A−6　都市空間データ分析
6　西洋建築史	A−7　環境設計 　　　−そのプロセスと実例−
7　建築計画学入門 　　−建築空間と人間の科学−	
8　建築・都市環境工学の基礎	別巻1　非線形構造力学 　　　　−構造物の多軸挙動と塑性論−
9　視環境設計の基礎	別巻2　基本建築構造力学 　　　　−片持ち線材の挙動−
10　都市・建築の環境設計 　　−熱環境を中心として−	
11　水環境から給排水設備	別巻3　線材力学の基礎 　　　　−ひずみと応力の解析からの 　　　　　　　　　　　　展開−
12　音と振動	
13　空気清浄設備	
14　建築と都市の環境	

　　　　　　　　　　　　　　　　　　　　　　　　　　　（A: Advanced）

はじめに

　建築環境工学に関する教科書の多くは，光，熱，空気，水，音環境といった，物理の体系に基づいて分けられている．そして，例えば熱環境は伝熱学や熱力学を基本にして展開される．そのため，冒頭には，伝導，対流，放射という熱の伝わり方が出てきて，次に熱収支式が続く．学生の多くは，ここで拒絶反応を起こしてしまう．その結果，環境工学の知識がいかに設計計画に重要な役割を果たし，今日の地球環境時代の設計計画の鍵を握っていることに気づく前に放棄してしまうことが多いのではないだろうか．実際の設計計画に携わるようになって初めて建築環境工学の重要さに気づく．

　建築計画学と建築環境工学は，それらが分化するまでは設計計画原論と言われていたように，どちらも設計計画を行うための基本になるものである．しかし，学問の深化とともに建築環境工学は設計計画との間に溝が生じ，シミュレーション技術をはじめとして大きな研究成果が上がっているにも関わらず，その成果は必ずしも設計計画に役立っていないのではないかと言われ始めて久しい．

　このような反省に立って，本書は，建築環境工学に軸足を置きながら，できるだけ環境設計を意識して構成した．例えば，1章の気候特性も気候分析にとどまらず，設計のための基本となるその土地の気候特性を読めるようなパッシブ気候特性図を紹介している．そして，夏涼しく，冬暖かい室内環境や，日射・日照調整，通風，換気，結露防止といった環境設計の主要テーマを各章でとり上げた．さらに，光，熱，空気環境と関わりの深いパッシブシステムも1章に加えた．

　熱・空気は直接目に見えないためになじみが薄く，理解が難しいと言われる分野だが，口絵にリモートセンシングや赤外線放射カメラによるカラーの熱画像を示すことで，熱環境を可視化し，皆さんの感性に訴えかけられるのではと思っている．

　本書全体では，伝熱理論や気流解析，結露のメカニズムなどについて詳細に扱うことができなかった．環境設計についても設計のディシプリンから，設計

はじめに

のプロセスを系統的に述べるまでには至っていない．さらに詳しく環境設計の具体的内容を知りたい方は，日本建築学会編『建築設計資料集成』の「総合編」の「環境」および同拡張編「環境」を見ていただきたい．

　本書のもう一つの特徴をあげる．建築や都市に関する教科書では，建築のスケールと都市のスケールが別に扱われている．本書は，建築の室内環境と都市環境を形成するキーワードとして，建築外部空間に焦点を当てた．街・街並・街区などという言葉はあるが，建築外部空間という言葉は一般にもなじみが薄く，市民権を得ていないが，この建築外部空間におけるテーマとして，都市気候，都市緑化とグリーンアーキテクチュア，そして日照と日射の章を立てた．

　本書は，筆者が放送大学で担当した授業『住まいと環境』（1990～1994），および『住まいの環境学』（1995～1999）の印刷教材を基にしている．これらは既に絶版になってしまったが，都市のヒートアイランド現象の顕在化，都市・建築緑化の普及，そして自然エネルギーを利用したパッシブシステムの展開など，両書で取り上げたテーマが注目されるようになり，放送終了後も多くの方々からパッシブ気候特性図をはじめ，問合せをいただいた．

　一方，数理工学社の教科書ライブラリ「建築工学」の企画・編集に加わらせていただいたことから，この両書を基にした教科書をまとめてはどうかという提案をさせていただいた．そして，このライブラリのコア書目として『都市・建築の環境設計―熱環境を中心として―』という本書が生まれた．放送大学からの転用のお許しもいただき，とりまとめの作業を始めた．しかし，両書とも大分時間が経ったため，そのままでは矛盾する部分があることがわかり，修正・加筆などに，多くの時間を要してしまった．このため，数理工学社の田島伸彦氏，鈴木綾子氏，石黒智美氏には，新書の出版以上にいろいろ煩雑な作業をお願いすることになり，多大なご迷惑をおかけした．ここに深謝するとともに，深甚なる謝意を表します．

2012 年 2 月

著者

目　　次

第1章

気候・風土と住まい　1
- 1.1　わが国の気候特性——世界の都市との比較　2
- 1.2　気候・風土　5
- 1.3　わが国の気候・風土　6
- 1.4　地域の気候特性とその把握　9
- 1.5　パッシブ気候特性図による気候特性の把握　11
- 1.6　その他の気候要素　26
- 1章の問題　32

第2章

都市気候　33
- 2.1　局地気候と微気候　34
- 2.2　都市気候とその形成要因　35
- 2.3　建築外部空間における微気候の形成　44
- 2.4　リモートセンシングによる都市熱環境の実態　48
- 2.5　赤外線放射カメラによる建築外部空間の表面温度分布　53
- 2章の問題　54

目　　次　　　　　　　vii

第3章

都市緑化とグリーンアーキテクチュア　　55

- 3.1　これからの都市づくり ･････････････････････････ 56
- 3.2　緑の環境調整効果 ･･････････････････････････････ 58
- 3.3　都市緑化とグリーンアーキテクチュアの基本的考え方 ･･ 61
- 3.4　緑化手法とその熱環境調整効果 ･････････････････ 64
- 3.5　屋上緑化による照り返し・焼け込み防止効果 ･････ 67
- 3.6　壁面緑化による西日遮蔽効果 ･･･････････････････ 70
- 3.7　緑との共存 ････････････････････････････････････ 72
- 3章の問題 ･･･ 72

第4章

日照と日射　　73

- 4.1　日照と日射とは ････････････････････････････････ 74
- 4.2　日照と地域性 ･･････････････････････････････････ 77
- 4.3　わが国における日照のとらえ方 ･････････････････ 82
- 4.4　日影図とその応用 ･･････････････････････････････ 84
- 4章の問題 ･･･ 89

第5章

室内気候と快適性　　91

- 5.1　人体の熱平衡と快適条件 ････････････････････････ 92
- 5.2　熱的な快適性を規定する主要素 ･････････････････ 93
- 5.3　温熱環境の指標 ････････････････････････････････ 101
- 5.4　快適な室内気候とその形成 ･･････････････････････ 106
- 5章の問題 ･･･ 108

第 6 章

暖かい住まい　109

　6.1　暖かい住まいの基本 ・・・・・・・・・・・・・・・・・・・・・・・・・・・ 110
　6.2　壁体の断熱性能 ・・・・・・・・・・・・・・・・・・・・・・・・・・・・・・・ 111
　6.3　建築の気密性能 ・・・・・・・・・・・・・・・・・・・・・・・・・・・・・・・ 119
　6.4　建築の熱的性能と室内気候 ・・・・・・・・・・・・・・・・・・・・・ 120
　6.5　住宅の省エネルギー ・・・・・・・・・・・・・・・・・・・・・・・・・・・ 122
　6.6　暖房方式と室内気候 ・・・・・・・・・・・・・・・・・・・・・・・・・・・ 123
　6.7　住宅の省エネルギーに関する法律 ・・・・・・・・・・・・・・・ 126
　6 章の問題 ・・・ 127

第 7 章

空気汚染と換気　133

　7.1　住環境の変化と換気の必要性 ・・・・・・・・・・・・・・・・・・・ 134
　7.2　清浄空気と室内空気汚染 ・・・・・・・・・・・・・・・・・・・・・・・ 136
　7.3　室内環境衛生基準 ・・・・・・・・・・・・・・・・・・・・・・・・・・・・・ 140
　7.4　換 気 計 画 ・・・・・・・・・・・・・・・・・・・・・・・・・・・・・・・・・・・・・ 141
　7.5　都市の換気 ・・・・・・・・・・・・・・・・・・・・・・・・・・・・・・・・・・・ 148
　7 章の問題 ・・・ 148

第 8 章

湿気と結露　149

　8.1　湿気の高いわが国の気候 ・・・・・・・・・・・・・・・・・・・・・・・ 150
　8.2　湿気に関する基礎知識 ・・・・・・・・・・・・・・・・・・・・・・・・・ 151
　8.3　湿気と生活 ・・・・・・・・・・・・・・・・・・・・・・・・・・・・・・・・・・・ 155
　8.4　結　露 ・・ 159
　8.5　結露による被害とカビ ・・・・・・・・・・・・・・・・・・・・・・・・・ 161
　8.6　結露の防止対策 ・・・・・・・・・・・・・・・・・・・・・・・・・・・・・・・ 162
　8 章の問題 ・・・ 168

目　　次　　　　　　　　　ix

第 9 章

涼しい住まい　　　　　　　　　169

9.1　涼しい住まいの基本 ･････････････････････ 170
9.2　防暑対策の実情 ･････････････････････････ 170
9.3　日射遮蔽 ･･･････････････････････････････ 172
9.4　通風計画 ･･･････････････････････････････ 184
9 章の問題 ･････････････････････････････････ 190

第 10 章

パッシブシステム　　　　　　　　191

10.1　パッシブシステムとは ･･････････････････ 192
10.2　パッシブシステムの設計 ････････････････ 193
10.3　パッシブヒーティング手法 ･･････････････ 195
10.4　ダイレクトヒートゲインシステムの効果 ･･ 199
10.5　パッシブクーリング手法 ････････････････ 203
10 章の問題 ････････････････････････････････ 211

資　　料　　　　　　　　　　　212

問 題 解 答　　　　　　　　　　214

参 考 文 献　　　　　　　　　　218

図 表 典 拠　　　　　　　　　　221

索　　引　　　　　　　　　　　224

第1章

気候・風土と住まい

　わが国のほとんどの地域では，夏と冬の両方で室内の気候調節を必要とするため，年間を通じて快適な居住環境をつくり出すことは極めて難しい．また，地勢の変化に富むことから特有の局地気候が形成される．本章では，気候・風土と住まいとの関係の重要性を指摘するとともに，快適な室内気候の形成やパッシブシステムの設計の基本となる気候特性の把握方法について述べる．

1.1	わが国の気候特性 　　—世界の都市との比較
1.2	気候・風土
1.3	わが国の気候・風土
1.4	地域の気候特性とその把握
1.5	パッシブ気候特性図による 　　気候特性の把握
1.6	その他の気候要素

1.1 わが国の気候特性―世界の都市との比較

わが国の気候特性を考える前に，世界の都市と比較してみよう．まず，わが国の地球上での位置を確認しておく．図 1.1 は日本とヨーロッパの緯度を比較して示したものである．西ヨーロッパや北ヨーロッパに比べ，わが国ははるかに低緯度に位置していることがわかる．地中海の都市とほぼ等しい緯度である．図 1.2 は世界の主要都市の各月の平均気温と平気相対湿度をプロットしたクリモグラフである．そして，図 1.3 は 1 日の気温，相対湿度の変化も考慮した場合の，クリモグラフを東京とロンドンで比較したものである．すなわち，両都市に住んでいる人が 1 年間に経験する気候の範囲と考えてよい．なお，同図についての詳細は 1.3 節で述べる．

図 1.2 を見ると，東京のクリモグラフは各国のそれぞれのほぼ中央に位置していることから，東京は温帯に位置しているので，穏やかな気候に恵まれていると言われていることが多い．しかし，同図や図 1.3 をさらに注意深く見てみ

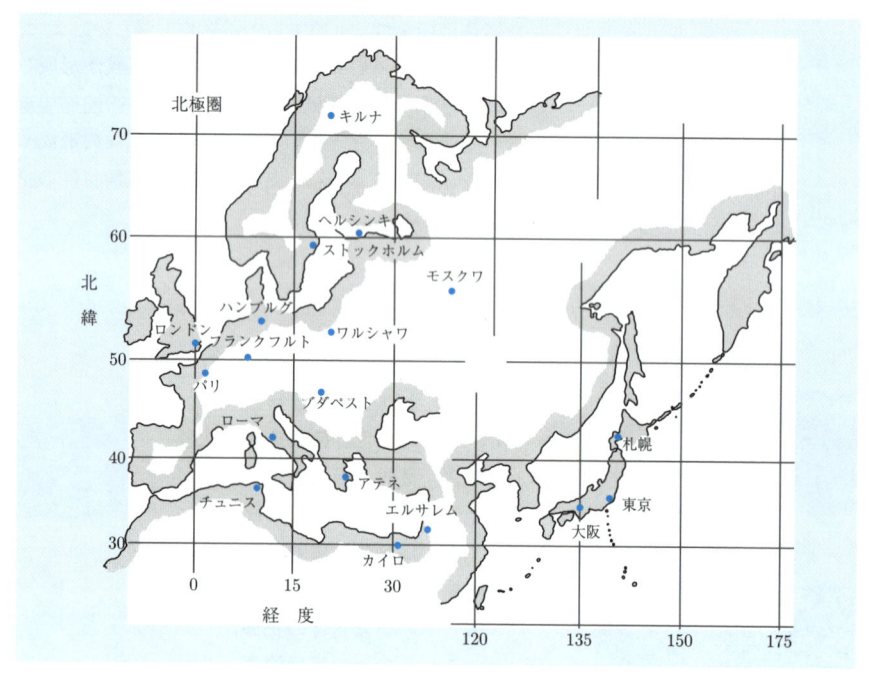

図 1.1　日本とヨーロッパの緯度の比較

1.1 わが国の気候特性—世界の都市との比較

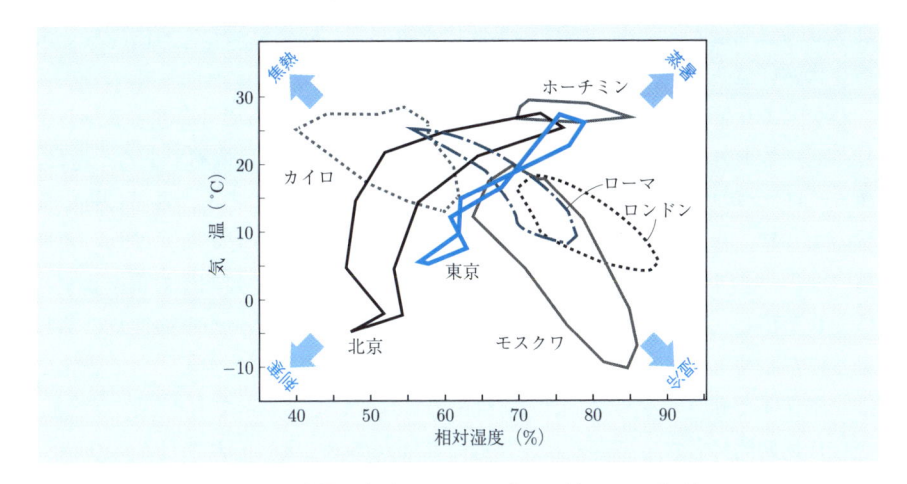

図 1.2 世界の都市のクリモグラフ(各月の平均値)

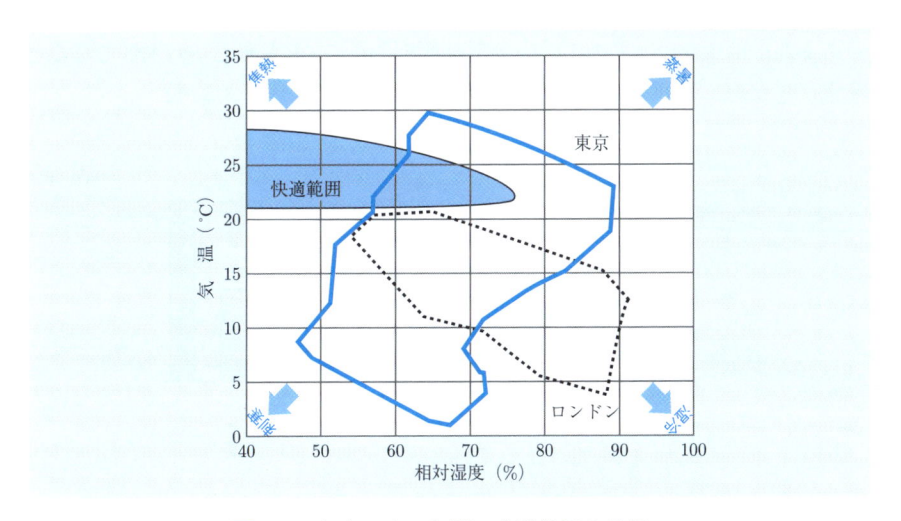

図 1.3 都市による年間の変動範囲の比較
(日変化も考慮した場合,図 1.5 参照)

ると,東京は季節による気候の変動の幅が大きく,夏は東南アジアの都市に,そして冬はヨーロッパの都市に近い気温を示す.夏と冬は快適範囲から大きくはずれている.温帯地域に限定しなくても,世界中でこれほど四季を通して気候の変化の激しい地域はあまり例を見ない.すなわち,東京は冬季には低温低湿,

夏季は高温高湿と，気温，湿度の年変化が激しく，四季を通じて室内環境を快適な状態にコントロールすることは意外に難しい．

わが国より暑い地域も，寒い地域もこの地球上にはいくらでも存在する．しかし，亜熱帯地方のように，夏の暑さの厳しい地域では，冬は快適である．逆に，西ヨーロッパのように冬の寒さの厳しい地域は，夏は快適である．熱帯に近い地域のように，年間の温度変化がほとんど見られないところもある．これらの地域の場合，室内環境の調整は，夏かあるいは冬のどちらかに対して対策を講ずればそれで済む．しかし，わが国の大部分の地域ではそうはいかない．夏の蒸し暑さに対しても，冬の寒さに対しても何らかの対策を必要とする．ある意味では二律背反ともいえる困難な問題解決を迫られているといってもよい．ただし，かなり長期間にわたって春と秋の快適な期間があることは忘れてはならない．

もう一つ，わが国の気候特性をあげるとすれば図 1.4 に示すように，年間の降水量の多さであろう．そして，世界の国の中でも，1500 mm を超える降雨量のある都市は少ない．しかし，同図下が示すように，1 人あたりの水量となると非常に少ない．資源の有効利用が重要であることが理解できよう．

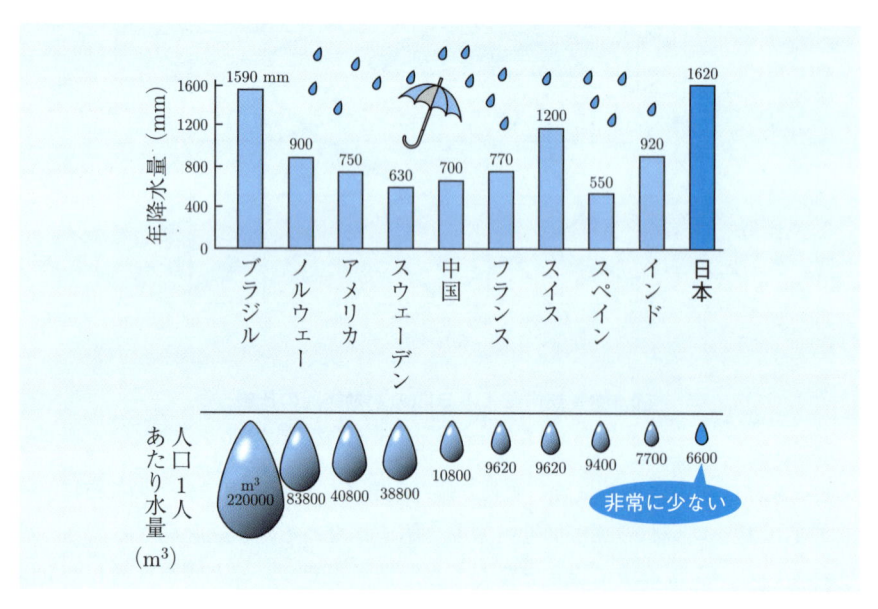

図 1.4　年間の平均降水量と人口 1 人あたり降水量

1.2 気候・風土

　風土という言葉は，『風土記(ふどき)』にもあるように古代から使われてきた．『風土記』は地理の本に近いが，天候や季節についての記述も多い．すなわち，風土とは，人間を取り囲み生活の基盤となる土地固有の特性と人間との相互作用と考えてよい．今日では環境という言葉で言い換えてもよかろうが，本章で「気候・風土と住まい」としたのは，環境の中でも自然的な環境に主眼をおいて考察することを意図したためである．

　伝統的な民家や古い集落には，その土地固有の建築様式や周囲の環境と調和したたたずまいが見られる．しかし，近代の建築は地域のもつ気候・風土の特徴を希薄にし，環境との異質性を無視してきたきらいがある．その結果，わが国の南から北までどこに行っても同じ建築や風景を見かけることが多くなった．これに加え，都市の居住環境は機能性や利便性の享受と裏腹に，自然のポテンシャルを失いつつある．すなわち，日照障害，騒音，大気汚染，そして隣の家が近接しプライバシーを確保するために窓も開けられないといった環境は，住宅の基盤である自然のポテンシャルが著しく低下してしまっているということを認識しなければならない．

　今後，都市化がますます進み，また人工調節の技術が進歩すればするほど，自然的環境に対する正確な現状把握と深い理解が不可欠になろう．

1.3 わが国の気候・風土

まずはじめに，わが国の気候・風土の特徴をまとめておこう．

北緯24度，東経123度あたりから，北緯46度，東経146度あたりにかけて弓状に細長く分布する列島である．列島の中央には山脈が貫き，この分水嶺の両側は急斜面で平野部分は少なくすぐに海岸に至る．河川は急勾配で短い．このため地勢は変化に富み，**局地気候**や**微気候**が発達している．志賀重昂が『日本風景論』の中で述べているように，わが国の自然は愛らしく豊かな表情に満ちており，地域によって独特な気候・風土が形成されている．

また，規則的な四季のめぐりがある．夏は小笠原高気圧とよばれる熱帯気団の影響を受ける．南の太平洋上から南東の季節風が吹き，熱帯なみの高温・多湿な気候となる．一方，冬にはシベリア高気圧により寒冷な北西の季節風が大陸から吹きつける．このため沖縄と九州の南部を除いては，寒さは厳しい．すなわち，北海道と沖縄を除く大部分の地域では，夏と冬の両方について気候調節が必要となる．

これらのことをさらに裏づけるデータとして，図1.5に東京のクリモグラフを示す．各月の気温と湿度のそれぞれの平均値を結んだクリモグラフはよく見かけるが，同図にはさらに各月の平均的な日変化が示してある．各月の日変化の最大値，最小値を包絡した範囲が，年間における気温と湿度の変動する範囲ということになる．また，1日の変化は天気によっても異なるので，実際にさらに広い範囲を体験している．西ヨーロッパの都市などと比較すると，包絡範囲は東京のほうがはるかに広い．東京の気候はこのように広範にわたる気温と湿度の年・日変化が存在する．単にシェルターとしての住宅だけでなく，衣替えや生花等に見られるような気候，季節と深く結びついた生活上の工夫によってもこれに対処していたといえよう．

図1.6は，数都市について東京と同様に年間の包絡面を示したものである．那覇は海洋性の特徴が見られ，他の都市と比較して極端に包絡面は小さい．これに対して，海岸沿いの都市と比較して盆地の中にある松本は年間の気候の変動範囲が広いことが読み取れる．

1.3 わが国の気候・風土

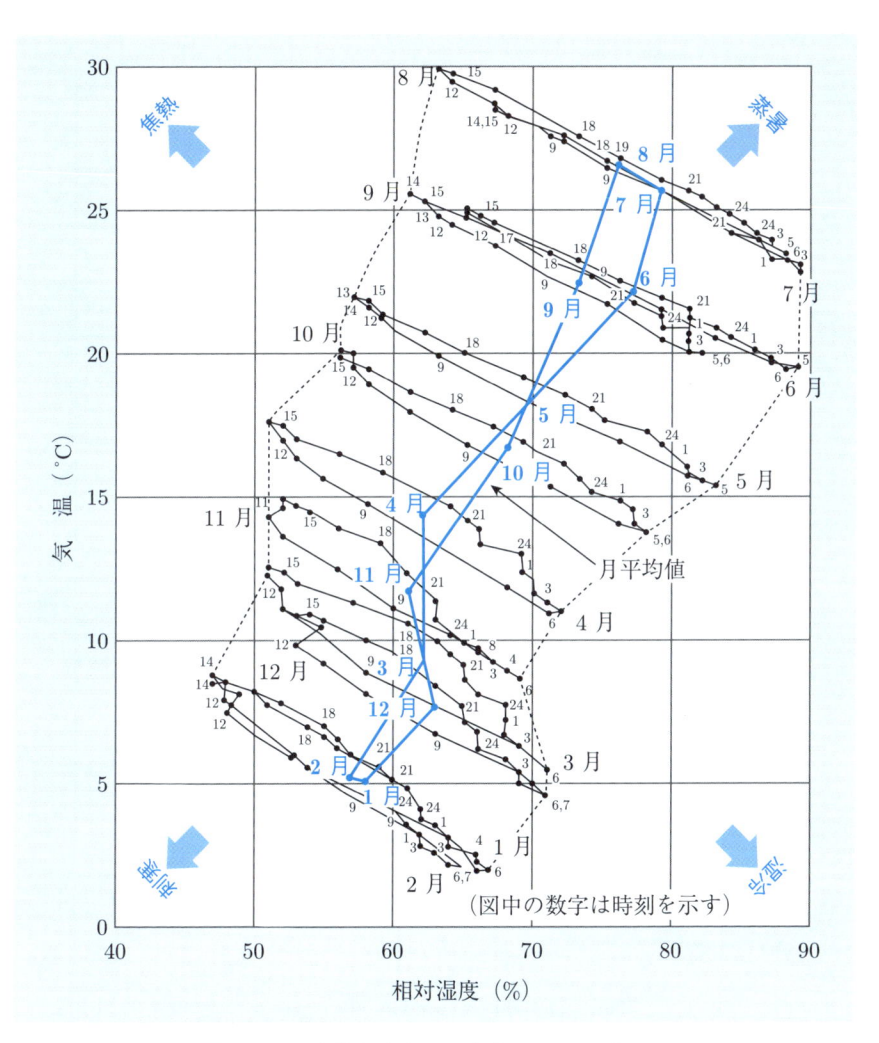

図 1.5 日変化を考慮した東京のクリモグラフ
(標準気象データより作成)

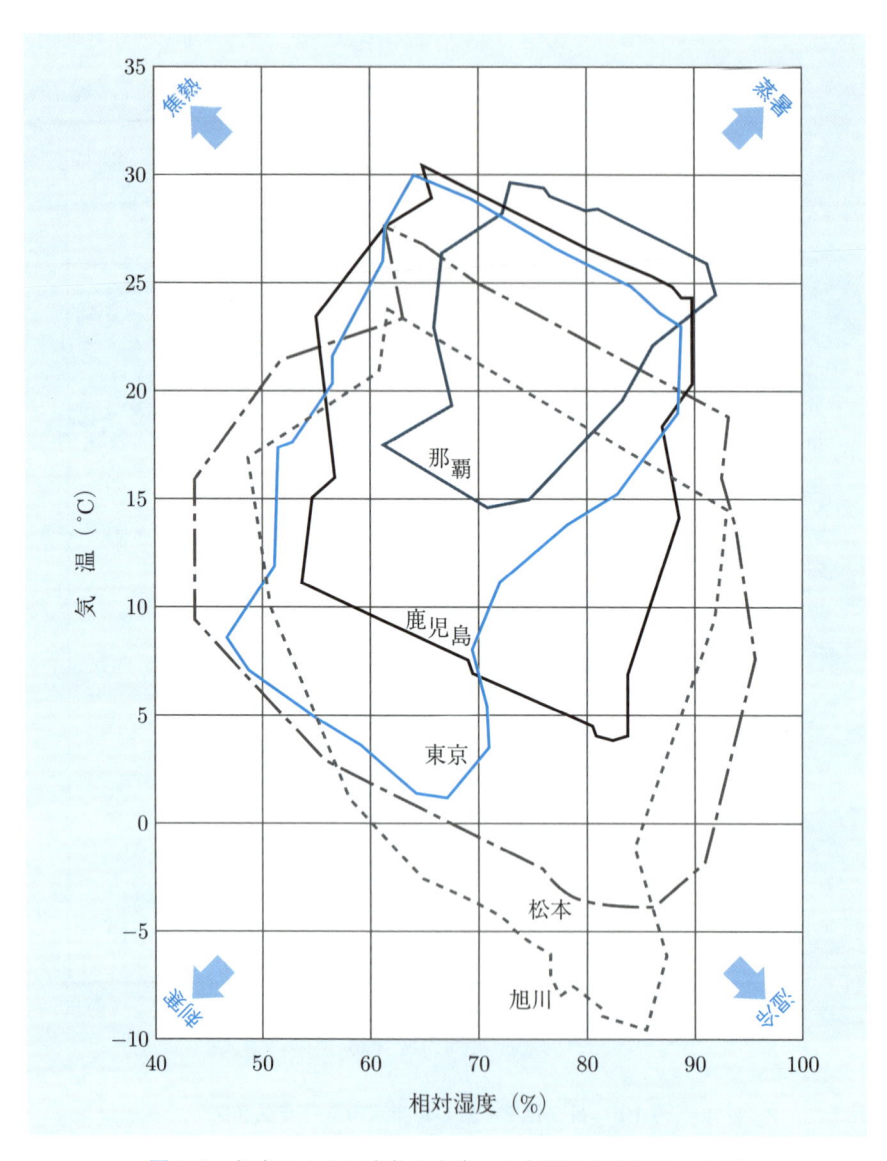

図 1.6　都市による日変化を考慮した年間の変動範囲の比較
（標準気象データより作成）

1.4 地域の気候特性とその把握
1.4.1 気候特性の重要性

以上ではわが国の気候・風土の特徴を概観した．また，前章ではわが国の都市としては東京を取り上げてヨーロッパの都市と比較し，両者の違いを明らかにした．しかし，わが国の中でも地域によって気候特性は大きく異なる．第5章から第10章で述べる室内気候を考えるためには，対象とする地域ごとにその気候特性を正確に把握することが最も基本的な作業となる．

寺田寅彦の随筆『夕凪と夕風』に次のような一節がある．

「夕凪(ゆうなぎ)は郷里高知の名物の一つである．しかしこの名物は実は他国にも方々にあって，特に瀬戸内海沿岸にこれが著しいようである．そうして国々で○○の夕凪，□□の夕凪といって他の名物を自慢するように自慢にしているらしい．普通は特有な好いものを自慢にするのだが，たまにはあまりよくない特色を自慢する場合もあるのである．

（中略）

東京という土地には正常の意味での夕凪というものが存在しない．その代りに現われる夏の夕べの涼風は実に帝都随一の名物であると思われるのに，それを自慢する江戸子は少ないようである．東京で夕凪の起る日は大抵異常な天候の場合で，その意味で例外である．高知や広島で夕風が例外であると同様である．」

自分の住んでいるところの気候というのは，毎日その中で生活しているので当たり前と思っているが，実はそうではなく，みな独特な特性をもっている．夕方，室内には熱気が籠もり，室内の熱環境は最も悪化する．しかし，夕凪であれば，いくら窓を開けても通風は得られないが，東京のように涼風が得られるとすれば，窓を開けることによる排熱の効果と涼感が得られることは他に替えがたい．このような大きな自然のポテンシャルを意識しなければ，窓を閉めてクーラーをかけるということになる．また，寺田寅彦の時代と比べ，建築が建て込んできて市街地の中は次章に述べるように平均風速が減少しつつあり，その結果，この涼風の存在そのものも忘れ去られていくことになる．

1.4.2 気候特性のとらえ方

　ここでは，快適な室内気候の形成やパッシブシステムの設計のためのアプローチを念頭において，地域の気候特性のとらえ方を述べる．なお，パッシブシステムのパッシブとは，英語で「受動的な」または「受け身の」といった意味である．自然に対して受け身の立場に立って，機械力に極力頼らないで自然のポテンシャルを生かし快適な住まいを実現しようとするのがパッシブシステムである．

　例えば，パッシブシステムの設計にあたっては，気候特性のどの要素が有効に利用でき，またどのような要素に防衛手段を講じなければならないかはその土地によって異なる．冬季に日射を大きな開口部から直接室内に取り入れてこれを床などに蓄熱しようとする**ダイレクトヒートゲインシステム**を考える場合には，冬季の気温と日射量がまず問題になる．気温が低い期間に十分な日射量が得られれば，このシステムの可能性は高い．気温が低ければ断熱や気密の度合いも高めなければならないし，夜間の開口部の断熱対策も重要になる．風が強ければ建築外表面からの熱損失も多くなるので，**防風対策**や**気密性**を強化しなければならない．もし，積雪があって晴天日が多ければ，地面からの反射日射による熱取得も加算できる．

1.5 パッシブ気候特性図による気候特性の把握

1.5.1 パッシブ気候特性図

考慮しなければならない気候要素について，それらの年変化と日変化の特徴を視覚的に把握できるパッシブ気候特性図を紹介する．重要な気候要素であり，かつ，多くの都市でデータの入手が可能な気温，湿度，風向・風速，水平面全天日射量，南鉛直面日射量，雲量の6要素について，平均的な1年間の年変化と日変化を同時に表現したものである．全国の23都市について作成されているが，ここでは札幌，東京，那覇の3都市について図1.7に示す．

等値線の読み方は地図の等高線とほぼ同じである．気温は1°Cおき，日射量は50 kcal/m^2・hおきに描かれている．縦軸に沿って日変化，横軸には年変化を読む．縦軸方向で等値線が密なところは日変化（日較差）が激しく，横軸方向で密なところは季節変化が大きいことを表している．日射量の場合には，年変化より日変化が大きいことを表している．年変化より日変化が卓越しているので水平な線が多くなる．日変化もあり年変化もあるところでは等値線は傾きをもつ．また，日変化と年変化が激しいところでは，等値線は複雑に入り込んでくる．湿度，雲量，風速の**等値線図**はこれにあたる．

風向については，11日，2時間おきに矢印で示してある．矢印の向きが風向（図の上が北を示す）を示し，矢印の長さで風の主方向の頻度がわかる．長いほどその方向の風が卓越しており，逆に矢印の記入されていないところは風向が定まらないことを意味している．矢印が一定方向にそろっている期間は**季節風**の季節で，昼夜で方向が逆転するところでは**海陸風**が吹く地域である．

6枚の図を重ねることで，それぞれの都市の気候特性が理解できる．また，他の都市と比較することによっても，よりその都市の特徴を明確にできよう．

第1章 気候・風土と住まい

札幌	緯度：43°03′ 経度：141°20′ 標高：17.2 m

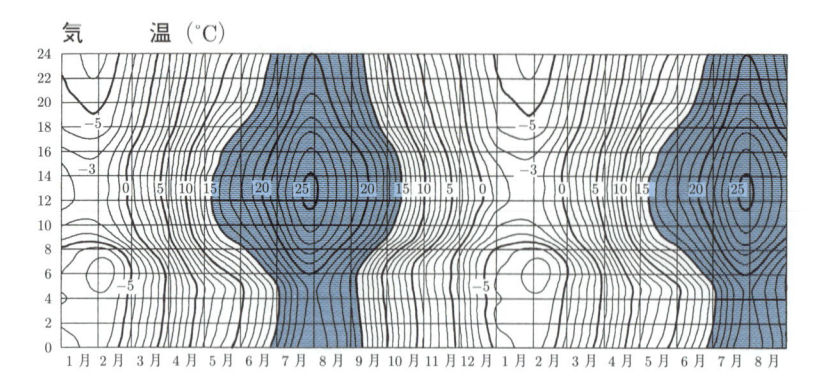

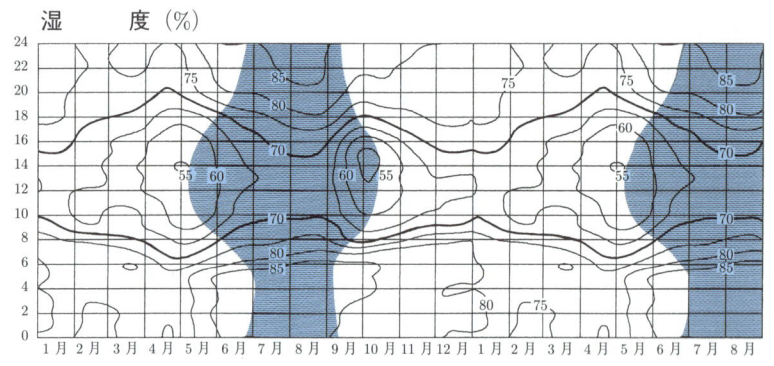

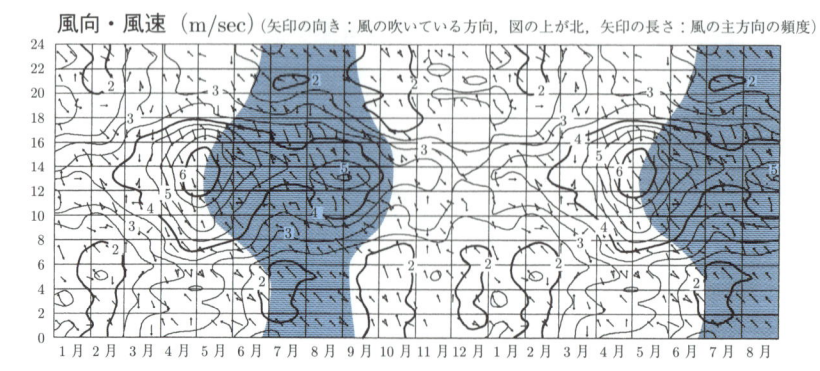

気温（℃）

湿度（％）

風向・風速（m/sec）（矢印の向き：風の吹いている方向，図の上が北，矢印の長さ：風の主方向の頻度）

図 1.7(a)　パッシブ気候特性図[1-1]

1.5 パッシブ気候特性図による気候特性の把握

月別快晴日数（1981～2010年までの平均値）

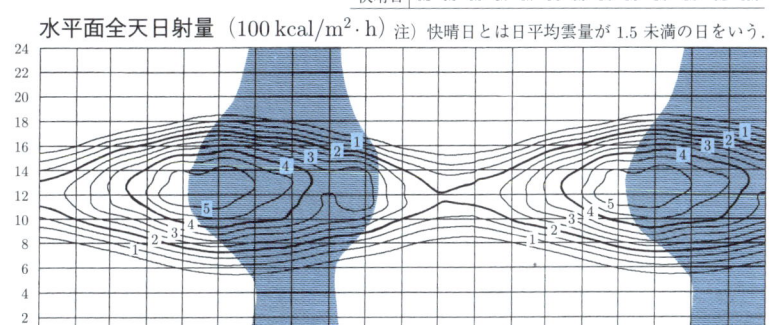

月	1月	2月	3月	4月	5月	6月	7月	8月	9月	10月	11月	12月	計
快晴日	0.2	0.5	0.9	1.7	1.7	1.6	0.9	1.3	1.5	2.0	1.0	0.2	13.5

水平面全天日射量（100 kcal/m²·h） 注）快晴日とは日平均雲量が1.5未満の日をいう．

南鉛直面日射量（100 kcal/m²·h）

雲　　量

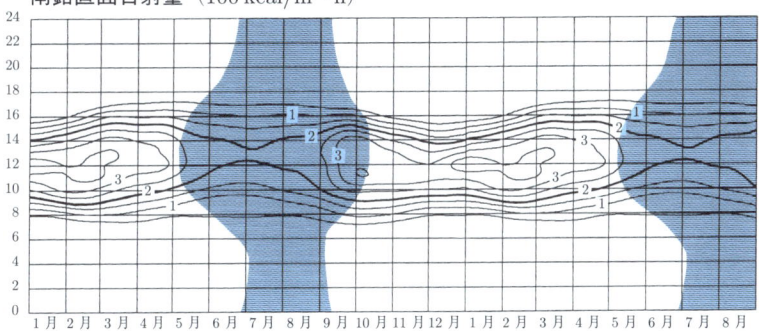

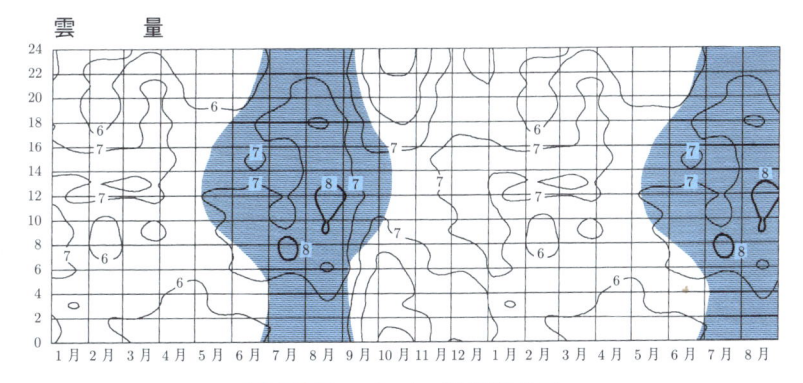

図 1.7(b)　パッシブ気候特性図

（月別快晴日数については，理科年表（2011）より作成）

14　第1章　気候・風土と住まい

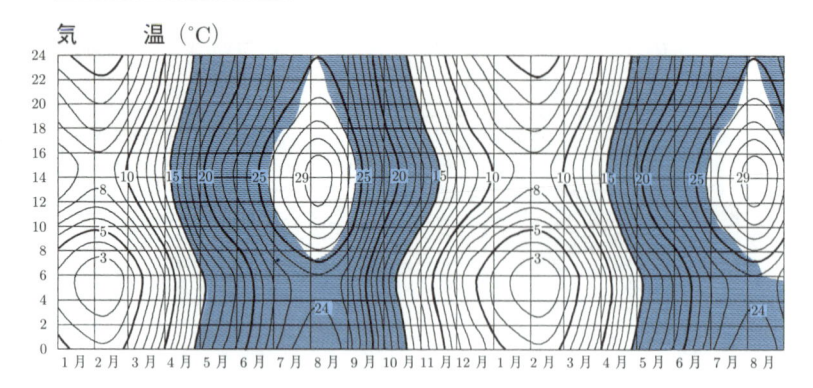

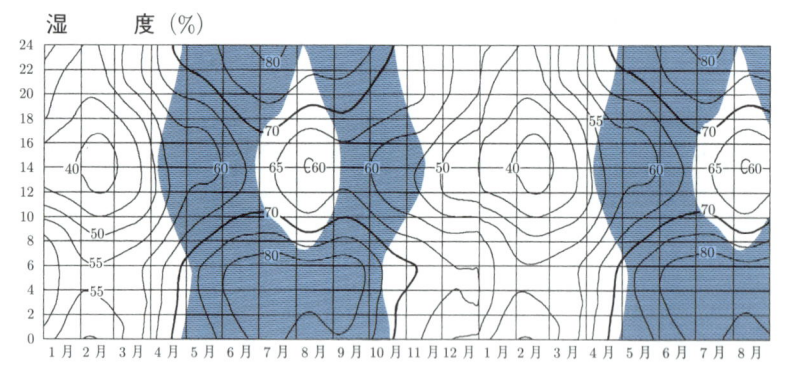

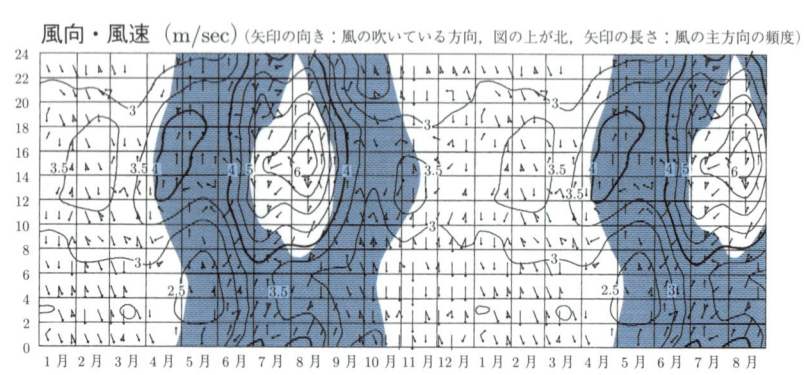

|東　京|緯度：35°41′
経度：139°46′
標高：5.3 m|

気　温（℃）

湿　度（％）

風向・風速（m/sec）（矢印の向き：風の吹いている方向，図の上が北，矢印の長さ：風の主方向の頻度）

図 1.7(c)　パッシブ気候特性図

1.5 パッシブ気候特性図による気候特性の把握

月別快晴日数（1981〜2010年までの平均値）

月	1月	2月	3月	4月	5月	6月	7月	8月	9月	10月	11月	12月	計
快晴日	8.1	4.9	3.2	2.7	1.9	0.9	0.7	1.0	0.8	2.7	5.2	8.3	40.4

水平面全天日射量（$100\,\text{kcal/m}^2\cdot\text{h}$）注）快晴日とは日平均雲量が1.5未満の日をいう．

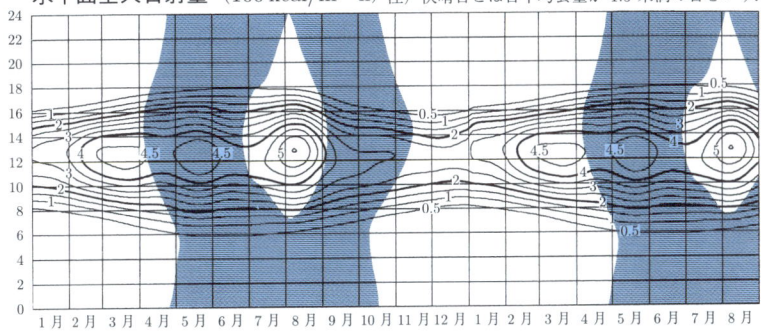

南鉛直面日射量（$100\,\text{kcal/m}^2\cdot\text{h}$）

雲　量

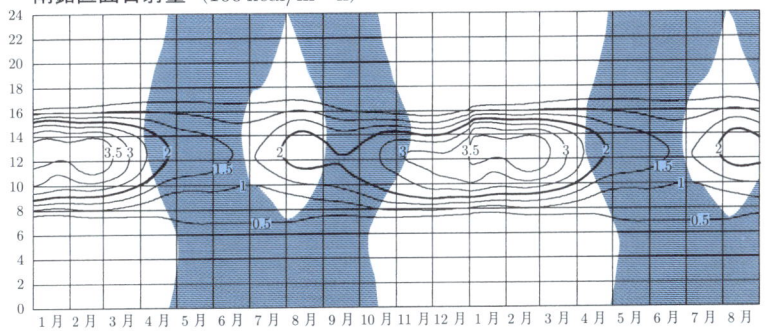

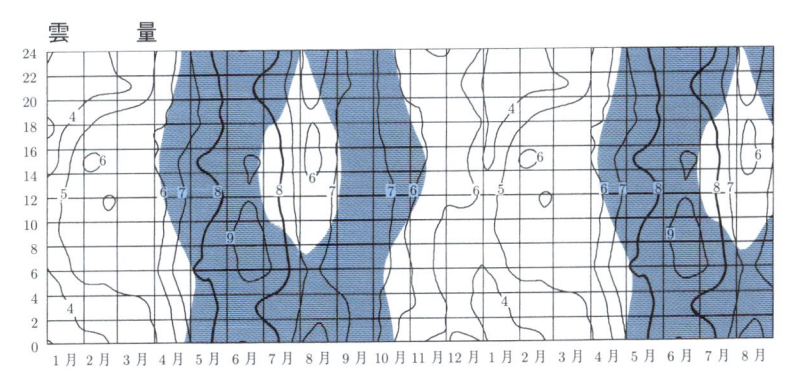

図 1.7(d)　パッシブ気候特性図

（月別快晴日数については，理科年表（2011）より作成）

第1章 気候・風土と住まい

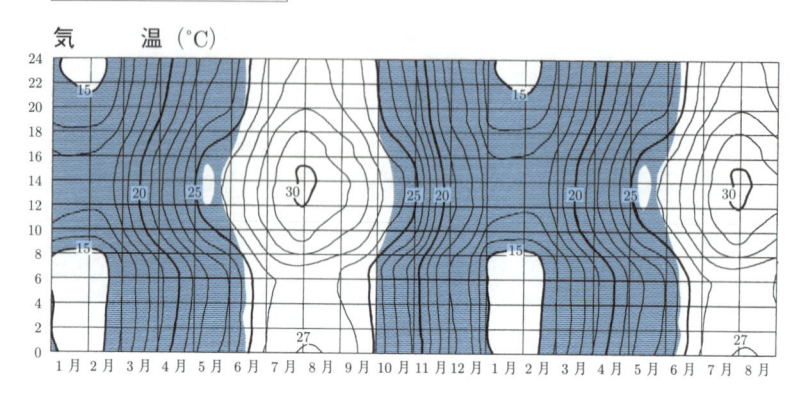

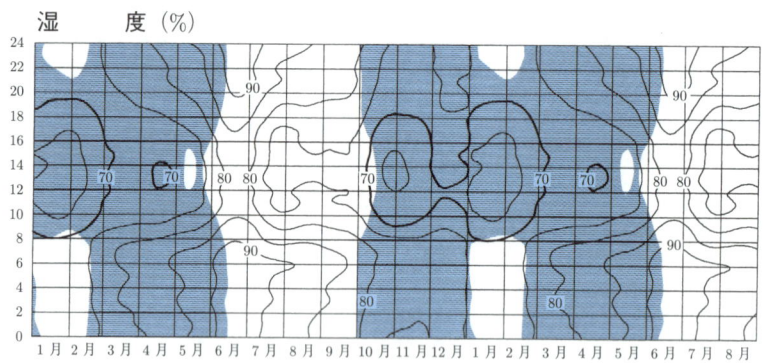

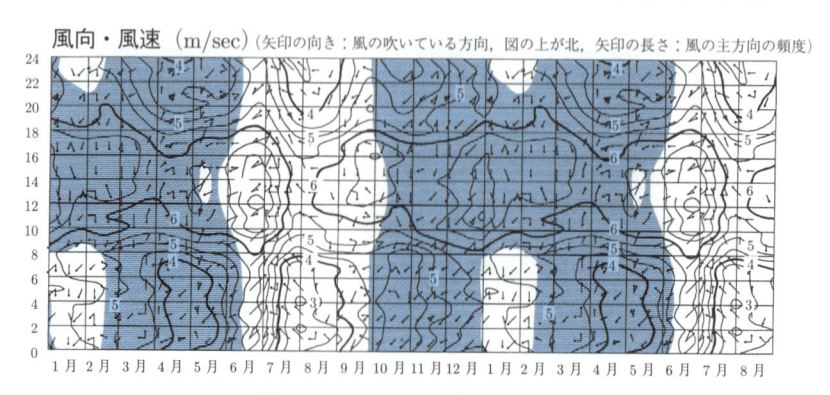

那覇	緯度：26°14′ 経度：127°41′ 標高：34.9 m

気温 (°C)

湿度 (%)

風向・風速 (m/sec) (矢印の向き：風の吹いている方向，図の上が北，矢印の長さ：風の主方向の頻度)

図 1.7(e) パッシブ気候特性図

1.5 パッシブ気候特性図による気候特性の把握

月別快晴日数（1981～2010年までの平均値）

月	1月	2月	3月	4月	5月	6月	7月	8月	9月	10月	11月	12月	計
快晴日	0.9	1.0	0.6	0.5	0.8	0.2	0.2	0.3	0.7	1.4	1.1	1.1	8.8

水平面全天日射量（$100\,\mathrm{kcal/m^2 \cdot h}$）注）快晴日とは日平均雲量が1.5未満の日をいう．

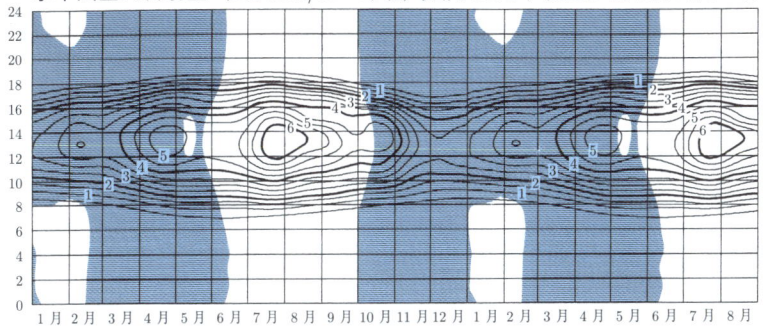

南鉛直面日射量（$100\,\mathrm{kcal/m^2 \cdot h}$）

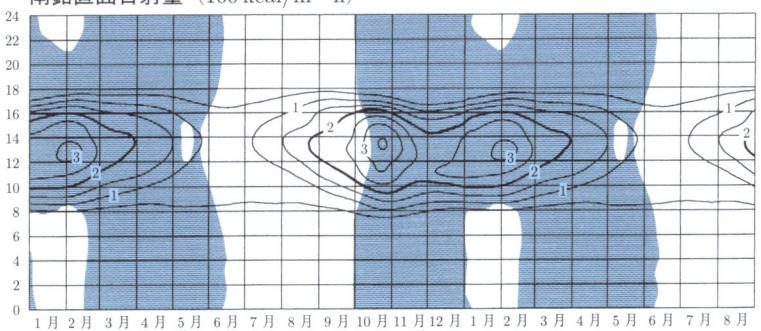

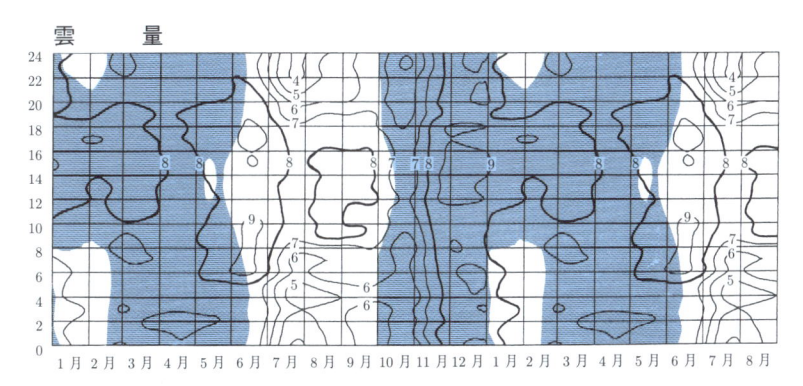

雲　　量

図 1.7(f)　パッシブ気候特性図

（月別快晴日数については，理科年表（2011）より作成）

1.5.2 重点的な検討期間

　日本の春と秋は，特別な対策をとらなくても室内気候は快適な状態に保つことができるが，多くの都市では夏と冬には対策が必要となり，パッシブ手法を積極的に導入して快適な室内気候を作り出すことを考えるべきである．それでも不十分な場合には，補助暖房や冷房を行わねばならない．すなわち，パッシブ気候特性図を有効に利用するには，ただまんべんなくながめているだけでなく，パッシブ手法を導入しなければならない期間を中心にして，これらの期間における各気候要素の特徴と気候要素間の関係を重点的に検討する必要がある．

　何を基準としてパッシブヒーティングやパッシブクーリングを必要とする期間，すなわち，対策を講ずべき夏と冬の期間とするかは，地域差や個人差，住宅の使われ方などにより差があると思われるがここでは次のような目安を設定した．

- パッシブヒーティングを必要とする期間——気温 15°C 以下
- パッシブクーリングを必要とする期間———不快指数 75 以上

　なお，不快指数 75 は，これ以上ではほぼ 50％の日本人は不快と感ずるといわれている．パッシブ気候特性図には重点的に検討すべき期間を白抜きにして，それ以外の期間は水色にしてある．なお，水色部分の期間は，1 年間を通して快適な期間であるので，強風や雨のときなどの適切な対策を施すことによって，より自然環境のよさを享受できるような工夫が望まれる．

1.5.3 都市による重点的検討期間の比較

　図 1.8 に 6 都市の気温の等値線図を示す．それぞれの都市で重点的に検討すべき範囲が大きく異なることが理解できよう．パッシブ気候特性図を作成した都市は

A　主としてパッシブヒーティングが必要となる都市
B　主としてパッシブクーリングが必要となる都市
C　両方が必要となる都市

に分けることができる．

　南部を除いた北海道のほとんどの都市は A に属している．逆に，B に属する南の那覇ではヒーティングは不要と考えられるが，クーリングの必要な期間は 6 月初旬から 9 月中旬までの 4 ヵ月以上におよぶ．九州から本州までのすべて

の都市はCに属し，それぞれの程度に差こそあれ，ヒーティングとクーリングの両方を考慮しなければならない．南の都市ほどクーリングの必要な期間は長くなるが，全体としてはヒーティングを検討しなければならない期間のほうがかなり長いといえる．

さらに，白抜きの部分の形をよく見ると
- 日中と夜間でその期間が大きく異なる都市
- 日変化が小さいため両者の期間がほぼ等しい都市

がある．特にクーリングを必要とする期間では，前橋のように昼間だけの都市と，東京や大阪のように1日中にわたる都市に分けられよう．前者は東北の都市や，日中気温が上昇しても夜間から朝方にかけて気温降下の激しい盆地などにある山間都市がこれに属する．これらの都市では夜間冷却の利用などによって，蓄冷効果が期待できることを示している．一方，西日本のほとんどの都市や夜間の気温効果が小さい大都市は後者にあたる．

1.5.4 気温の日変化・年変化

気候特性をとらえる上で，第一の目安となる気温について見てみよう．

東京の気温は，日本の中でほぼ平均的である．15°C以下になる期間は5～6ヵ月あるが，室内の温度は特に何もしなくても外気温よりいくらか高いから，対策の必要な期間は3.5～4ヵ月間と見られる．日中25°Cを超える期間は約3ヵ月ある．夜半まで25°Cを割らない期間が約1ヵ月ある．

9月下旬の朝方の等値線は特に密であるとともに斜めになっている．残暑といいながら朝方は涼しくなって，間もなく秋がかけ足でやってくる．同じように，4月の等値線も密である．5月の気持ちよい季節は意外に短い．

ある都市の気候特性は，他の都市と比較することによって一層はっきりする．そこで，図1.8 に示した6都市も加えて，気温の年変化・日変化を比較する．

那覇は他の都市と比べると等値線を1本ずつ間引いたような分布である．海洋性気候の特徴で，気温の年変化・日変化とも他の都市の約1/2であることを示している．最高気温は約30°Cで，大阪よりむしろ低い．しかし，夜間の温度降下は非常に小さく，最低気温が25°C以上の日が2ヵ月程度も続いている．15°C以下になることは冬の夜にしかなく，暖房はしなくてよさそうにも思えるが，那覇の人にとっては多少必要なようだ．

20　　第1章　気候・風土と住まい

室蘭：パッシブヒーティングのみ必要

旭川：パッシブヒーティングのみ必要

前橋：パッシブクーリングは昼間のみ

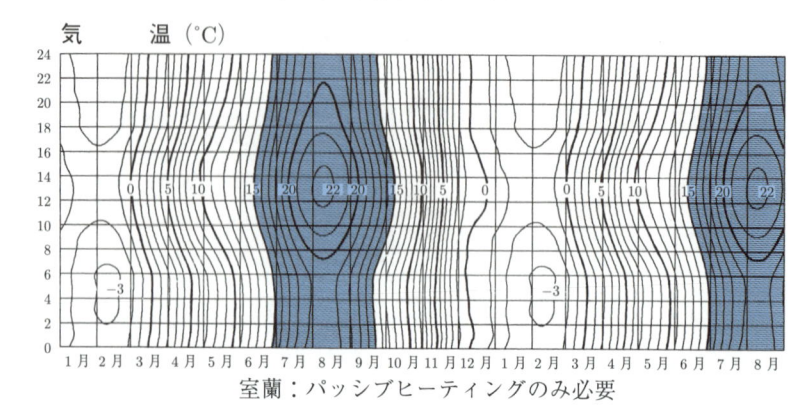

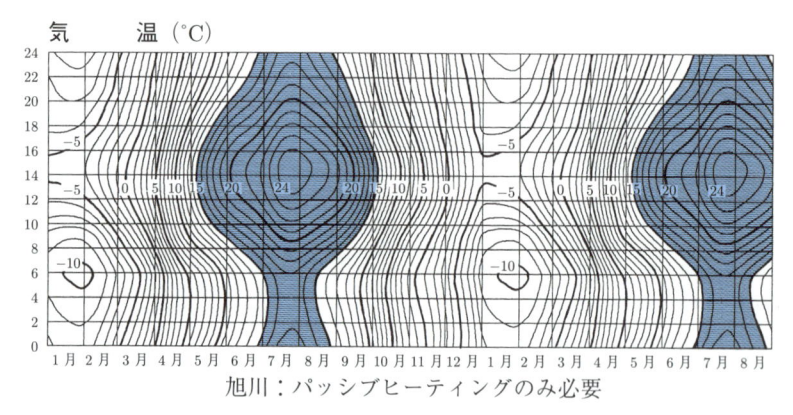

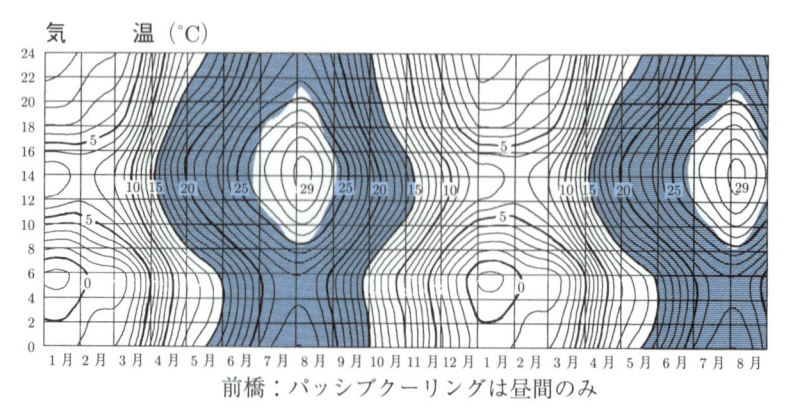

図 1.8(a)　都市による重点的検討期間の違い[1-2]

1.5 パッシブ気候特性図による気候特性の把握

大阪:パッシブヒーティング,クーリングとも必要

鹿児島:パッシブヒーティング,クーリングとも必要

那覇:ほぼパッシブクーリングのみ必要

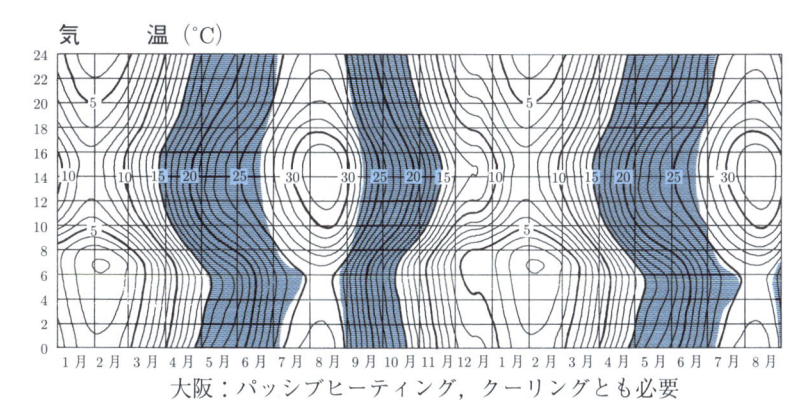

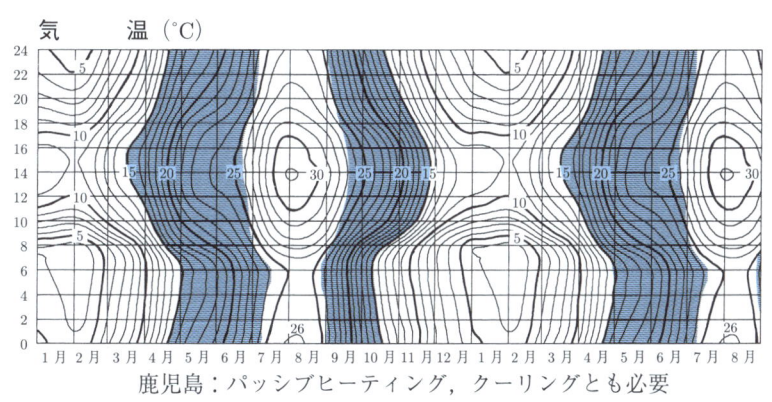

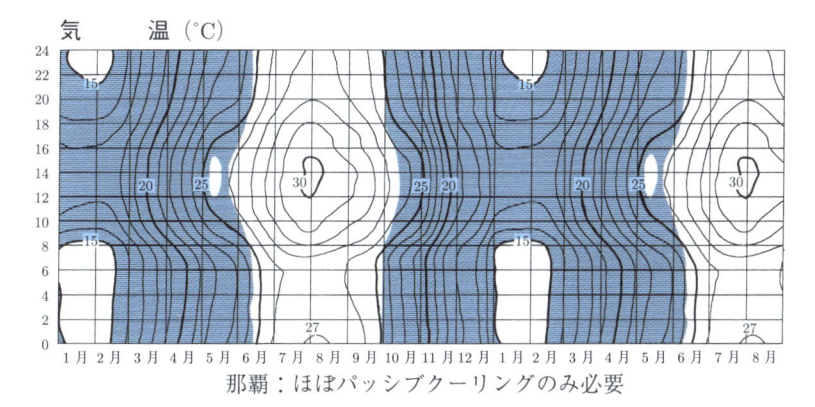

図 1.8(b)　都市による重点的検討期間の違い

日変化の大小は縦軸と交わった等値線の数からわかる．前橋は日変化の大きい都市で秋には 8°C 近くにおよぶ．これに対して，沿岸都市では日較差は小さい．この日変化の様子が非常に対照的なのは同じ北海道の室蘭と旭川である．室蘭は沿岸都市であるため，気温の日較差は夏で 3°C，冬では 2°C とほとんど日変化は見られない．これに対して盆地に位置する旭川では，それぞれ 8°C, 6°C と約 3 倍も変化していることがわかる．例えば，夏の日中は 25°C 近くまで気温が上昇しても，朝方には 16°C まで下がる．

なお，同図から読み取った日変化は，その都市に住んでいる人にとっては，実際より小さいと思われるであろう．気候特性図では日変化をならしてしまっていることも，実際の感覚と一致しない理由の一つである．すなわち，日変化の大小は天候によっても異なる．晴天日では，日中は日射が当たるために気温は上昇し，夜間になると大気放射で冷却されて気温の降下が激しく，その結果，日較差は曇天日より大きくなる．

1.5.5 日射量と雲量の日変化・年変化

図 1.7 に示した東京を例に，日射量の日変化と年変化の特徴を読み取ってみよう．日変化については，日の出と日の入りが季節によって異なり，日射量の最大値は正午前後に現れる．

夏のパッシブクーリングの重点的な検討期間内は，1 年中で水平面日射量が最も多い屋根面などの日射遮蔽が非常に重要であることが理解できる．太陽高度の最も高くなる夏至の前後は，5 月と 8 月の間で谷間となっている．この時期は梅雨にあたり，**雲量**のグラフから読みとれるように，平均雲量は 8 以上に達し，天気の悪い日が続いていることがわかる．9 月から 10 月にかけては台風や秋霖(しゅうりん)と重なるため，9 月初旬から日射量は急に減少している．この時期には気温も降下が激しい．

次に，日射を大いに利用したい冬ではどうであろうか．パッシブヒーティングの重点的な検討期間では，日中の平均雲量は 5〜6 を示している．夏に比べて雲量が少なく，晴天日が続くことがわかる．南鉛直面日射量を見ると，太陽高度も低いために日中には $300〜350\,\text{kcal/m}^2 \cdot \text{h}$ の日射量が得られ，開口部から日射を取り込むには最適である．すなわち，東京はパッシブヒーティングにとっては非常に高いポテンシャルをもった都市といえよう．

都市によって日射量が大きく異なる例として，太平洋側の東京と，日本海側の新潟（図1.9）を比較してみよう．

晴天日の水平面全天日射量は両都市ともほとんど差は見られないが，新潟では冬の水平面日射量（平均）は東京に比べて1/2以下である．雲量を見ても新潟の冬は平均雲量が8～9で非常に天気が悪い．

南鉛直面日射量（$100\,\mathrm{kcal/m^2 \cdot h}$）

雲　　量（十分比）

図 1.9　新潟の日射量と雲量[1-3]

南鉛直面日射量（$100\,\mathrm{kcal/m^2 \cdot h}$）

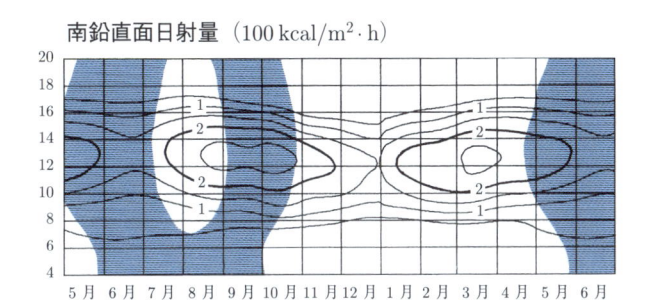

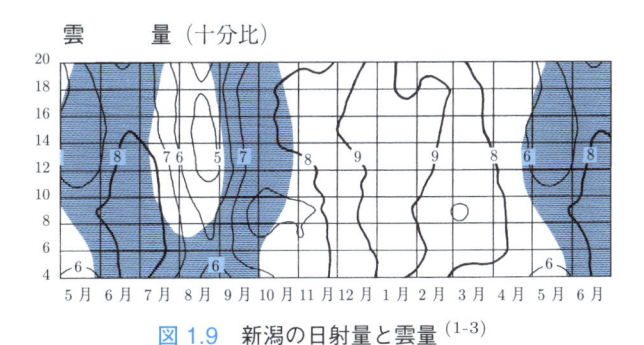

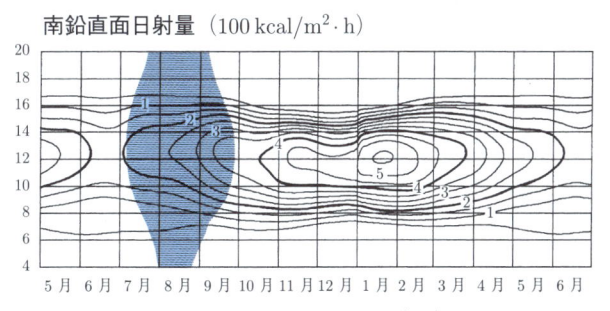

図 1.10　根室の日射量[1-4]

パッシブヒーティングの重点的な検討期間に，日射量が多く得られる都市の例として根室があげられる．図1.10 に示すように，パッシブヒーティングを必要とする期間は 9 ヵ月以上にもおよび，日射の利用期間も長い．11 月頃には南鉛直面日射量は 500 kcal/m^2·h にも達する．しかし，真冬の気温は非常に低いことから，日射を取り入れる開口部の断熱には十分注意を払わねばならない．

1.5.6　パッシブ気候特性図利用上の留意点

パッシブ気候特性図のより効果的な利用方法と，利用する上で念頭に置かねばならない注意事項を列挙してみよう．

① 建築しようとする場所と気候が最も似ていると考えられる都市を選ぶ．

単に都市間の距離では決められない．というよりもそうではない場合も多い．局地的な気候も十分考慮する必要があり，現実にはかなり難しい作業の一つである．

② 各気候特性の年変化・日変化を把握する．

マーキングで白抜きにされているパッシブクーリングとパッシブヒーティングの重点期間に注目する．

③ 気候要素間の関連性をとらえる．

まず第一には各パッシブ手法で，どの気候要素を知る必要があるかを明確にしておくこと．パッシブ手法を検討する上で最も重要な作業．手法により，また手法の細部を考える上では，パッシブ気候特性図に示されている気候要素以外についても十分考慮する必要がある．例えば，気温と湿度から夏の不快さを読み，風向・風速と合わせて通風計画を立てる．また気温と日射量，雲量から冬の日射取得を考えるなど，気候特性図を関連させながら読むことによってパッシブ手法を探ることができる．

④ 他の都市とも比較しながら目的とする都市の気候特性を明確にする．

自分の住んだことのある都市との比較は有効．自分の体験と照らし合わせながら気候特性図を読む．

⑤ 微気候についても十分検討する．

野原の一軒家でも，その家のまわりには，広っぱと異なった特有の気候が形成される．例えば風については顕著である．上空では，南風が吹いていても，建築の周囲では，場所によってまったく異なった風向・風速を示す．建築の建て込んだ市街地の中では，全体的に風速は弱まるが，超高層建築の周囲には，ビル風といわれる極端に風が強い領域で生ずることがある．

⑥ 年変化，特異年の考慮．

暖冬，空梅雨，台風のあたり年というように，年によって気象の年変化は異なるが，ここで用いられている気象データは，平均的な1年間のデータとして再編成されたものなので，気候変動，特異年についての考慮も加味する必要がある．

⑦ 連続した天候の変化のパターンについても考える．

年ごとの変動と同様に三寒四温に代表されるような天候の変化がある．作成された気候特性図はこの変動を平滑化している．そのため晴天日は曇天日に比べて一般には気温の日較差が大きいことなど，晴天日と曇天日の日変化の違いを読み取ることはできない．ダイレクトヒートゲインシステムを検討する場合のように，天候のパターンについて考慮する必要もある．また晴天日の日射量を得たいときには，大気外日射量や大気透過率を理科年表で知ることによって計算でも求めることができる．

1.6 その他の気候要素

これまでに取り上げた6要素だけでなく，その他にも重要な気候要素は多い．十分な資料がそろっていないものや入手の困難なものもあるが，**降水量，積雪量，大気放射量，地表面温度，地中温度**などがあげられる．

1.6.1 降水量

1.1節でも示したように，わが国は世界でも屈指の雨国といえよう．大きな傾斜屋根を見てもわかるように，わが国の伝統的建築の意匠は雨を除いては語れない．かや葺き屋根や素焼きの瓦などは降水時に吸収された水分の蒸発による冷却効果が期待できる．

また，雨水をそのまま排水してしまわずに，これを貯水し，雑用水などに使ういわゆる雨水利用がさかんに行われるようになったが，雨水の有効な利用方

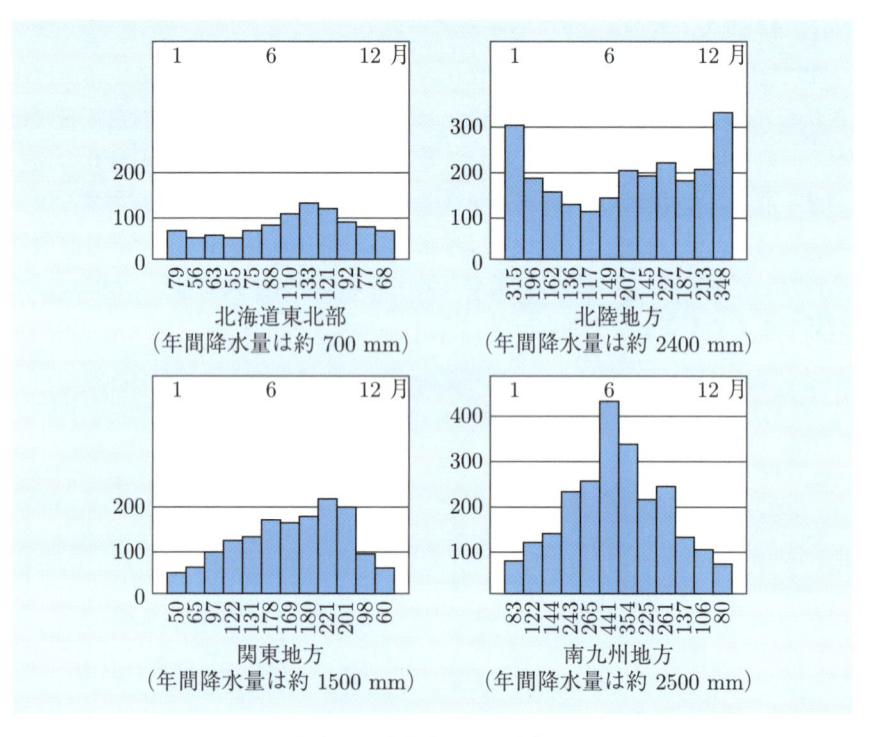

図 1.11　地域の面積降水量の月変化（単位：mm）

1.6 その他の気候要素

法の一つといえよう．

　これらの予測には年間の**降水量**とともに，月別降水量も知っていたい．**図1.11**に示すように太平洋側では梅雨と台風の時期には降水量は多く，日本海側では冬の降雪時期に集中している．また，春雨・梅雨・夕立・時雨のように雨に関する言葉も非常に多い．このことは四季によって雨の降り方が異なることを意味し，そのときの気温や湿度との関係も深い．

1.6.2　積　雪　量

　雪国では**積雪量**によって生活そのものが大きく規定されてしまうほど重要な要素である．多雪地での雪は重くのしかかるもので，とてもパッシブ手法と結びついて考える余裕はないというのが実情だろう．

　雪国でのパッシブ手法と雪の関係には，2つの側面があると思われる．一つは雪の存在そのものを自然のポテンシャルとして利用する方法であり，もう一つはパッシブ手法を融雪や落雪に応用する方法であろう．

　積雪面の**日射反射**率は表面が汚れていない場合には90％近くにおよぶ．一般の地面の値は20％前後であるから，数倍日射を反射することになる．すなわち，積雪があることによって，窓面の受ける日射量は積雪面からの反射日射も含めるとかなり多くなり，ダイレクトヒートゲインなどにとっては有効となる．また屋根に積もった雪は気密性を高めるなど，**夜間冷却**を緩和するなどには役立つ．

　このようにいくつかのパッシブ手法にとっては，積雪量のあることは自然のポテンシャルをもつことになり，どの程度の量の積雪がどのくらいの期間続くのかといったデータが必要となる．**表1.1**に示す．なお主な都市の積雪がある日数については理科年表に詳しいデータがあるので参照されたい．

1.6.3　大　気　放　射

　地表面や地上対象物と天空との間には，直達日射や天空日射のほかに長波長の**熱赤外線**による授受がある．熱赤外線は我々の目には見えないためなじみが薄いが，地球の熱収支バランスの中では非常に重要な役割を果たしている．例えば，よく晴れた風のない夜間には熱容量の小さい葉の表面や自動車の屋根には露を結ぶ．これは日中蓄えられた熱が天空に向かってさかんに放射され，表

表 1.1 日本の多雪地域の主要都市における年間の降雪量と積雪日数

地点	降雪の深さの合計(cm)	積雪100cm以上の日数(日)	積雪0cm*以上の日数(日)
旭 川	598	4	146
札 幌	478	4	132
函 館	257	—	109
青 森	761	17	119
秋 田	277	0	89
山 形	313	—	89
新 潟	184	0	61
富 山	415	2	64
金 沢	299	2	60
福 井	282	2	59
鳥 取	188	0	46
松 江	119	0	32

*積雪0cm以上とは，少なくとも地面の半分以上が雪におおわれている状態をいう．

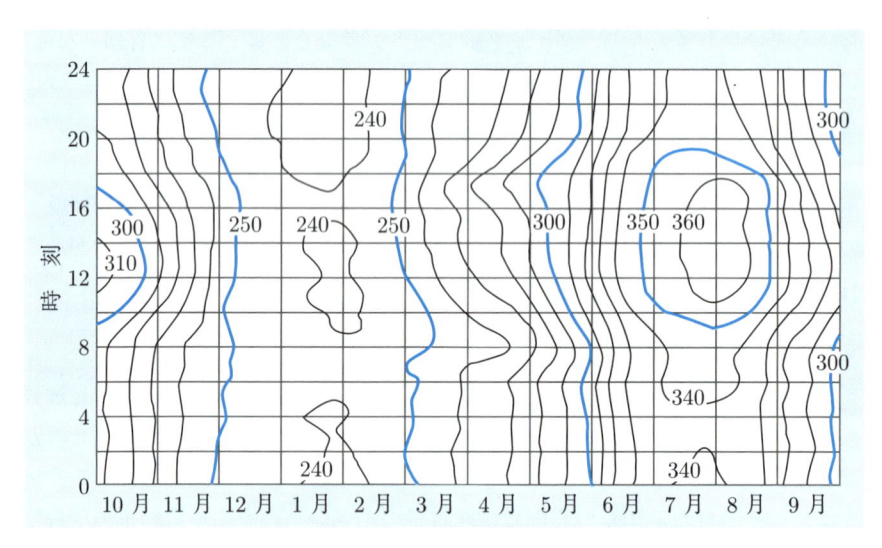

図 1.12 水平面大気放射量の年変化(単位：kcal/m² · h)
(1979年10月～1980年9月，福岡市箱崎) [1-5]

面温度が露点や氷点以下に達したためである．パッシブクーリング手法の一つである**大気放射冷却**はこの原理を積極的に利用するものである．

大気放射冷却は冷却面の表面温度が高く，大気放射量が少ないほど促進される．砂漠地方のように乾燥して澄んだ空の下では外気温の降下とともに，冷却面は凍結さえ起こすほど冷却され，アイスウォールやデューポンドとよばれる手法も採用できるという．図 1.12 には福岡における大気放射量の年変化・日変化を示す．砂漠地方ほどではないが，晴天日にはこれより少なくなる．冷却面の表面温度が高い場合には大気放射冷却もかなり期待できよう．冷却面の表面温度が外気温より高ければ，外気との対流による放熱で相乗効果が得られるが，表面温度が気温以下では逆効果となる．霜害防止のために，畑に扇風機を配置しているのを見かけることがあるが，これは放射冷却による表面の霜の発生を，地上数 m の暖かい空気を吹き付けて防ごうとするものである．

パッシブ気候特性図の中の雲量と大気放射量との関係は深く，気温・湿度・雲量から大気放射を算出できる式もある．

■ **例題 1.1**

自宅の周辺で，大気放射により結露が見られる場所はどのようなところか．

【解説】冷たい飲み物の入ったガラスコップの表面に水滴ができることはよく経験する．表面温度が露点以下になるとコップの外表面で結露が起こる．

よく晴れた風が比較的弱い早朝に，大気放射冷却によって結露が生じやすい．次のような場所を探してみるとよい．

① 建築等に囲まれていない天空に抜けた場所．
② 周囲に比べて風速の弱いところ．
③ そこの材料（表面および内部も含めて）の熱容量が小さいところ．

1.6.4 地表面温度

典型的な地表面である土・芝生・コンクリートについて，表面温度の日変化を季節別に見てみよう．図 1.13 は，東京における 1 年間の屋外実験の結果から，晴天日のみを抽出して材料ごとに（表面温度 − 気温）の日変化を示したものである．

土の表面温度の日変化は，表面近くの含水率によって大きく異なる．夏の乾

燥したときには，日中，コンクリートよりもはるかに上昇するが，冬の湿っているときには芝生よりも低い．芝生の場合，枯葉の状態である春および冬と緑葉の夏では，コンクリートと温度分布が逆転する．すなわち，日射量が大きく枯葉の状態である3,4月ごろには日中気温より20°C近く高く，夏にはコンクリートと比べ最高時で約10°C低い．

　芝生や土は，表面近傍の熱容量が小さいために，夕方，日射量の減少とともに表面温度の降下が激しく，15〜17時頃には気温よりも低くなり，夜間から日の出までその状態が続く．これに対して，コンクリートの場合は，夏，冬とも晴天日には一日中表面温度は気温より高い．

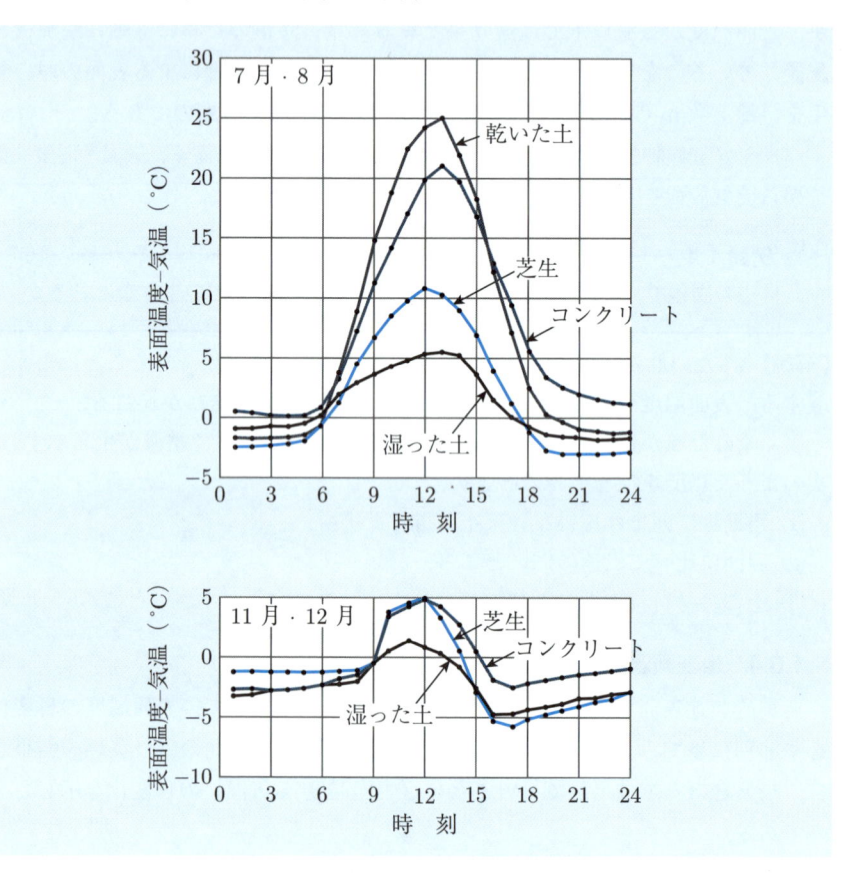

図 1.13　地面の表面温度の日変化

1.6.5 地中温度

凍結深度が何十 cm であるかということは，寒冷地では欠かすことのできない設計資料の一つである．パッシブ手法にとっても，地下室やクールチューブの設計には，**地中温度**の鉛直分布の日変化・年変化に関するデータがあると役立つ．

地中温度は，気温の低い地域ほど低く，土質や地下水の有無などによっても異なる．図 1.14 の鉛直分布の一例が示すように，表面より深くなるに従って地中温度の変化は小さくなる．一般には地下 30 cm で日変化がほぼ 1°C 以下になり，さらに 10 m 程度に達すると年変化も見られなくなる．ここの温度は，外気温の年平均値にほぼ等しいといわれている．

地上で日射を遮蔽したり，地面を植物で覆うことによって，**地表面温度**はもちろんのこと，地中温度の変動もはるかに小さくなる．

表面温度と同様，地中温度に関する情報は残念ながら非常に少ない．

以上ではパッシブ気候特性図で主な気候要素についてそれらの読み方を示した．なお，風向・風速については第 9 章で触れる．

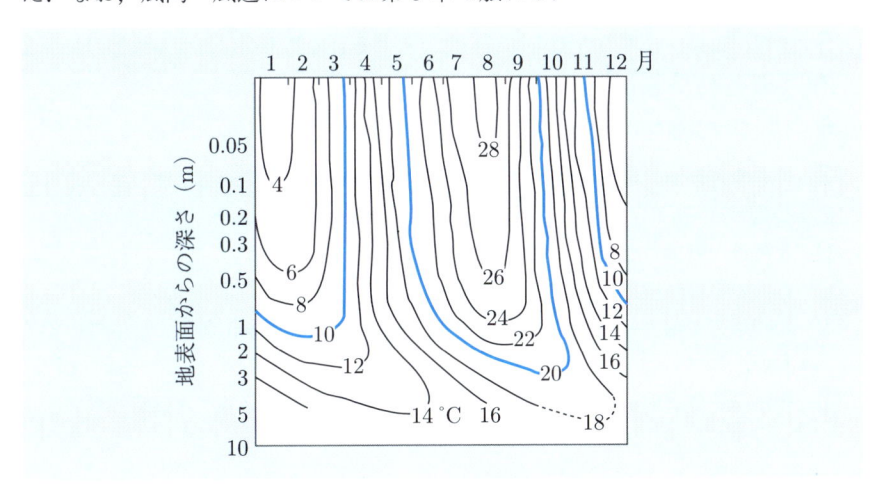

図 1.14 深さと季節による地中温度の変化（東京）[1-6]

1章の問題

☐ **1** 世界地図を見ながら，わが国の都市と世界の緯度を読み取り，互いの都市を比較しながら，それぞれの都市の気候特性を考えてみよう．

1	鹿児島	2	東京	3	札幌
4	カイロ	5	ローマ	6	パリ
7	ストックホルム	8	キルナ	9	オタワ
10	ニューヨーク	11	カリフォルニア	12	フロリダ
13	ホノルル	14	モスクワ	15	ソウル
16	北京	17	広州	18	香港
19	シンガポール	20	バンコク　など		

☐ **2** 図 1.2 の世界の都市のクリモグラフを参考にして，東京の気候特性を述べよ．
　またクリモグラフで，日変化まで考察すると，東京とロンドンの1年間の気温・湿度の変化はどのような特徴があるか（図 1.3 参照）．

☐ **3** わが国の中でも，都市によって気候特性は大きく異なる．東京と那覇を取り上げて，気温，相対湿度，風向・風速，日射の年変化について比較せよ．

☐ **4** 寺田寅彦は随筆『夕凪と夕風』で何を言おうとしているのか．

☐ **5** 那覇，東京，松本の3都市について，それぞれの都市が位置する地勢の特徴とクリモグラフの特徴との関係を考察せよ．

☐ **6** パッシブ気候特性図を利用する上での留意点を述べよ．

☐ **7** 日本の各都市の気候特性に関する次の①～④の文章の中から，<u>誤っているもの</u>を1つ選べ．
① 北海道の室蘭と旭川では室蘭の方が気温の日較差は大きい．
② 新潟の冬の日積算日射量は東京のそれの 1/2 である．
③ 北陸地方や南九州地方における年間の降水量は 2500 mm 前後と日本の中でも多い．
④ 根室の冬は日射量が多いのでダイレクトヒートゲインシステムの自然のポテンシャルが高い．

第2章

都市気候

　都市にはヒートアイランド現象のように，郊外とは異なった気候が形成される．はじめに，都市気候についてその特徴と形成要因を概説する．次に，都市気候を形成する基本単位となり，また，室内気候を直接規定する建築外部空間の微気候に着目し，その形成メカニズムを示す．さらに，リモートセンシングによる観測結果を紹介しながら，都市の土地被覆の改変とヒートアイランド現象や生活空間の熱的快適性を考える上でキーワードとなる，地面や建築の表面温度との関係を明らかにする．

- 2.1　局地気候と微気候
- 2.2　都市気候とその形成要因
- 2.3　建築外部空間における微気候の形成
- 2.4　リモートセンシングによる都市熱環境の実態
- 2.5　赤外線放射カメラによる建築外部空間の表面温度分布

2.1 局地気候と微気候

　我々が一般に見聞きしている気象台のデータの多くは，各地の気象台で観測されたものであるが，設計しようとするときに本当に必要となる気象のデータは，これから建築しようとする敷地のものである．例えば皇居の隣にある東京管区気象台で観測されている気温は，同じ東京でも八王子で観測された気温とはかなり異なる．前述のように，わが国は地勢が変化に富んでいるために局地的な気候が形成されやすい．さらに**微気候**といわれ，周辺も含めたその土地の地勢や建築の状況によってそれぞれ特有の気候が生ずる．特に風向・風速は場所によって大きく異なることが多い．

　このように，気象台のデータをもとにした都市の気候特性と建築しようとする敷地のそれとは一般に異なる．このことから，前章で紹介したパッシブ気候特性図を用いる場合には注意を要する．しかし，建築しようとする敷地について長期の気象データが入手できることは稀であり，気象台で常時観測されている気象データに頼らざるを得ない．

　これらのことから，建築しようとする敷地の気象特性を明確にするためには，まず第一に気象台で観測された気象データをもとにして，気候特性の概要を把握することであろう．これと並行して，周辺の地勢や既存建築の方位・配置などを調べたり，また短期間でも主な気象要素の測定を行うことも有効である．その土地に永く住む人は，ここの気候はどこそこの街とどう違うとか，東風が吹くと気候が変わるとか，過去の異変など，数々の情報をもっている．これらの経験と知識は，気象データをより生きたものとしてとらえる助けとなるだけでなく，環境設計の基本となるその地域の人々の気候に対する受けとめ方も教えてくれる．本章では，都市気候に焦点をあてることから，その土地の地中についてはあえて触れないが，その土地のもつ特徴としては欠くことのできないともに重要な情報である．土地改善が行なわれた土地では，以前の土地はどのような状況であったのか．例えば，山を削って造成した切り土の土地なのか，また盛土の土地なのか．水田であったところを埋めたてた土地なのか．2011年3月の東日本大震災でも，海浜の埋立て地以外でも液状化現象が多発した．さらに，地下水の状況なども局地気候や微気候に影響を及ぼす．

2.2 都市気候とその形成要因

2.2.1 都市気候の特徴

都市環境問題の中で主要なものとして，都市に形成される特有な気候，**都市気候**があげられる．このことは古くから経験的にも知られているが，都市気候が比較的わかりやすい都市景観の問題と大きく異なる点は，種々の問題が輻輳していることと直接目に見えない現象が多いことである．表2.1は都市気候の特徴を気候要素ごとに郊外と比較して示したものである．

気候要素の中で最も身近な気温についてみると，都市の気温は郊外よりも高いことがわかる．図2.1には東京における気温の観測例を示す．同図は冬季における早朝の気温分布であるが，都心のあたりが最も高温を示し，郊外と比べると5°C近く高いことが読み取れる．このように，都心に高温域が形成されて，等温線がまるで熱の島のようになることから，**ヒートアイランド現象**と呼ばれている．この現象によって都心では上昇気流が生じ，上昇した汚染空気が光化学スモッグとなって近郊に降下するなど，複雑な気象現象も発生する．

相対湿度と日射量は減少し，特に東京の場合には周辺よりも湿度は10%以上，そして日射量は大気汚染によって25～30%の減少が観測されている．

風速は，建築が密集し，かつ高い建築が増えることによって，地表面の凹凸の規模が大きくなるため，郊外より弱くなる．このことは図2.2に示す地表面の状態と風速鉛直分布の模式図により理解できよう．

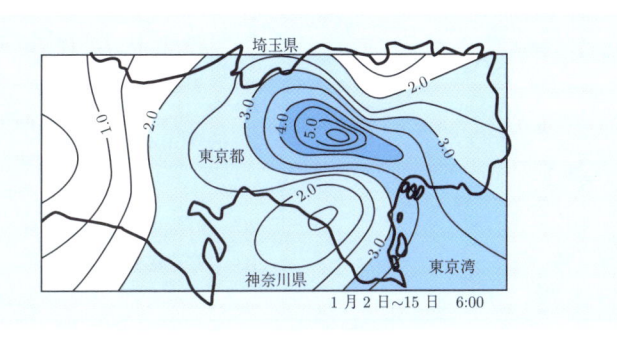

図2.1 東京のヒートアイランド現象(等値線は気温 (°C)) [2-1]

表 2.1　都市気候の特徴（郊外との差）[2-2]

放　射 [1]	
純放射	15〜20%減少
紫外線（冬）	30%減少
紫外線（夏）	5%減少
日　射	5〜15%減少（20〜30%減少）[3]
気　温 [1]	
年平均	0.5〜1.0°C 高（2.5°C 高い）[3]
冬の最低	1.0〜2.0°C 高（3〜4°C 高い）[3]
相対湿度 [1]　年平均	6%減少（10%以上減少）[3]
冬季平均	2%減少
夏季平均	8%減少
雲 [1]　雲　量	5〜10%増加
霧（冬）	100%増加
霧（夏）	30%増加
降水量	
日降水量 0.5 mm 以下の日数	10%増加（15〜20%増加）[3]
雪	5%減少
汚染物質 [2]　巨大塵埃粒子	10 倍（10 倍以上）[3]
CN	15 倍以上
dust	10 倍以上
SO_2	5 倍（10 倍以上）[3]
CO_2	10 倍
CO	25 倍（50 倍以上）[3]
風　速 [1]	
年平均風速	20〜30%減少
極　値	10〜20%減少
静穏度数	5〜20%増加

[1] H.E. Landsberg: 1970, Meteorological Monographs, Vol.**11**, p.91, table 1.
[2] 神山恵三の資料
[3] 河村武の資料（東京の場合）

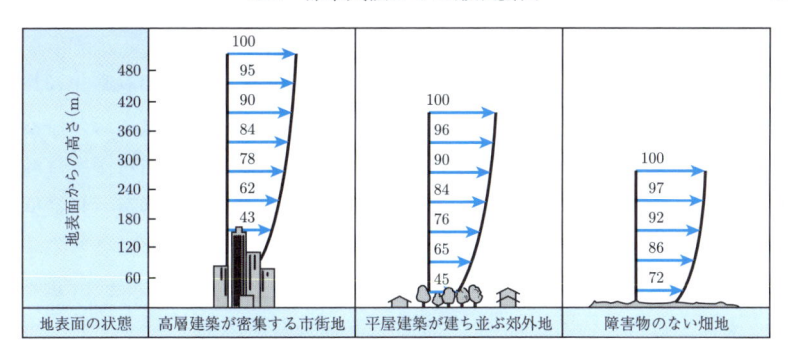

図 2.2　地表面の状態と風速の鉛直分布 [2-3]

同図は上空の風速を 100 としたときの各高度における平均風速の比率を示したものである．障害物のない平坦な畑地に比べ，平屋建築が建ち並ぶ郊外地，さらには高層建築が密集する市街地ほど地面近くの風速の減衰が著しく，市街地特有の風として市街地風と呼ばれている．夏の通風計画にとっては，建築が建て込んでいる都市では自然のポテンシャルが低下しているということになる．特に両側を高い建築で連続的に囲まれた道路空間（ストリートキャニオンと呼ばれている）のように閉鎖的な空間では，一般的には道路に沿って風が吹くが，風の弱い日には熱や汚染物質の拡散能力が低下し，極度に居住環境が悪化する危険性もある．

一方，これとは逆に，都市の中で局所的に強風の現れるところもある．例えば図 2.3 に示すように高層建築の周辺，特にジェット気流となるピロティや建築の側面では強風域が生ずる．歩行者障害や看板の飛散など思わぬ災害を引き起こす．

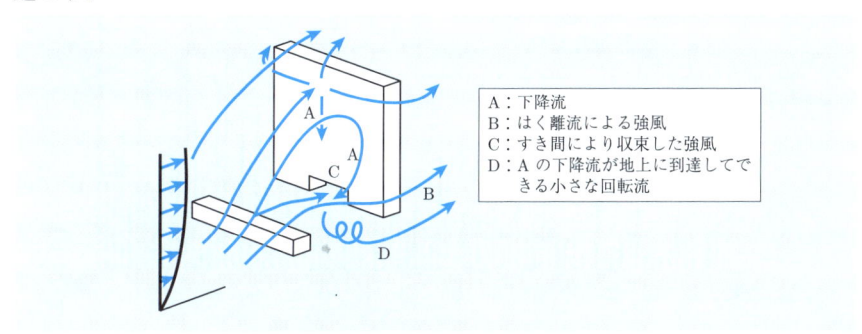

A：下降流
B：はく離流による強風
C：すき間により収束した強風
D：A の下降流が地上に到達してできる小さな回転流

図 2.3　高層建築の周辺における強風域 [2-4]

2.2.2 都市気候の経年変化

図 2.4 に東京における気温と湿度の経年変化を示す．地球の温暖化に比べて数倍近い気温上昇が観測されている．皇居近くの東京管区気象台における観測記録であるが，都市化が進むに従って，気温が上昇し，逆に相対湿度は減少している様子が読み取れよう．また，図 2.5 は同じく東京の**熱帯夜**（日最低気温が 25°C 以上のこと）の出現日数を見たものである．冷夏などによって年変化はあるものの，1 年間の熱帯夜の日数は増加傾向にあり，最近では 30 日を超える年もある．寝苦しい夜が続くことになり，冷房負荷の増大を招くことになる．

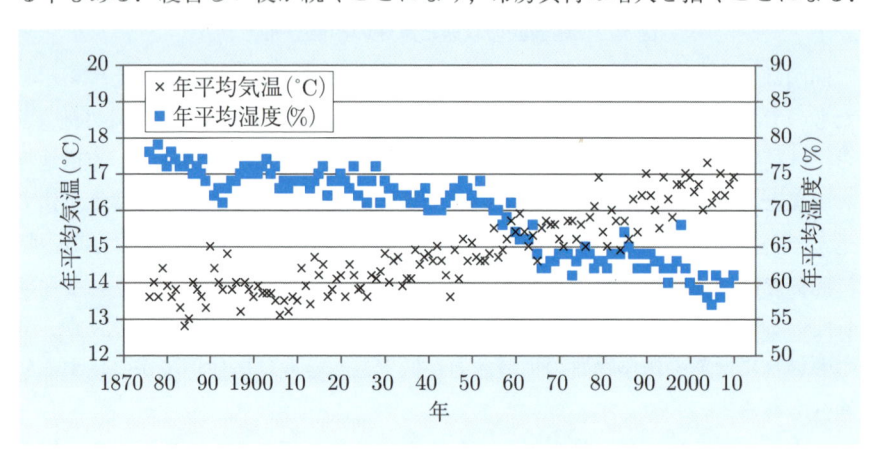

図 2.4　東京における気温・湿度の経年変化(年平均) [2-5]

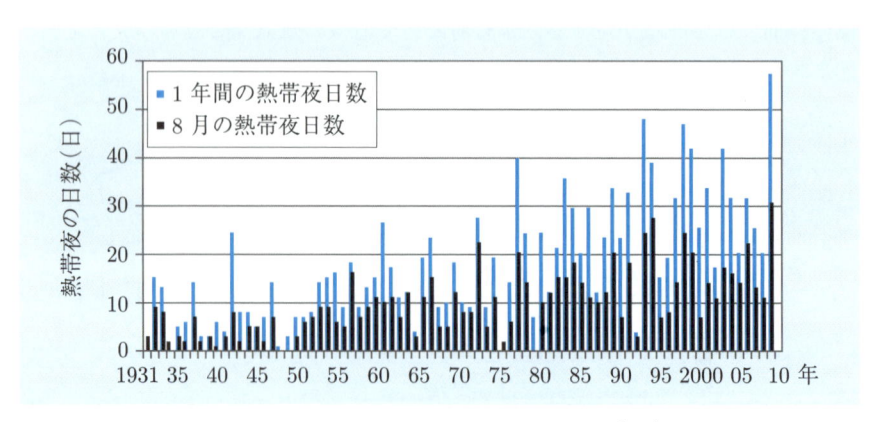

図 2.5　東京における熱帯夜の経年変化 [2-6]

このように夏季におけるヒートアイランド現象は，低緯度における都市においては快適な環境形成はもちろんのこと，省エネルギーの観点からも非常に重要な問題であり，以下に述べる形成要因に対する根本的な施策が急務といえよう．

2.2.3 都市気候（ヒートアイランド現象）の形成要因

以上のような**都市気候**が形成される主な要因は

① 土地被覆の改変
② 膨大なエネルギー消費
③ 大気の汚染

があげられよう．

①については

(1-1) 建築が密集し，高層建築が増えることによって地表面の凹凸が複雑になり，日射の吸収率が大きくなる（アルベドが小さくなる）．
(1-2) 地表面の凹凸が大きくなると，地面や壁面から天空の見える割合が減るため，**大気放射冷却**が阻害される．
(1-3) 街の中の風速が平均的に減衰し，街の換気機能が低下する．
(1-4) 緑地や裸地などの保水面が減少することによって，雨水の保水能力が低下するとともに，蒸発潜熱による冷却作用が小さくなり大気を直接暖める顕熱量が増大する．
(1-5) アスファルト舗装面やコンクリート造建築など**熱容量**の大きい材料や構造物が地面を覆うことによって，これらに日中吸収された日射熱が蓄熱される

などのように地表面を構成している材料や地表面の形状が変化することで，そこに特有の気候が形成されることになる．

②については，冷暖房，照明，自動車，工場での生産工程などによる排熱（以下に**人工排熱**と呼ぶ）が大気へ放熱され大気を暖める．

③については，大気汚染によってスモッグが形成され，これが温室のガラスと同様の働きをする．地面から放射される赤外線が宇宙空間へ放射されず，大気中に吸収されるため，気温が上昇する．いわゆる「温室効果」が生じる．大気中の二酸化炭素やメタンなどのガスは太陽からの熱を地球に封じ込め，地表を暖める働きがある．これらのガスを**温室効果ガス**という．産業革命以降，温

室効果ガスの大気中の濃度が人間活動により上昇し,「温室効果」が加速されている.

1997年の第三回気候変動枠組条約締約国会議（COP3）で採択された京都議定書では，地球温暖化防止のため，二酸化炭素，メタン，一酸化二窒素のほかHFC類，PFC類，SF_6が削減対象の温室効果ガスと定められた．石炭や石油のような化石燃料の燃焼等から生成された二酸化炭素等の温室効果ガスの濃度上昇が地球温暖化促進の最大原因として問題になっている．

さらに，街の中に焦点をあててみよう．図2.6は夏季に室内で冷房が行われているときの**大気顕熱負荷**の構成概要を示している．同図より街の中の気温を決める要因は輻輳していることがわかる．

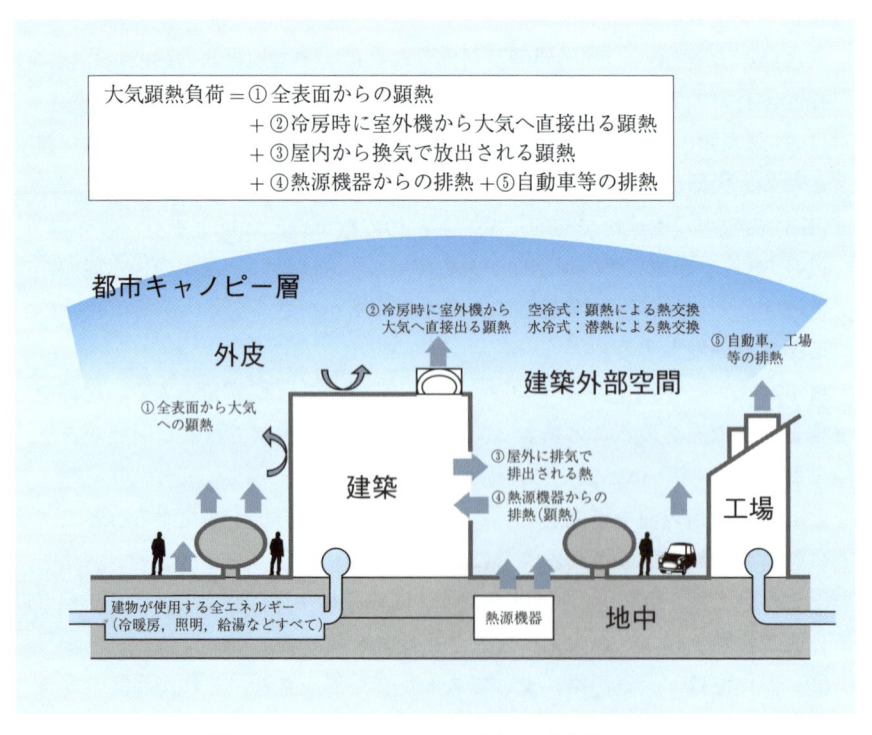

図2.6 ヒートアイランド現象の形成要因
（大気を直接暖める要因：大気顕熱負荷）

① 地面や壁面，窓ガラスそして屋根など建築外部空間を構成する全表面からの顕熱は，日中，日射があたって表面温度が上昇すると，周囲の気温を上昇させる．しかし，冷房した建築のガラス窓面や壁面は，冷房の設定温度が低いほど表面温度は下がる．日射があたらない面では，表面温度は日中は外気温より低いので，これらの面では外気は冷やされることになる．
② 熱交換機から大気に出る顕熱は，室外機が顕熱（空冷）式か潜熱（水冷）式かで大きく異なる．潜熱式のクーリングタワーでは，水の蒸発潜熱で熱交換を行っているため，直接大気を暖める顕熱分は少ない．また，海水や河川水，または下水処理水を利用した熱交換システムを導入することによって，大気への顕熱負荷を減らすことができる．
③ 屋内から換気によって放出される顕熱は，冷房すればするほどヒートアイランドを抑制することになる．

このように必ずしも建築で冷房をしていることが直接大気を暖めることにはならない．すなわち，個々のヒートアイランド対策も総合的に評価しないと大きな誤りを犯すことになる．また，コンピュータ，家電機器，冷房に必要な投入エネルギーを同時に議論しなければならないことがわかる．この投入エネルギーは，ここの**建築外部空間**における大気への顕熱負荷とはならなくても，エネルギーが作られるところでは，二酸化炭素の発生や，原子炉発電等，**地球環境問題**と深く関わっている．ここでは割愛するが，地域冷暖房についても，同様の視点から議論する必要がある．

2.2.4 人工排熱について

人工排熱は大気や水，土壌等の環境媒体が受ける熱量と定義されており，一般的に，① 生産段階，② 消費段階，③ 排出段階の3つの段階で発生するものに分けられる．

①の生産段階での人工排熱は，都市で消費される電気やガス，石油等を生産するのに必要なエネルギーが最終的にすべて熱に変わり，環境に排出される熱である．この排熱量は電気等の使用量に当該エネルギーの発熱量を乗じたもので算出される．

②の消費段階での人工排熱は，電気やガス等のエネルギーが各種機器・建築・

交通機関等で使用される際に発生する熱である．供給段階と同様に消費されたエネルギーが最終的にはすべて熱に変わると考え，各種機器等の使用量に当該エネルギーの発熱量を乗じたものを積み上げて算出される．

③の排出段階での人工排熱は，建築や自動車，工場等の空調機や煙突等から大気や水などに排出される熱をいい，各種機器から排出（熱交換）される熱量を積み上げたものである．生産・消費段階ではエネルギー消費だけを対象としているのに対し，排出段階の人工排熱は，例えば空調機の排熱に含まれる日射や人体排熱などの熱も含まれている．つまり快適な生活空間を創り出すために室内で発生する熱を屋外へ排出する部分も加えて人工排熱と見なしている．ここでは，都市ヒートアイランド現象を対象としているので，人工排熱は都市気候の形成に直接影響を及ぼす排出段階の排熱に着目し，都市への人工排熱の実態について一例を取り上げよう．

国土交通省・環境省の2004年調査によると，東京23区の**人工排熱**として，8月の顕熱排熱量は図2.7のようになる．同図より，建築からの排熱が最も多く，全体の約半分（45%）も占めることがわかる．次いで，自動車からの排熱であり，全体の約3割に相当する．建築の排熱源は，OA機器や家電製品，空調機器，給湯器，厨房機器などとなっている．以下に，建築からの排熱を中心にその特性を見てみよう．

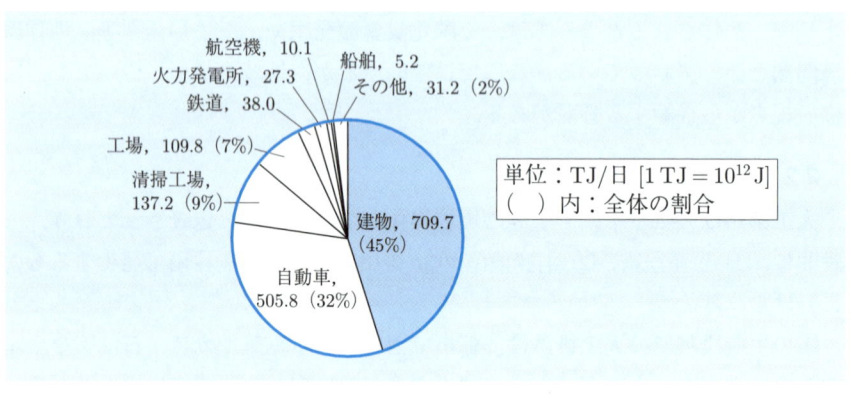

図2.7　8月における東京23区の人工排熱量[2-7]

単位：TJ/日　[1 TJ = 10^{12} J]
（　）内：全体の割合

建物, 709.7 (45%)
自動車, 505.8 (32%)
清掃工場, 137.2 (9%)
工場, 109.8 (7%)
鉄道, 38.0
火力発電所, 27.3
航空機, 10.1
船舶, 5.2
その他, 31.2 (2%)

また，足永らは，東京23区における500mメッシュの人工排熱の夏季日平均値を顕熱潜熱別に算出している[2-13]．その結果，東京23区の人工排熱（全熱）は約$32\,\mathrm{W/m^2}$である．この値は東京8月平均の水平面全天日射量の18%に相当する．顕熱排出量は潜熱排出の5倍以上の値を示している．

ここで一例として空調設備システムによる排熱を試算してみよう．例えば，1000Wの冷房負荷を処理するときに発生する排熱量を求める．まずファンやポンプ類の発熱を加えて約1100Wの負荷を冷凍機が処理することになる．冷凍機の成績係数COP（例えば，家庭用ルームエアコン）を6として1283W（$=1100\times(1+1/6)$）という熱量が屋外機から排出される．冷房のための電力消費量は空調システムの効率により異なるが，例えば省エネ法のCEC/AC = 1.5（事務所，学校）を用いることにすると，1000Wの冷房負荷を処理するためには発電所では$1000\times1.5\times(1-0.35)=975\,\mathrm{W}$の量が排熱される．ここで0.35は発電効率である．

1000Wの**冷房負荷**を処理するときに，建築から1283Wの排熱があり，発電所から975Wの排熱が発生することになる．空冷式屋外機利用ならば1283Wの顕熱が放出されるが，水冷式冷却塔（潜熱割合を0.9と仮定）を利用する空調システムだと128Wの顕熱しか排出されない．このように空調機の種類により顕熱排出量が大きく異なることがわかる．

個々の建築では，建築によって屋外の気候変動を緩和し，安全でかつ快適な室内気候を形成することに主眼が置かれるが，建築が群として存在し，人口が集中している市街地においては，地域を対象とした環境計画がますます重要となることが理解できよう．これからの都市づくりの基本は，周囲への環境負荷をできる限り減らし，快適な生活環境を実現する環境共生的なアプローチであろう．そのためには，熱環境に配慮した屋外空間の実現が不可欠な要件である．

次節では，室内空間と都市空間を結ぶ建築外部空間に着目し，そこに形成される微気候と前述の土地被覆の改変，すなわち，建築外部空間を構成する材料や空間形態との関係について考察する．

2.3 建築外部空間における微気候の形成

2.3.1 建築外部空間の位置付け

野原の一軒家でも，そこに建築があることによって，その周辺に新たな気候が生ずる．建築が群として存在する市街地では，建築などによって囲まれたより閉鎖的な空間（ここでは**建築外部空間**と呼ぶことにする）に特有の微気候が形成される．この微気候は，図 2.8 にその位置付けを示すように，屋外での活動に直接的に影響を及ぼすとともに，マクロには面積効果により都市気候を形成する基本単位ともなる．またミクロには**室内気候**を直接規定するというように，都市における快適な住環境の形成のためのキーワードともいえよう．

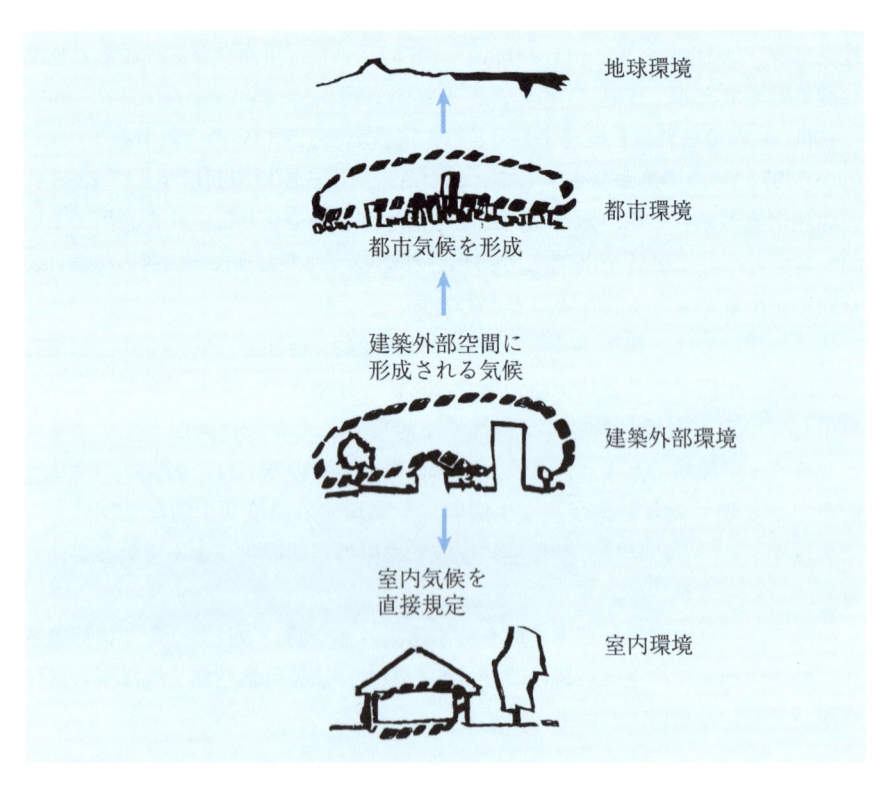

図 2.8　建築外部空間の位置付け

2.3.2 太陽放射エネルギーの熱収支メカニズム

前述のように，建築外部空間を構成する材料や空間形態が変化することで，そこに特有の微気候が形成されるが，それは主に地球のエネルギーの源である**太陽放射エネルギー**の熱収支によって決定される．すなわち，図 2.9 に示す地表面における太陽放射エネルギーの熱収支メカニズムを理解することが基本となる．（p.47 のコラム参照）

太陽から放射された放射エネルギーは，大気圏を通過して地上に到達するまでに量的にも質的にも変容する．同図に示すように，そのまま大気中を通過して地上に到達する直達日射，大気中で散乱されて地上に降り注ぐ天空日射，さらに，大気中の水蒸気などによって吸収され，その大気の温度に応じて再放射される大気放射に分けられる．**直達日射**と**天空日射**は $0.3\,\mu m$ から $2\,\mu m$ 程度までの紫外線，可視光線，および近赤外線と呼ばれる領域の短波長放射である．一方，**大気放射**は $10\,\mu m$ 前後の中間赤外線による長波長放射であるため，我々の目には見えずなじみが薄い．しかし，地表面の熱収支の中では地上からの再放

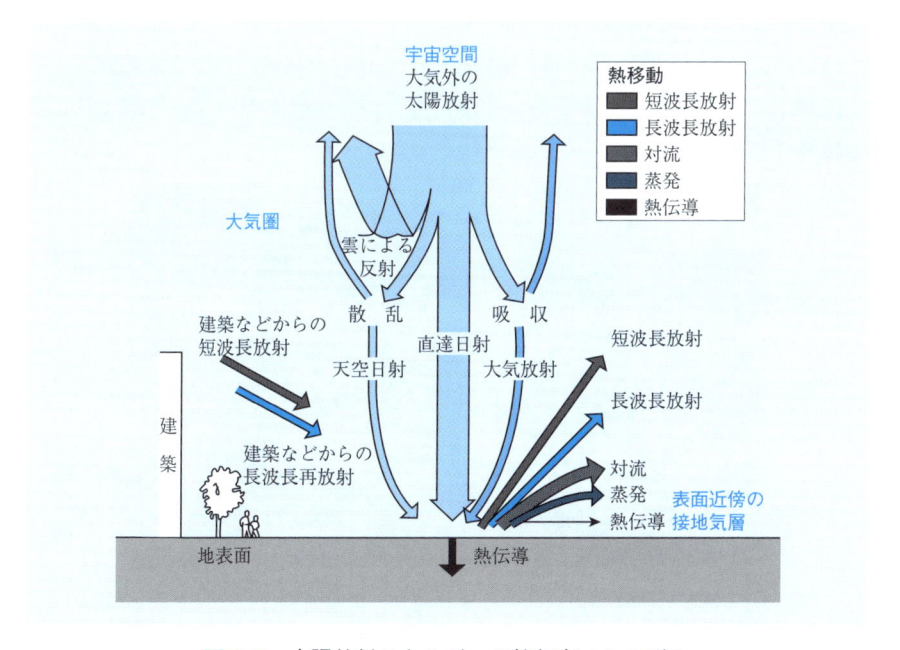

図 2.9 太陽放射エネルギーの熱収支メカニズム

射とともに重要な役割を果たしている．

　地上に入射した放射エネルギーは一部分そのまま反射する．その他は吸収されて地表面を暖める．そして，表面近傍の空気との対流により，また，地表面の表面温度と放射率に見合った再放射エネルギーとして放出され，残りは地中に伝導で伝わっていく．水が存在する場合には蒸発の潜熱としても使われる．

　建築が相互に影響を及ぼし合う具体的な例として，街中でよく見かける現象を示そう．図2.10は一見平凡な建築のファサードの写真に見える．ところが実は無窓建築であるパーキングビルの壁面に，隣の建築の窓から反射された日射があたっているところである．向かい側の窓には，室内への日射の侵入を防ぐために熱線反射フィルムが貼られている．左下の1ヵ所窓の写っていないところは普通ガラスの窓である．もし，この北側の壁面に本当に窓があれば，日射があたるはずがないのにグレアに悩まされたり，夏には冷房負荷の増大を招くことになる．室内の快適性や省エネルギーを追求したツケが，建築外部空間にまわってしまった極端な例であろう．

　以上のように，建築外部空間を構成している材料の熱的特性や空間形態によって，図2.9に示した各要素がある比率に基づいて熱収支のバランスがとれ，その結果として特有の微気候が形成されることになる．

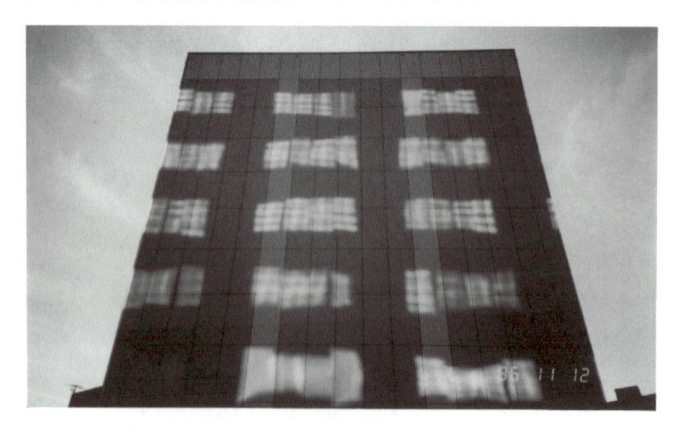

図 2.10　建築外部空間において建築が相互に影響を及ぼし合っている例
　　　　（隣にある建築の熱線反射フィルムの窓から反射日射を受けた無窓建築，まるで窓があるかのようである）[2-8]

例題 2.1

図 2.10 のような建築の窓や壁面からの反射日射がある例を，街の中で探してみよう．

【解説】 街の中で周囲が高い建築で囲まれ，日影になっている広場で，一面ガラス張りの高層建築からの反射日射を受けて，太陽の方向に自分の影が地面にできていることはないだろうか．

地表面における熱収支

地表面における太陽放射の熱収支を式で示すと次のようになる．

$$G = (1-r)(S_b + S_{\text{sky}} + S_r) + \varepsilon(R_s + R_{\text{sky}}) - \varepsilon\sigma T^4 + H + L$$

- G ：熱伝導量
- r ：地表面の日射反射率
- S_b ：直達日射量
- S_{sky} ：天空日射量
- S_r ：建築壁面などの周囲からの反射日射量
- R_s ：建築壁面などの周囲からの長波長放射量
- R_{sky} ：大気放射量
- T ：地表面の表面温度
- ε ：地表面の放射率
- σ ：ステファン–ボルツマン定数
- H ：顕熱輸送量
- L ：潜熱輸送量

2.4 リモートセンシングによる都市熱環境の実態

2.4.1 市街地と郊外の比較

まず建築外部空間に対するマクロな視点として，都市の熱環境についてみてみよう．口絵2-1 は，夏季・晴天日の正午に航空機リモートセンシングによって観測された杜の都，仙台の市街地とその近郊の熱画像である．海や森，そして，水田の表面温度は気温より数度低い．これに対して，人口が集中している市街地や，開発が進んでいる郊外の団地を見ると，表面温度は気温より 20°C 以上も上昇している．まさに都市砂漠である．たっぷりと水を蓄えた緑を排除し，コンクリートジャングルと化してしまった都市の姿が容易に想像できよう．そしてさらに悪いことには，日中，熱容量の大きな鉄筋コンクリート造の建築や舗装面にたっぷりと吸収された日射熱が夜から早朝にかけて大気にじわじわと放熱され，夏の熱帯夜の発生を助長することになる．

2.4.2 市街地の表面温度分布

街の様子が良くわかるように，もう少し低高度で東京の市街地（赤羽駅周辺）を観測した．図 2.11 は航空機マルチスペクトラルスキャナ（**MMS**）によって得られた夏季・晴天日における昼と夜の熱画像である．

(1) 昼の表面温度分布

はじめに正午の熱画像を見てみよう．画像の左側にある 2 つの団地は比較的表面温度が低いが，その周囲の地区に白い部分が目につく．これらの地区は木造建築が多く，カラー鉄板や瓦屋根が日射熱を吸収して高温になっていることを示している．快晴で風の弱い日には表面温度は 70°C 以上にも達する．学校のグランドや空地なども非常に高温になる．その他，商業地域全域，桐ケ丘団地の住棟屋根（アスファルーフィング）や舗装道路などの表面温度が高い．これに対して，表面温度の最も低いところは，高層住棟の日影部分や，前庭や並木などの樹木である．緑の葉は蒸散作用をさかんに行って葉温をコントロールし，その結果葉温はほぼ外気温に等しく保たれている．このように夏季の晴天日の日中では，生活空間での表面温度は 30〜70°C に分布し，場所によって 40°C に近い差が生じている．

2.4 リモートセンシングによる都市熱環境の実態　　49

桐ケ丘団地　　　　　　　商業地区

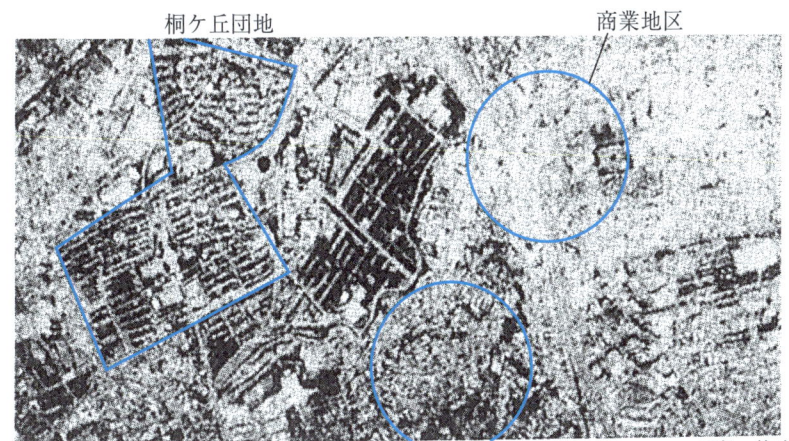

木造建築の密集している地区　　8月6日　12:20　天候：快晴

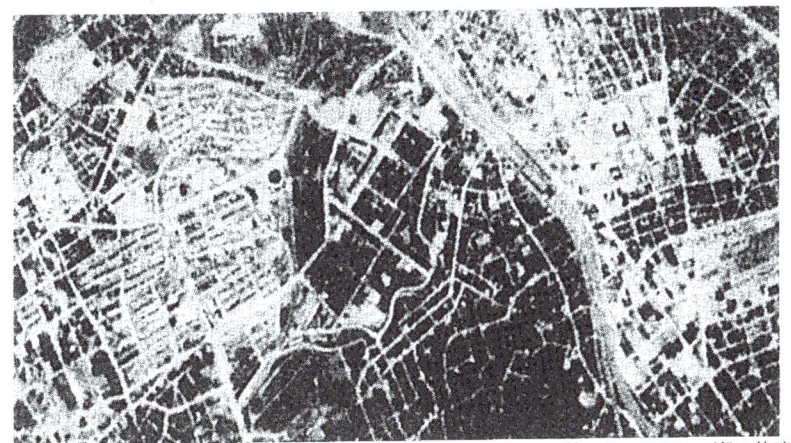

8月6日　18:59　天候：快晴

図 2.11　航空機マルチスペクトルスキャナによる市街地の熱画像
　　　　（東京，赤羽駅周辺）
　　　　（白いところほど表面温度が高いことを示す.）[2-9]

(2) 夜の表面温度分布

さて，次に同じ場所の日没後の熱画像を見てみよう．画像全体としては昼間のそれとかなり様相が異なっている．最も顕著な差は木造建築が密集している地区に見られる．日中最も高温を示していた屋根は植物と同じくらい表面温度が低い．その間をまるで血管のように舗装道路が白く浮かび上がって見える．日中高温になった木造建築の屋根からは対流や再放射によってさかんに放熱が行われ，熱容量が小さいために日射量の減少とともに急激に表面温度が降下する．これに対して，舗装道路や鉄筋コンクリート造の住棟屋根は熱容量が大きいために，夜になっても日中吸収した日射熱を蓄えて高温を維持している．商業地区は自動車の排熱等も加わり，昼と同様，夜でも最も高温域を示している．熱的にも不夜城といえよう．

(3) 住宅地の表面温度と土地被覆の関係

いろいろな土地利用の地区を抽出して，その地区の平均表面温度を検討すると，夏季の正午では商業地区や木造建築の密集した住宅地は 55°C 以上におよび，緑の多い集合住宅地は 40°C と，地区により 15°C におよぶ差が見られた．前者は一面が裸地とほぼ同じ温度で，日中はまさに都市砂漠である．夜間では全体的に表面温度差は小さくなるものの，木造建築の密集した住宅地に比べて商業地区は 5°C も高温を示している．

次に建築の構造に着目して，地区ごとに木造建築と鉄筋コンクリート造建築の建蔽率（けんぺいりつ）をそれぞれについて調査し，冬季の晴天日における早朝および日中の表面温度との関係を求めた．図 2.12 のように地区の平均表面温度は，早朝と日中でどちらも木造建蔽率，鉄筋コンクリート造建蔽率と逆相関を示している．このことから，建築の熱容量の違いも都市の表面温度の日変化に大きな影響をおよぼしていることが裏付けられる．

さらに，図 2.13 は住宅地の緑の量について緑被率を求め，夏の正午における住宅地の平均表面温度との関係を示したものである．緑のほとんどない地区では表面温度は 50〜55°C に達しているが，緑被率が増すに従って地区の表面温度は低くなることがわかる．

今日木造建築の密集した地区では防災のために不燃化建築の建設が促進されているが，屋上緑化や壁面緑化を有機的に導入して熱容量の大きい建築や道路に日射をあてない工夫など，微気候からの配慮もされねばならない．

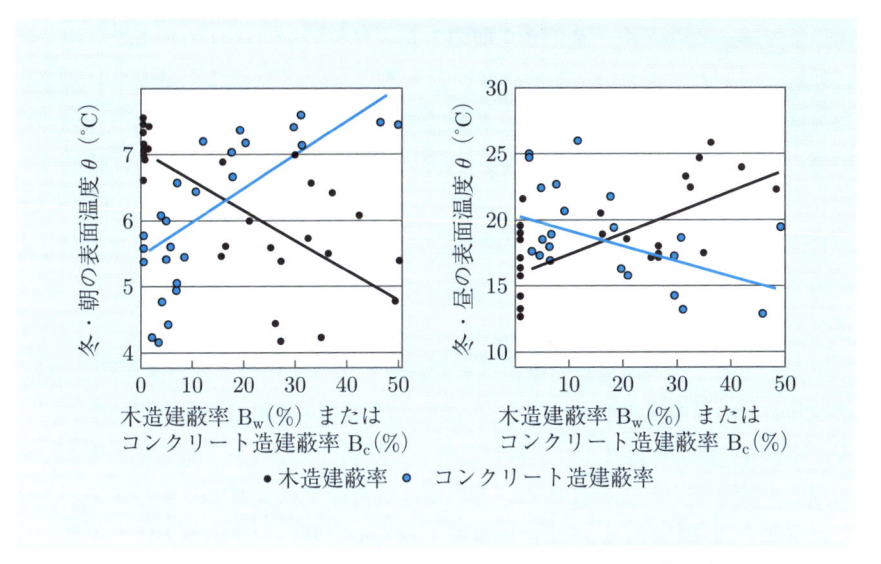

2.4 リモートセンシングによる都市熱環境の実態　　51

図 2.12　住宅地の平均表面温度と建蔽率との関係 (2-10)

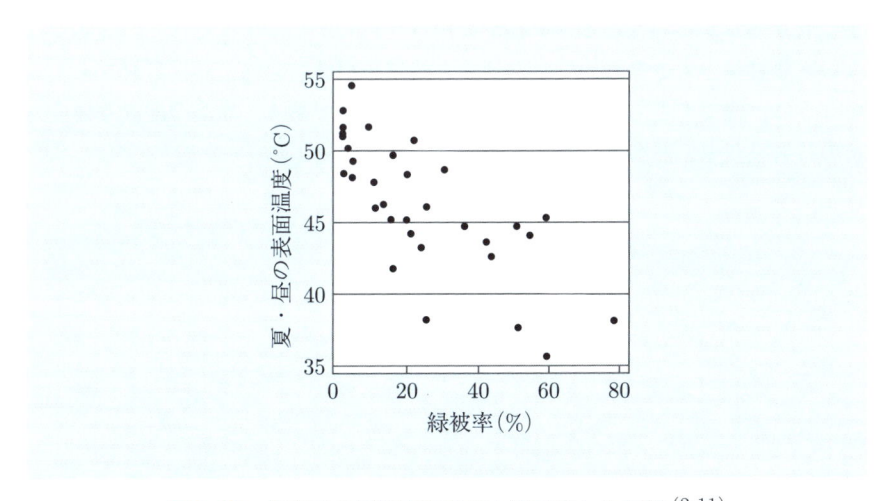

図 2.13　住宅地の平均表面温度と緑被率との関係 (2-11)

2.4.3 建築の構造と表面温度の関係

以上で述べたことを，地上から収録した赤外線放射カメラの熱画像で視覚的に理解していただきたい．池袋のサンシャイン60から，夏季の晴天日に隣接した地区の熱画像を収録してみた．口絵 2-2 の手前は木造建築が密集した地区．中央のまとまった緑は護国寺の森．右側には高速道路が走り，両側に鉄筋コンクリート造建築が並んでいる．

日中は手前の木造建築の屋根が最も高温になる．高速道路の舗装面も同じく高温を示している．これに対して護国寺の森の温度は気温とほぼ等しく，木造建築の屋根に比べると 20°C も低い．

夕方になると，木造建築の屋根は大気放射によって急激に表面温度が下がる．護国寺の森の温度は気温とほぼ等しいが，木造建築の屋根はそれ以下になる．一方，日中は気温よりほとんど上昇しなかった鉄筋コンクリート造建築の壁面は表面温度が最も高いところである．森の温度は日中では気温より少し高いか，または気温とほぼ等しく，夜間には気温よりも少し低い．建築や道路の舗装面と比べると一日の表面温度の変化が小さく，都市の中の大面積の緑は都市気候の緩和に役立つことがわかる．

ヒートアイランド現象を緩和するには，できるだけたくさんの緑をいかにうまく取り込むかということは異論がなかろう．しかし，単に量だけの問題ではない．熱容量の大きな鉄筋コンクリート造建築や舗装道路に直接日射をあてないように，緑でやさしく包む，緑との融合が重要である．建築の配置や構成材料の日射吸収率，熱容量なども熱環境を大きく規定する．

2.5 赤外線放射カメラによる建築外部空間の表面温度分布

口絵 2-3 は高層の住棟に囲まれた空間的にもかなり豊かな団地のオープンスペースの**熱画像**である．夏季・晴天日における昼と夕方に収録されたものであり，建築外部空間を構成している部位ごとの表面温度を読み取ることができる．各方位別の住棟壁面温度の差や日影の影響，熱容量の大きい住棟や舗装された中央歩道などと，樹木や芝生などとの対比，また，砂場，プール，テニスコート，前庭など，地表面材料の違いと表面温度の日変化との関係など，興味深い点が多い．

ここでは，航空機 MSS 画像では読み取ることのできなかった建築の立面に着目してみよう．中央に位置している住棟は南東向きである．熱画像を収録した時刻には既に日射はほとんどあたっていないにもかかわらず午前中に吸収された日射熱で手すりや袖壁などベランダまわりは 40°C 近くに達している．ベランダまわりがいかに日射に対して無防備であり，ベランダ内の熱環境が悪化しているかがわかる．朝方になっても，ベランダの表面温度は 30°C を下がらない．これでは，夕涼みをしようとベランダにせっかく出ても，まわりからの熱放射で不快感はまぬがれない．室内と屋外のインターフェースとして魅力あるベランダ空間も，熱的な観点からはこの例のように再考されねばならない点は多い．左の住棟の北側，すなわち，住棟の壁面，特に低層階部分と北庭は日中でも気温よりも低い表面温度を維持している唯一の場所であり，夏には涼しい空間であることがわかる．

また，表面温度が高いことが必ずしも悪いということではない．例えば，手前の住棟の屋根のように外断熱構法の屋根では日中の表面温度は極度に上昇するが，断熱材の下の構造体は熱的に安定した状態に保たれている．風のない日中などには高温面で自然対流を促進させ，積極的に気流を生じさせるなどの手法も考えられる．

ここでは，夏の熱画像の例を取り上げたが，四季によっても熱画像の様相は異なってくる．しかし，特に夏季には表面温度差が最も大きくなること，また，開放的な室内環境を考える場合には，日射遮蔽，通風のコントロール，放射冷却など建築外部空間と関係の深いパッシブクーリング手法が多いことも念頭に

入れておこう．さらには，ヒートアイランド現象のように都市の気温が1°Cでも上昇すると冷房負荷が数%増えるともいわれるように，冬季に比べて都市の気温は室内気候に大きな影響を及ぼす．

以上のように，今日の多くの都市や街は，都市気候や建築外部空間の微気候の観点から見ても，あまりにネガティブな事例が多いことに気づく．その多くは，快適な室内環境の形成のためや都市の機能性重視のツケである．室内環境の調整技術が進み，快適な室内環境が形成されるに従って，建築外部空間の微気候をより積極的に考えていかねばならないといえよう．

2章の問題

☐ **1** 典型7公害の中の大気汚染と騒音について，環境白書を参照して，最近の状況を調べよ．また，近年典型7公害以外に，都市で生じている環境問題とは何か．

☐ **2** 今日，ヒートアイランド現象が大きな環境問題として取り上げられている．しかし，昭和40年代の公害対策基本法で定められた典型7公害の中には，ヒートアイランド現象（熱汚染）は入っていない．その理由について考えてみよ．

☐ **3** 表2.1を参照して，都市気候の特徴を5つあげよ．

第3章

都市緑化と
グリーンアーキテクチュア

　機能性や効率が優先され，極度に人工化されつつある都市の中にあって，都市緑化とグリーンアーキテクチュアは，環境共生型のアメニティの高い都市づくりの主要なキーワードとなろう．本章では，緑が都市の中に存在することの価値に着目し，緑のスケールごとにそれらの環境調整効果を整理する．さらに具体的な緑化手法を取り上げ，大面積の緑の都市気候調整効果や，屋上緑化や壁面緑化による熱環境調整効果を示す．

3.1　これからの都市づくり
3.2　緑の環境調整効果
3.3　都市緑化とグリーンアーキテクチュアの
　　　基本的考え方
3.4　緑化手法とその熱環境調整効果
3.5　屋上緑化による
　　　照り返し・焼け込み防止効果
3.6　壁面緑化による西日遮蔽効果
3.7　緑との共存

3.1 これからの都市づくり

3.1.1 環境共生型の都市づくり

わが国のように緑豊かな地域では，都市開発は多かれ少なかれ樹木をはじめとした緑の伐採を伴うが，多くの大都市では人口の集中と極度の人工化によって緑は急激にその姿を消しつつある．と同時に，都市生活における利便性の享受と裏腹に大気汚染，騒音，ヒートアイランド現象など住環境は悪化の一路をたどっている．

これからの都市づくりに求められるのは，経済性，機能性，効率を優先し，かつ成長を前提とした従来の開発型の都市づくりに対して，その地域の気候特性を重視し，そのポテンシャルを最大限に生かしたより自然度の高い**環境共生型**の都市づくりの発想と，これを実現するための技術開発であろう．

この中では，都市緑化は環境共生型のアメニティの高い都市づくりの主要なバロメーターとなることは間違いない．そして，単に量としての緑だけでなく，地域の気候特性，生態系の観点や，以下に述べるような緑の物理環境調整効果の観点から十分検討された質的に豊かな緑化が求められよう．

3.1.2 都市緑化と気候・風土の関係

図 3.1 は，気候特性の極端に異なる砂漠地域とわが国のように緑豊かな地域における都市づくりと緑化との関係を示したものである．砂漠地方では，緑化することは人間が住むための前提条件となる．すなわち，快適な都市づくりを目指して都市を緑化することは，確実に緑を増やすことになり，開発行為と緑化はその地域の広域な環境から考えても矛盾しない．

これに対して，わが国のように緑豊かな地域では，丘陵住宅地等に顕著に見られるように，都市開発は多かれ少なかれ樹木をはじめとした緑の伐採を伴う．このため新たな緑の創造だけではなく，どれだけ緑を伐採せずに保存しながら都市開発を進めるかといった視点が重要となる．

このように地域の気候特性によって，都市づくりにおける緑化の位置付けは異なる．しかし，いずれの場合でも多くの都市が極度に人工化されつつある状況の中で，緑が存在することによる種々の環境調整効果が再認識されて，快適な住環境の形成のための都市緑化，それも単に量的な視点だけでなく，質的にも

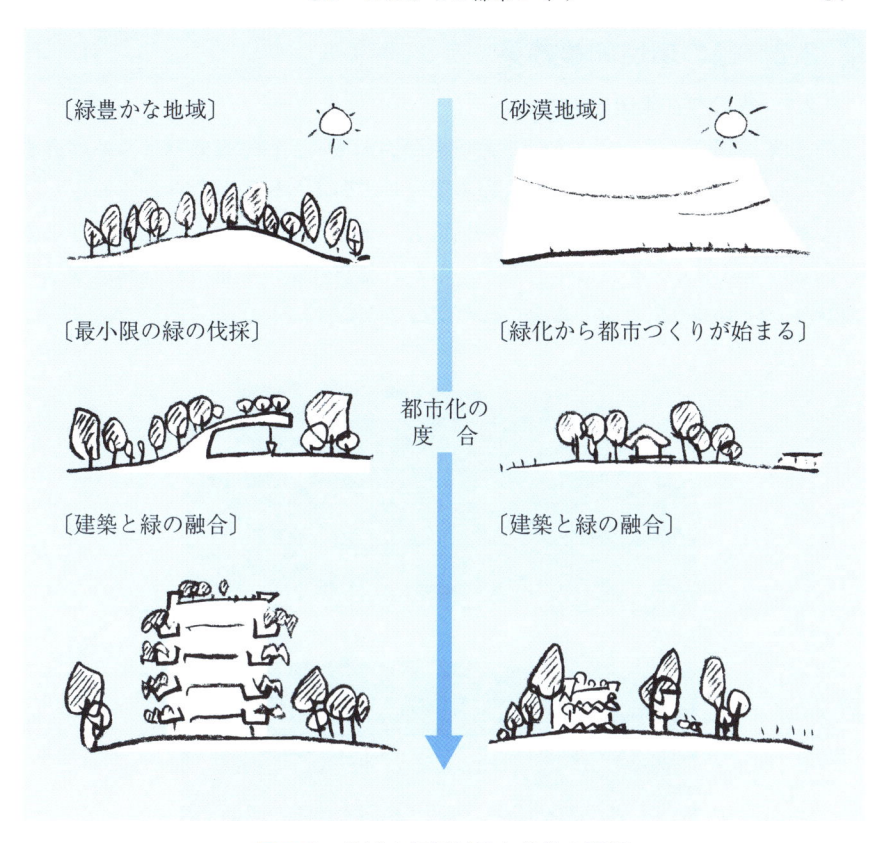

図 3.1　地域の気候特性と緑化の関係

高い緑化手法が求められている．ここでは，緑を有機的に取り込んだ建築をグリーンアーキテクチュアと呼ぶことにする．また，地球の自然系を極力乱さないやさしい都市づくりの手法としても「建築や地面を緑で包む都市づくり」は環境共生型の都市または**エコシティー**の基本ともいえよう．

3.2 緑の環境調整効果
3.2.1 緑の存在価値の認識

例えば，図 3.2 に示すように季節風の強い地域における**屋敷林**は，その機能を果たしながら地域の特色ある景観を形成しているのはよく知られているところである．すなわち，街路の並木や生垣も，単に都市計画の上物としてとらえられるのではなく，それは生態系を基本として自然環境を重視した環境づくりの設計・計画の規範の中で考えられねばならない．

図 3.2 季節風を防ぐ屋敷林

その屋敷林についてみると，以前には，その落葉は堆肥としてまた燃料としても貴重であった．それが化学肥料や化石燃料にとって替わった．すなわち，現在では屋敷林の交換価値はほとんど期待されない．むしろ，落葉の処理が問題となっている．これに替わり，そこに樹木が存在することが日射を調整し，生活に潤いを与え，また生態系を保つというようにいろいろな機能を果たすことに重要な価値，すなわち存在価値があると認識されるようになってきた．

3.2 緑の環境調整効果

表 3.1　緑の環境調整効果

緑の効果の分類 \ 緑の分類	室内の緑	花壇・フラワーボックスの緑	ベランダ緑化	壁面緑化	屋上緑化	個人庭園の緑	街路樹・並木の緑	児童公園(小公園)の緑	社寺境内の緑	緑道の緑	都市林(大公園)の緑	田や畑(生産緑地)の緑	自然林・雑木林の緑
酸素の供給と空気の浄化	×	×	△	△	△	△	△	△	△	△	○	△	○
気温・湿度の緩和	×	×	×	△	△	△	△	○	○	○	○	○	○
防風	×	×	×	×	△	△	△	△	○	△	○	○	○
防音	×	×	×	△	△	△	△	△	△	△	○	△	○
日照・日射の調整	×	×	×	△	△	△	○	○	○	○	○	△	○
防火	×	×	×	△	△	△	△	△	△	△	○	△	△
心理的効果	○	○	○	○	○	○	○	○	○	○	○	○	○
修景	×	△	△	△	△	○	○	○	○	○	△	×	△
環境の指標と生活環境保全	×	×	△	△	△	△	△	△	△	△	○	×	○
野生鳥獣の保護など生態系の確保	×	×	△	△	△	△	△	△	△	△	○	△	○

緑のスケール：小 ← → 大

×：効果が期待できない　△：どちらともいえない　○：効果が期待できる

3.2.2 緑の環境調整効果

では，緑が存在することにより，どのような効果があるのか．都市の中に存在するさまざまな用途やスケール，スケールの緑について，それらの**環境調整効果**を整理して示したのが**表 3.1**である．すなわち，酸素の供給と空気の浄化をはじめとして，気温・湿度の緩和，防風，防音，日照・日射の調整，防火等の物理環境調整効果，心理的効果，修景，環境の指標と生活環境保全，生態系の確保などさまざまな効果が期待できる．これらの個々の効果は目を見張るほど大きなものではない．また，同図に示すように，緑のスケールによって期待できる環境調整効果は異なる．

3.2.3 環境調整効果の総合評価

「人間の情報の 90％は視覚情報である」といわれるように，**緑化**というと景観の問題としてとらえられやすい．事実，**口絵 3-1** に示すように建築の屋上をすべて緑化した場合のシミュレーション画像と現状とを比較してみてもわかるように，都市景観の変化については明快で，**屋上緑化**の視覚的効果は理解もされやすい．しかし，アメニティの高い都市づくりとは，単に視覚のみならず，我々の目に見えない熱，空気，音などの物理環境要素や生理・心理をも含めた総合的な評価に則った都市の設計・計画規範に基づくものでなければなるまい．特に，これからの快適な都市環境を考える上で，目に見えないがゆえに軽視されてきた光以外の物理環境要素は，本当は我々の日常生活に大きな影響を及ぼしていることを正しく認識する必要がある．

また，本来の都市景観は，地域の気候・風土に根ざした都市づくりから生まれるものであろう．ローマ・ギリシアの都市づくりにも太陽の道，風の道といった自然の原則に則った都市づくりの設計規範が見られることを引用するまでもない．今日の経済性や機能性重視の都市計画そのものに対する反省力が求められているともいえよう．

■ 例題 3.1

庭にある大きな樹冠をもつ落葉樹について，その交換価値，利用価値そして存在価値について考えてみよう．

【解説】 pp.58〜60 をよく読んで考えてみましょう．

3.3 都市緑化とグリーンアーキテクチュアの基本的考え方

3.3.1 緑化の基本的な考え方

緑化の基本的な考え方を以下にまとめてみた．

(1) **緑で包む都市づくり**

地球の自然系を極力乱さない地球にやさしい都市づくりの手法として，「緑で包む都市づくり」は，環境共生型の都市またはエコシティーの基本である．

(2) **地域の気候特性と緑化**

地域の気候特性によって，都市づくりにおける緑化の位置付けは異なるが，その地域の自然のポテンシャルを最大限に生かし，その地域らしさを表現できるような都市づくりにとって，緑化手法は最も有効なものの一つといえよう．

(3) **緑の存在価値と総合効果の認識**

前節の3.1，3.2で述べたとおりである．

(4) **自然と共生できる都市環境づくりの基本としての緑**

緑が存在することによりそこは虫や鳥の生息の場となる．より自然と共存できる環境づくりには，単に量的な視点だけでなく，生態系を考慮した質的にも高い緑化手法が必要である．また同時に，これら緑化手法が受け入れられるためには，機能性や利便性を最優先にした従来の都市計画や，人工化された都市環境を前提としたライフスタイルそのものの見直しも求められる．

3.3.2 市街地や近郊開発地域における緑の分布実態

図3.3は地上分解能1.9 mの航空機MSSデータを用いて，市街地や近郊開発地域の緑の分布をとらえたものである．点的，線的なものから面的な広がりをもつ緑まで，さまざまなスケールの緑が存在している．その中で，小公園の樹木や並木，住宅の庭木のように，微小な点，あるいは線的に存在する緑が圧例的に多いことが特徴である．緑被分布図をもとにして作成したひとまとまりごとの緑の面積（画素数）とひとまとまりの緑の数との関係を図3.4に示す．樹木は微小な緑被が非常に多く，5画素（約18 m^2）以下の緑の個数が卓越している．

昭和40年代頃までの都市の緑については，大きな公園や緑地の効果について論じられることが多かったが，都市環境の豊かさ・快適性を求める住民の関心

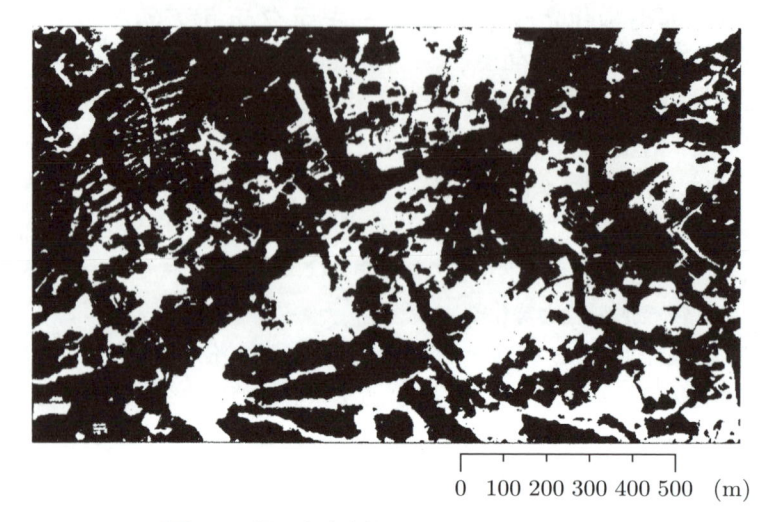

図 3.3　緑の分布実態（白い部分が樹木の樹冠）

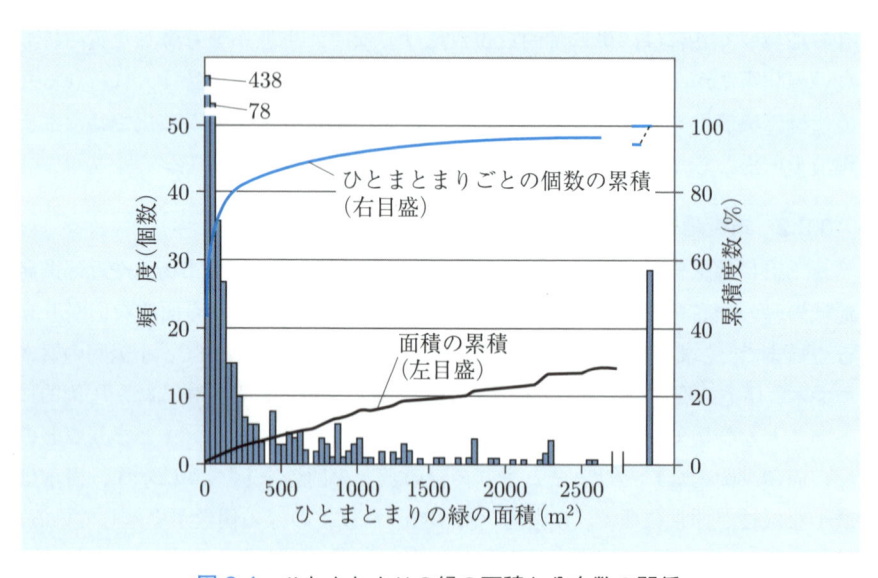

図 3.4　ひとまとまりの緑の面積と分布数の関係

3.3 都市緑化とグリーンアーキテクチュアの基本的考え方

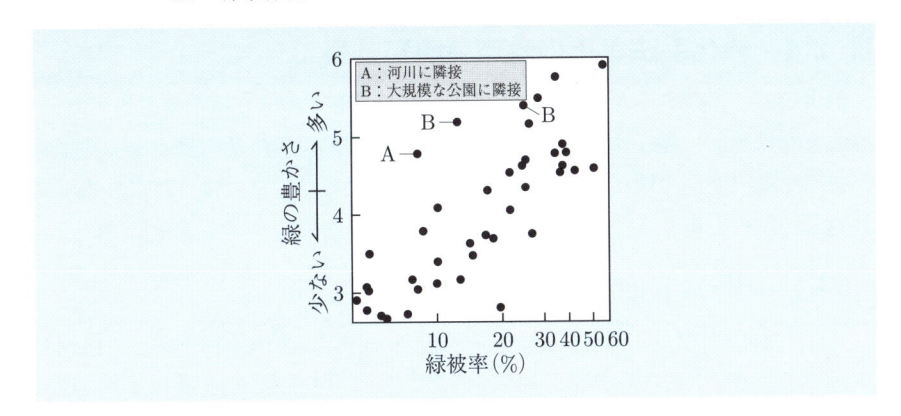

図 3.5 教師による学校周辺の「緑の豊かさ」評価（7段階評価）と学校から半径 150 m の範囲の緑被率との関係

が高まるに連れて，大面積の緑に加えて日常生活に密着した緑の重要性が認識されるようになってきている．既成の市街地などでは，まとまった空き地も少なく，広域的な緑化等を増やしていくことは現実には不可能に近い状態にある．このため，大公園のような大面積の緑の保全は大前提ではあるが，このような状況下でより快適な環境を実現するためには，都市に点的，線的に存在する緑を保全し，これを増やしながら有機的に結びつけてゆくことが今後の都市緑化のポイントになるといえよう．微小面積の緑は総面積は少なくても，後に述べるように住環境の快適な熱環境形成に重要な役割を果たしている．

神奈川県川崎市の全公立小学校の教師約2000人に自分の学校周辺の「緑の豊かさ」について7段階の評価を求め，学校から半径 150 m の範囲の微小面積の緑も含めて算出した緑被率との関係を見たのが図 3.5 である．多少ばらつきはあるものの，緑被率の対数値と「緑の豊かさ」の評価とはほぼ比例関係にあることがわかる．また，緑被率が20％前後のところで，緑の豊かさの評価が中くらいとなっていることは興味深い．

3.4 緑化手法とその熱環境調整効果

都市の中に存在する大面積の緑が都市気候を緩和することは前章で述べたが、点的または線的に存在する微小面積の緑も、日常の屋外生活の場である建築外部空間や室内空間の環境調整に大きく寄与している。ここでは、特に熱環境調整効果に焦点をあてて、緑化の具体的手法とその効果について紹介しよう。

3.4.1 具体的な緑化手法

昔、人は夕顔棚の下で涼んだ。「一日の汗を湯浴みに流し、夕顔棚の下陰占めて、親子同胞一つむしろに、むつび語りたのしや」（東くめ）

朝顔やヘチマの棚の下での夕涼み、高温多湿な気候・風土の中にあって、屋外に快適な環境をつくる術に長けていた日本人の、夏の懐かしい風物詩である（図 3.6、口絵 3-2）。

図 3.6　久隅守景筆夕顔納涼図 (3-1)

夕顔棚は風流であるだけでなく、いろいろな環境調整機能を果たしていたといえる。緑のよさは、他の人工材料に替え難い総合的な効果にあることは前述のとおりである。本章では、都市からその姿を消しつつある緑の復権を願い、その目には見えない効果である熱環境調整効果、特に夏の防暑対策として最も有効な**日射遮蔽**の効果に着目してみた。

緑の環境調整機能については、その効果の重要性が定性的には常に指摘されてきたものの、定量的な表現となると、生育状況などによって効果も大きく異なると考えられることや、実際の効果を規定する条件をとらえようとすると、工業材料のように容易でなく、一見不確定な要素が余りにも多いように思われてきたのではなかろうか。

3.4 緑化手法とその熱環境調整効果

点的な緑による具体的な手法としては

① 屋上緑化
② 壁面緑化
③ ベランダ緑化
④ 藤棚や大きな樹冠をもつ樹木による日影空間の形成

などがあげられよう．

これらの手法を建築に取り込んだグリーンアーキテクチュアの一例と，それらの**熱環境調整効果**を図 3.7 に示す．

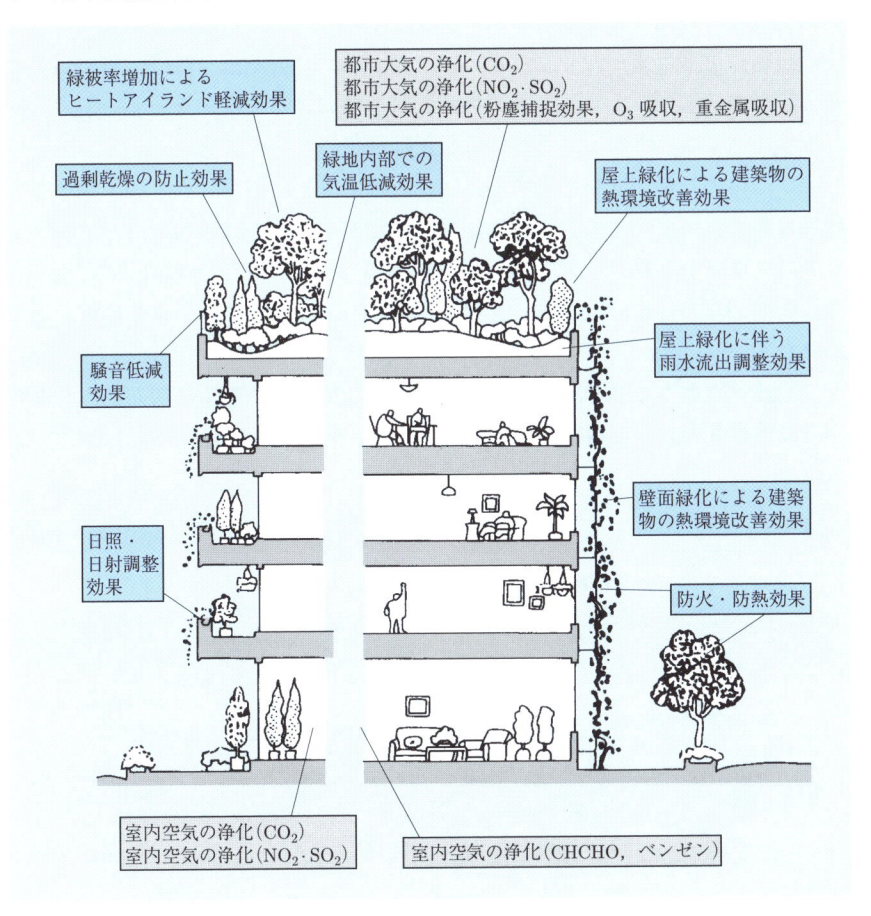

図 3.7　グリーンアーキテクチュアと緑の環境調整効果

3.4.2 なぜ緑が有効か

これらの手法の熱環境調整効果を紹介する前に，緑葉の繁った樹木の樹冠が日射遮蔽に対して，いかに有効であるかを示そう．

日射遮蔽のためによくテントが用いられる．ところが，テントによってベランダへの日射は遮蔽できても，吸収された日射熱でテント自身の温度は高温になってしまう．このためベランダに出るとテントからの放射熱で不快感は免れない．これに対して，口絵3-3 のカラー熱画像は左上から日射を受けたカイズカイブキの樹冠である．日射を受けた側は若干気温より高くなるものの，テントの場合などに比べてはるかに低い．そして陰の部分の樹冠は気温とほぼ等しく，日射の影響はまったく受けない．すなわち，日射遮蔽を徹底するにはいわゆる日射の遮蔽だけでなく，吸収された日射熱による二次的な影響をできる限り少なくすることである．それには緑化は理想的といえよう．

広い面積の日影空間を形成するには，藤棚の効果はさらに大きい．藤棚下の砂場は若干湿っていると日中は気温より表面温度は低い．そのため，風が弱いときには地面から数十 cm の高さまで微細気候が形成され，気温は数 °C 低くなる．周囲からの熱放射も日向に比べてはるかに少ないため，子供の絶好な遊び場となる．

以上述べたような緑の樹冠やスクリーンで，夏季の強烈な日射があたらないように熱容量の大きな鉄筋コンクリート造建築や舗装面を包み込むことである．

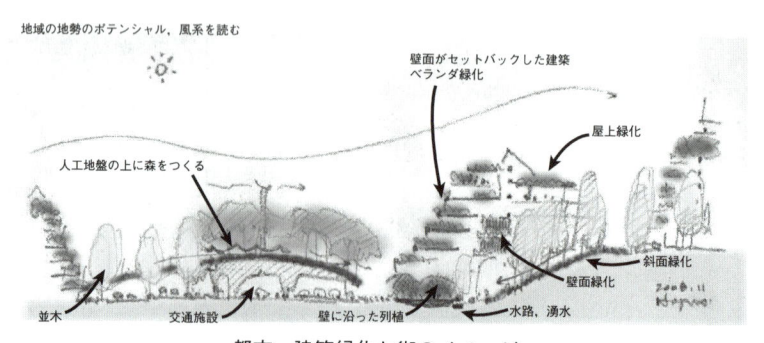

都市・建築緑化と街のイメージ

3.5 屋上緑化による照り返し・焼け込み防止効果

3.5.1 屋上芝生植栽手法の開発

建築の最上階に住んだことのある人で，夏に天井からの日射熱の**焼け込み**（屋根表面で吸収した日射熱が屋根や天井を伝わって室内に流れ込み，天井の表面温度が上昇する）を経験したことのない人はいないといってよいほど，最上階が暑いことは常識化してしまっている．本来，最上階はデザイン的にも最も大きな可能性を秘めているところであるはずが，残念なことである．

口絵 3-4 は，天井裏があってもほとんど断熱のされていないフラットルーフの下の部屋で，夏季・晴天日の日中に収録した熱画像である．右上の，クーラーをかけていても天井の表面温度は 35°C 以上に達している．これでは天井にパネルヒーターがあるようなもので，冷房して室温を下げても天井からの放射熱で不快感は拭えない．このような日射熱の焼け込み防止には，屋上の芝生植栽は極めて効果的である．

しかし，屋上緑化を行う場合，一般には芝生でも土厚は 30 cm 程度必要となるため，地震国であるわが国では特に荷重の問題が大きな障害となっている．計画案では屋上緑化になっていても，実施時になると断念せざるを得なくなり，その結果せめて人工芝でもということになる場合が多いようである．10 cm 程度の土厚で芝生の育成が可能であれば，植栽の導入も説得力をもつ．屋上は快適な活動空間に生まれ変わる．その実用化を図った一例を図 3.8 に示す．芝生を

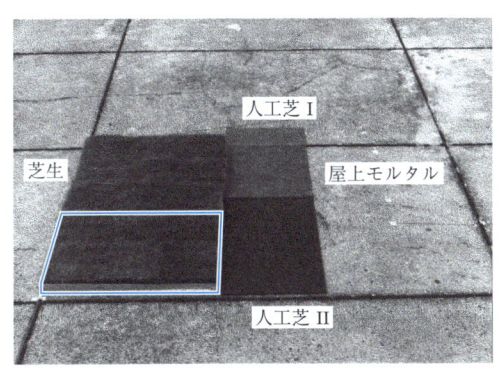

図 3.8 軽量化を図った屋上緑化の例と人工芝
（口絵 3-5 屋根からの焼け込みの防止効果）

植え込んだプランターを屋上に敷込んだものである．

最近では，**軽量人工土壌**を用いた土厚層の薄い屋上緑化基盤が多く市販化されているが，散水をはじめ維持管理に十分注意を払わなければならない．

3.5.2 人工芝との比較

植栽したプランターの熱的特性を赤外線放射カメラによる熱画像で人工芝と比較してみた．口絵 3-5(a) の熱画像は夏季の晴天日における正午の熱画像である．モルタルの表面温度は 50°C 以上を示している．人工芝はさらに高温になる．

これに対して，芝生の表面温度は気温より若干高いものの 35°C 前後で，人工芝やモルタル表面と比較して 20〜15°C も低い．口絵 3-5(b) の熱画像は夕方，芝生のプランターについては手前の部分（図 3.8 の白枠で示したところ）と，人工芝を取り除いた直後の熱画像である．芝生のプランターが置かれていたモルタルの温度は 29°C であるのに対し，日射にさらされたモルタル表面や人工芝の下のモルタルは 40°C 近い値を示しており，**日射熱**が蓄熱されている様子がわかる．これが焼け込みの大きな原因となる．芝生や人工芝などの各部位の温度の日変化を示したのが 図 3.9 であるが，芝生のプランターの下のモルタル面は 1 日中ほとんど一定である．

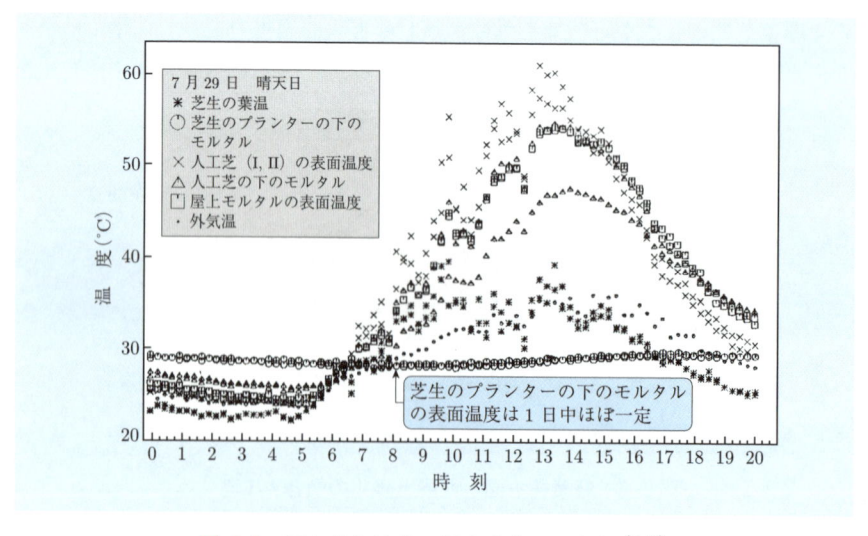

図 3.9 屋上芝生植栽の温度分布日の変化 (3-2)

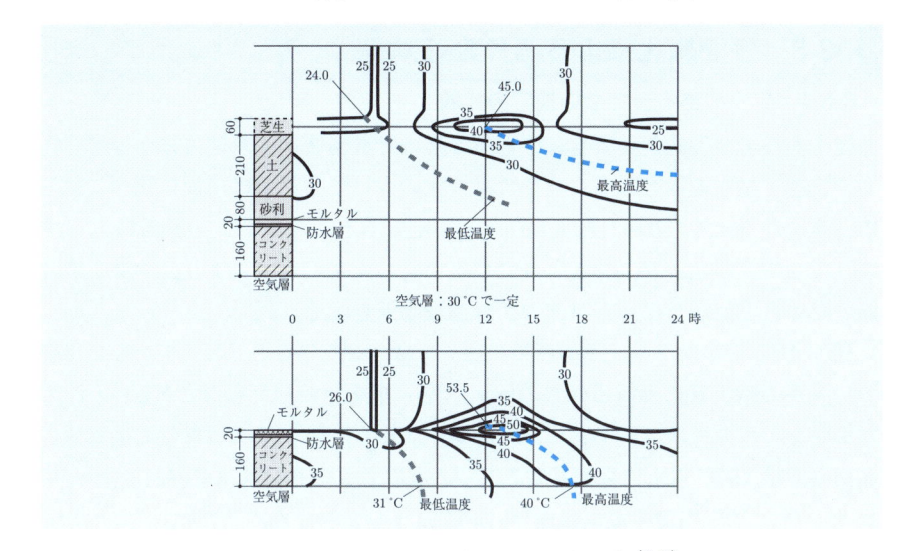

図 3.10　屋上芝生植栽の断面温度分布 [3-3]

3.5.3　屋上緑化の断面温度分布

図 3.10 にはコンクリートフラットルーフに防水層を施し，その上に 30 cm 厚の盛土をして芝生をはった場合の，夏の晴天日における断面温度分布を示す．モルタル仕上げだけではスラブの室内側表面温度は 9 時頃から上昇する．18 時頃には焼け込みが最大となり，40°C にも達する．すなわち，口絵 3-5 に示したような状況が生じていることになる．これに対して，芝生を植栽するとスラブの温度はほぼ一定であり，焼け込み現象はまったく見られない．このことは緑の芝生による蒸散作用と土の働きによって，日射外気温の変動の影響が完全に取り除かれていることを示しているといえよう．このような熱的な効果によって，防水層の熱ストレスによる亀裂発生などの問題も解決できることになる．

都市の中では人工芝をよく見かける．イニシャルコストはもちろんのこと，管理費や機能性が優先され，野球場のように人工芝に変えられるところも少なくない．形状や色彩など視覚的には芝生そっくりだが，熱的にはまったく異なったものであることがよく理解できよう．

3.6 壁面緑化による西日遮蔽効果

3.6.1 ツタのある壁とない壁での比較

屋上からの焼け込みとともに，西壁からのそれも夜間から朝方にかけて室内の不快感を増す要因となる．夏季では西壁の受ける日射量は南面に比べてはるかに多いため，夏季の西日対策は防暑の鉄則である．ここでは，図 3.11 に示すような西壁全体が夏ヅタで覆われた住宅で行った実測結果により，ツタを取り除いた場合と比較しながらツタの西日遮蔽効果を示そう．

図 3.12 は，コンクリートの西壁にツタをはわせた場合とはわせていない場合の，夏季の晴天日における外壁の断面温度分布を比較したものである．(a) のツタがない西壁では，正午から日射を受けはじめ，15 時頃には外壁の屋外側の表面温度は 45°C 以上にも上昇する．この吸収された日射熱は室内側に伝わり，18 時間後には室内側の表面温度は 37°C に達してしまう．これに対して，(b) のツタをはわせた場合には，日射を正面から受けたツタの葉は表面温度が若干上昇するものの，西壁への日射の影響はほぼ完全に除かれていることがわかる．

西壁に面した部屋の中央で測定したグローブ温度（5.2.3 項参照）を比較しても，ツタの西日遮蔽効果が読み取れた．ツタがない (a) の場合には，夕方から夜にかけて焼け込みによって西壁の表面温度が室温より高くなることから，グローブ温度と室温との差はプラスの値を示す．しかし，ツタがある (b) の場合，冷房しているとき以外は，グローブ温度が室温より高くなることはほとんどない．

図 3.11 西壁全体が夏ヅタで覆われた住宅
（西日の遮蔽効果と道行く人に涼感を与えてくれる．）

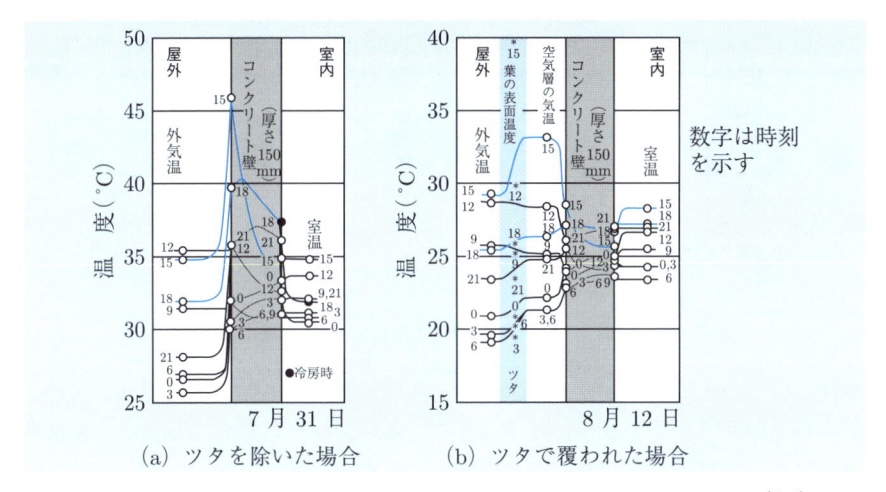

図 3.12 コンクリートの西壁にツタをはわせた場合の日射遮蔽効果 [3-4]

3.6.2 ツタの生育状態とスクリーンの日射透過率

よく成長したツタのスクリーンでは，壁面からツタの葉の先端まで 30 cm 近い空気層が形成されている．二重，三重に重なったツタの葉で日射が遮られ，かつ吸収された日射熱はこの空気層が緩衝帯の働きをして，西壁への伝達を防いでいる．実測の対象としたような管理が行き届いていて生育状況のよいツタスクリーンの等価的日射遮蔽率は，スクリーンの日射透過率が 5.3% の場合には二次的影響がこれに加わり，12% 前後の値となり，等価的な対流熱伝達率は $5\,\mathrm{W/m^2 \cdot K}$ と小さいことが明らかとなった．

図 3.13 は，都市内の数十カ所で夏ヅタを対象に調べたスクリーンの日射透過率と生育状況との関係である．葉の先端から壁面までの距離があるほど，また葉の被覆率が高いほど日射透過率は小さく，両者にはよい相関関係が見られる．生育状況のよいツタスクリーンの日射透過率は数%であるから，前述の実測結果とほぼ同様の日射遮蔽効果が期待できる．

3.6.3 壁面緑化の工夫

わが国では夏ヅタが主流のためか，壁面に直接ツタをはわせる例がほとんどであるが，夏季には湿気が高いこともあり，ツタで覆われた壁面の湿気が問題となろう．木造の壁では痛みが早いとか，虫がわくといった話をよく聞く．壁

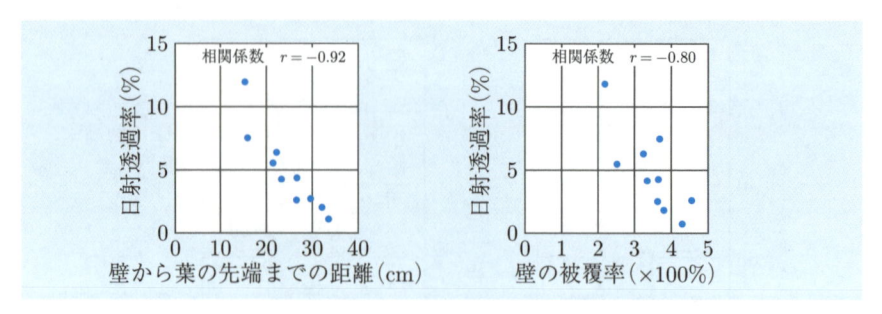

図 3.13 ツタスクリーンの日射透過率と生育状況との関係
（都内の夏ヅタの調査結果）[3-5]

面から浮かせて格子を取り付け，これに植栽スクリーンをつくるなど，金網やワイヤなどをガイドとして使う方法などもあろう．

3.7 緑との共存

以上，快適な熱環境の形成には「建築と緑の融合」が有効であることを示した．緑にはこのような熱環境調整効果のほかに，二酸化炭素の吸収，飛塵防止等の空気浄化作用，保水効果さらには生理・心理効果などが期待できる．個々の効果については目を見張るほどの効果は期待できず，これに代わる人工材料はいくらでもあるものの，しかし，緑の総合的な効果となるとこれに勝るものはあるまい．

その緑の側から見れば都市環境は過酷な環境である．高層建築のベランダなどは植物にとっては岩山に等しいといえよう．今日の極度に人工化した環境において，人間と緑の共存を図ろうとすることは，都市環境のあるべき姿やライフスタイルそのものを再考することにもなろう．

3章の問題

☐ **1** 都市・建築に存在するいろいろなスケールの緑を取り上げ，それらの緑の環境調整効果の関係を整理してみよう．また，日常の生活の中で，身近にある緑に注目し，その場に行ってそれらの環境調整効果を体感してみるとよい．

☐ **2** 木陰に入るとなぜ涼しいのか，その理由を説明せよ．

第4章

日照と日射

　日照という言葉は，光の効果だけでなくもっと広い意味でも使われている．特にわが国では，その気候・風土の特徴から日照と居住生活との関わりは深い．しかし，都市では建築の密集化と大規模な建築の増加によって，日照障害が重要な環境問題の一つになっている．

　本章では日照の光源としての太陽放射の特徴や日照の効用をまとめ，さらに，日影図の使用方法を習得しながら，建築によってできる日影の様子を理解する．

> 4.1　日照と日射とは
> 4.2　日照と地域性
> 4.3　わが国における日照のとらえ方
> 4.4　日影図とその応用

4.1 日照と日射とは

日照，日射，日光，日差し，… いずれも太陽放射のことを指しているが，日常の会話の中では話の内容でこれらの言葉を微妙に使い分けている．日照と日射がどう違うのかは後で述べることにして，まず地上に降り注ぐ太陽放射について理解しておこう．

4.1.1 太陽放射の分光特性

第 2 章の図 2.9 に示したように，大気圏に入った**太陽放射**は大気中で散乱・吸収されながら地上に到達する．大気を透過して直接地上に到達する直達日射，大気中で散乱され地上に降り注ぐ天空日射，そして大気中で吸収され，大気から再び放射される大気放射に分けられることは既に述べた通りである．では，太陽から放射された電磁波と，大気中で散乱，吸収されて地上に到達するそれの分光特性を見てみよう．

図 4.1 は，太陽から放射された放射エネルギーと，太陽高度が 90° の場合，すなわち真上から，そして 30° の場合に地上に到達する太陽放射エネルギーの分光別放射強度を示したものである．太陽は約 6000 K の黒体と考えられており，放射強度が最も強い波長は 0.5 μm 前後であり，我々の目の感ずる視感度の最大値の波長とほぼ一致する．すなわち，太陽放射は可視光線を中心として，紫外線および近赤外線，中間赤外線の電磁波から構成されていることがわかる．同図のように太陽高度によって，地上に到達する太陽放射の分光分布が異なることは，昼間と夕方との空の色の違いなどにも現れる．大気中を通過する間に，紫外線の領域では散乱する成分が多く，近赤外線や中間赤外線の領域ではある波長帯で大気中の水蒸気などに吸収される．

このように，太陽放射はいろいろな波長帯の電磁波から構成されているが，可視光線の波長帯すなわち光の領域について直達日射は直達日光，天空日射は天空光とよんでいる．なお，大気放射は赤外線なのでこれに対応する名称はない．

4.1.2 日照と日射の違い

以上からわかるように，太陽放射をエネルギーまたは熱としてとらえたときには**日射**とよぶのが一般的である．**日照**については，狭義には直射日光のことを指す．また，広義には目に見える直射日光や天空高だけでなく，紫外線，近

4.1 日照と日射とは

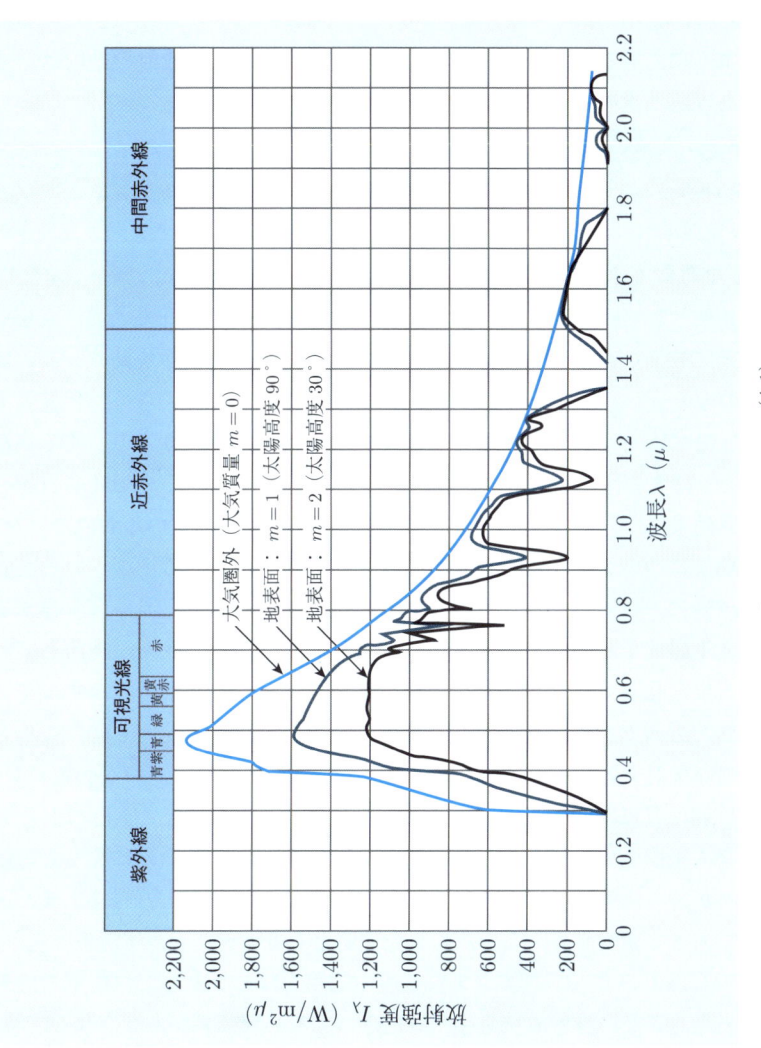

図 4.1 太陽放射の分光分布 [4-1]

赤外線，中間赤外線の領域まで，すべての波長帯の太陽放射との関わりを統合して日照とよんでいる．

4.1.3 日照の効用

このように，いろいろな電磁波から構成されている太陽放射の効用は，主なものをあげると次のようになる．

① 保健・衛生効果
② 熱的効果
③ 昼光照明
④ 心理効果

保健効果としては，紫外線のもつ殺菌光があり，洗濯物を干したり，衣類や布団を日光にあてて消毒乾燥することによって殺菌やカビの発生を防ぐ．これは日常家庭の中で行われていることで，特に説明するまでもないだろう．保健効果では，紫外線が体内のビタミンAをビタミンDに変える作用があり，くる病などの発生を予防する作用があることも知られている通りである．しかし，日照や日射の保健効果についてはまだ必ずしも十分に明らかにされているわけではない．

熱的効果については，冬の日差しの暖房効果があげられる．こういった直接の効用以外に，日射が地球を温め，地上の気温を上昇させ，我々が生存することのできる環境を維持しているという効果もある．今日，我々が利用している石油や石炭の化石エネルギーも，かつて地球上に到達した太陽のエネルギーが蓄積されたものである．反面で，こういった日照・日射の効用も夏になると逆転し，強い日射を遮り，住宅内に太陽熱が入り込むのを防ぐ対策が必要になる．

太陽放射は**昼光照明**の光源である．人工光に対して**自然光**とも呼ばれるようにどんな人工照明でも質・量ともに自然光，すなわち太陽の光に勝るものはない．我々が最も自然に感ずる光源である．しかし，直射日光は強すぎ，また天候によって大きく変動する．このため昼光照明としては天空光が主対象とされる．

そして，以上のようなさまざまな日照の効用をはじめとして，住宅の内外に日射が当たることに対する快適感や満足感による心理効果があげられる．特に，日本人は冬季における日照に対する心理的な効果を大切にしている．このことは，後に述べるように，わが国の気候・風土や地理的な条件を考えた場合，極めて自然なことといえよう．

4.2 日照と地域性

4.2.1 緯度による日照の違い

太陽放射は季節によって，時刻によって，天候によって，そして地域（緯度）によって，質・量ともに変化する．その結果，日照に対する考え方も異なってくる．まず，第一に，緯度による日照の違いを見てみよう．図4.2は東京，ストックホルム，北極圏のキルナ，そして赤道直下のシンガポールについて，日の出・日の入りの時刻の年変化を比較したものである．なお，時刻は各国の標準時で示してある．シンガポールでは年間を通してほとんど日の出・日の入りの時刻は変わらない．ストックホルムは東京に比べると日照時間の年変化が大きく，キルナでは夏は白夜，冬は太陽が顔を出さない日がある．

さらに，夏至と冬至における同じく4都市の**太陽高度**の日変化を図4.3に示す．夏至ではストックホルムのほうが日照時間は長いものの太陽高度は東京よりはるかに低い．また，冬至では，東京の南中時における太陽高度は31°であるのに対して，ストックホルムでは7°しかない．

建築と日照の状態を見るために，東京とストックホルムで南向きの建築について，夏至と冬至の南中時における太陽高度を比較してみた．図4.4に示すよう

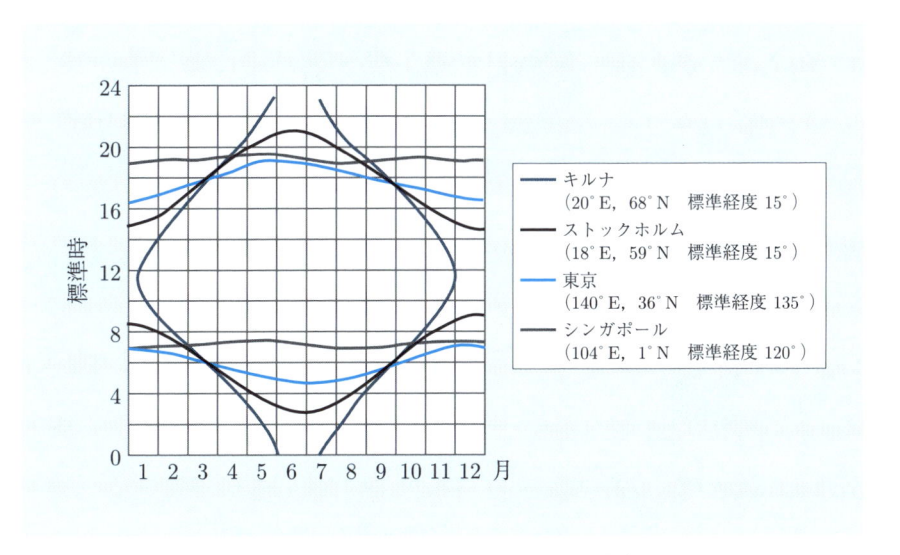

図4.2　各都市における日照時間の変化

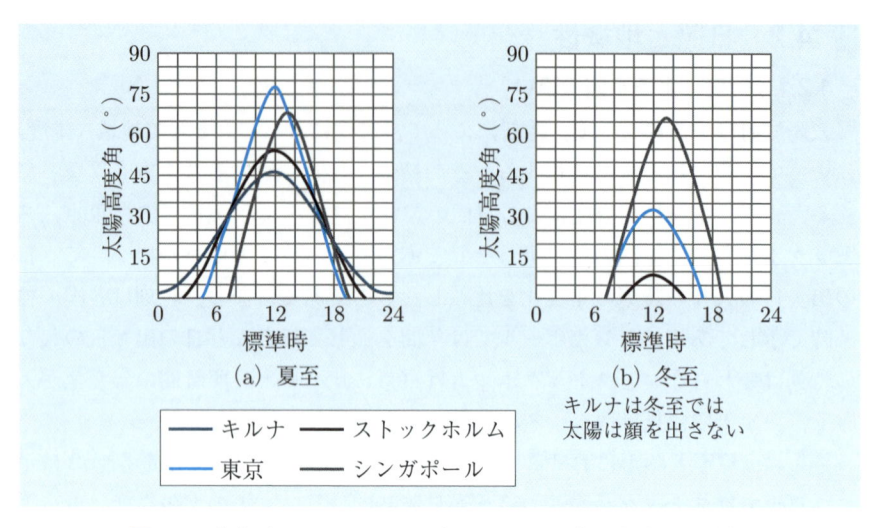

図4.3 各都市における夏至と冬至における太陽高度の日変化

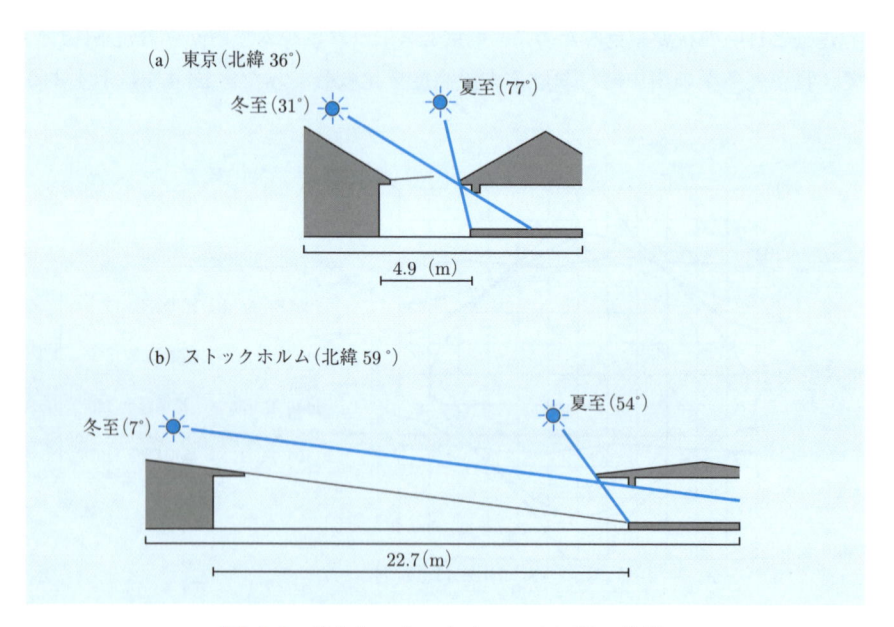

(b) 冬至 キルナは冬至では太陽は顔を出さない

図4.4 東京とストックホルムの日照の比較

に，東京では夏の**日射遮蔽**のためには少し庇を出せばよいのに対して，ストックホルムでは3倍程度庇を出さないと日射は遮蔽できない．また，冬至では日照を得るために，ストックホルムの場合には建築との間を東京の場合の4倍以上離す必要があることがわかる．

すなわち，ストックホルムでは1階建ての住宅でも隣りと23m以上も離さなければ日照が得られないわけで，市街地の中の住宅では日照を得ることは非常に難しい状況にあることが理解できよう．これに加えて，東京に比べて冬の天気が悪いので，日照条件はさらに悪い．逆の言い方をすると，北ヨーロッパや西ヨーロッパに比べて，冬季における東京の日照条件は非常に恵まれているといえる．

世界地図（図1.1）をよく見ると，わが国は意外に低緯度に位置していることに気づく．普段はアジア大陸の東にあって，ヨーロッパとほとんど反対側にあるので，なかなかこのことに気がつかないで見過ごしてしまうことが多い．しかし，こうしてよく見ると，ヨーロッパの主要な都市は北緯50°前後の高緯度の地域に集中していることがよくわかる．東京の緯度は，地中海をはずれてアフリカ大陸のチュニジアやモロッコの緯度に相当する．同じ温帯といっても緯度の上では随分違いがある．

4.2.2 気候による日照の違い

以上で述べてきた日照時間は，日の出から日の入りまでの時間であるが，天気が悪い場合には直射日光は得られない．気象でいうところの日照時間は，ジョ

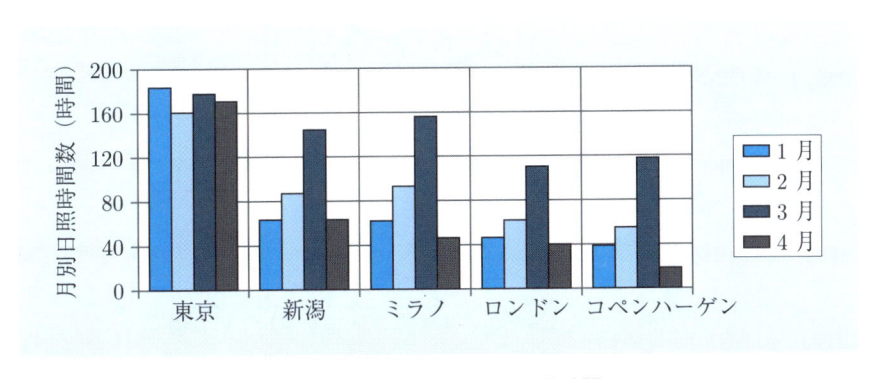

図 4.5　世界各地の月別日照時間

ルダン日射計を用い感光紙に残った太陽の焼け跡の長さを読み取る．すなわち，日照時間は，大まかには直射日光があたっていると考えてよい．

図 4.5 に，冬季における世界各地の月別日照時間を示す．ほぼ同じ緯度でも，気候の違いによって日照時間は大きく異なる．同じ日本列島でも日本海側と太平洋側とでは冬季間の日照時間に大きな違いが見られる．

ヨーロッパの大半の都市は，日本海側以上に冬季の日照時間が短い．ヨーロッパの冬は日中の時間が短く，その上，冬の間中雲が重く垂れ込めて，冷たい雨が降るか，雪が舞い降りてくる陰鬱な日が続く．そのため，冬季間の太陽を住宅の中に取り込むなどということはほとんど不可能である．ゴシック建築のあの高い塔は，重く淀んだ冬の雲を突き破り，青空に手を伸ばしたいという憧れの気持ちが込められているといわれるほどである．

わが国では当たり前のように思われている縁側での日向ぼっこは，実はどこの地域でも可能なのではなく，わが国の特殊な気候的，地理的な条件が与えてくれた恵みである．このような自然の恵みを活用することを忘れ，いたずらに人工的なエネルギーに頼ることは避けなければならない．

さらに，気候による日照の違いを理解するために，わが国の数都市の月別日照時間と月別全天日射量をそれぞれ図 4.6，図 4.7 に示す．東京などの太平洋岸の地域では，冬季間の日射を十分に活用できるが，日本海側の地域では，冬季の日射の活用はほとんど不可能である．大陸からの冷たい空気が日本列島を

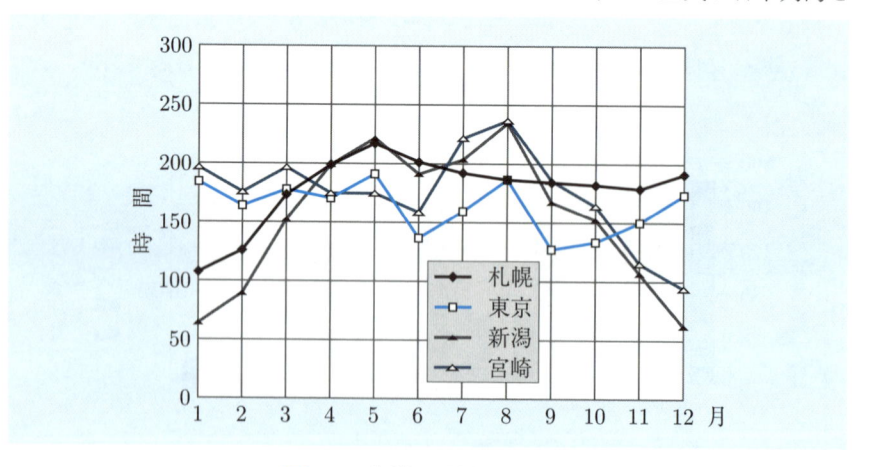

図 4.6　各地の月別日照時間

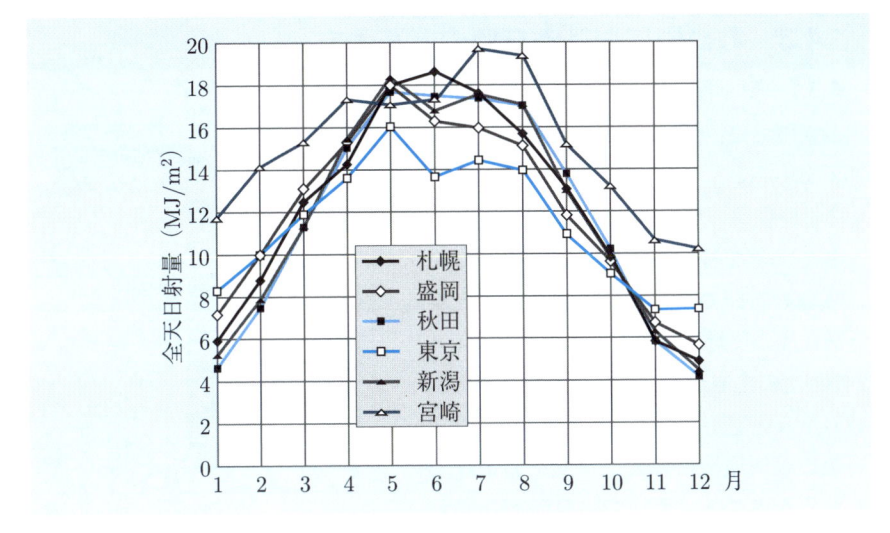

図 4.7　各地の全天日射量

南北に縦断する山脈にぶつかり，雪や冷たい雨を降らせたり，あるいは曇っていることが多く晴天日が少ないためである．図 4.7 を見ると日本海側と太平洋側の違いが明確である．ほとんど同じ緯度にある東北の 2 つの都市の盛岡と秋田の 1 月の日射量を比較すると，秋田は盛岡の 2/3 程度しかない．新潟と東京も秋田と盛岡以上の差が見られる．しかし，東京では梅雨の影響で 6 月～8 月の日射量が少なくなっている．盛岡も若干似たような傾向が見られる．反対に梅雨がほとんどない札幌では，5 月～7 月の日射量が最も高くなっている．宮崎はさすがに各季節を通して日射量が多く，7 月，8 月の日射量は他の地域に比べて高い値を示している．南国のため，日射が強く，また天候も安定するためと思われる．夏の強い日射を防ぐ工夫が必要であることがわかる．このように同じ緯度であっても，住計画上は異なった対策が必要であることが，この図から読み取れる．わが国の気候・風土は，地域ごとに随分違いが大きいので，住計画もこのような特徴を十分に加味しなければならない．

4.3 わが国における日照のとらえ方

4.3.1 日照権

わが国では，高度成長期に東京などの大都市を中心として「マンション」建設に対する近隣住民の反対運動が広範に引き起こされて大きな社会問題となった．図 4.8 は当時の新聞の記事である．このような近隣住民の反対運動の論拠の中心は，従来 2 階程度の住宅が建っていた地域に突然高層の集合住宅が建設されることによって，周辺の居住環境に多大な迷惑をおよぼすというものであった．特に日照が損なわれることに対する反対が強く，そのような要求が日照権を権利として認めさせようという住民運動に発展した地域もある．例えば，東京都の場合，住民の集めた署名が法定数を上回り，議会に対し日照権の条例の制定を求めることに成功している．それだけ日照障害に対する影響が深刻だったということになるだろう．しかし，このような大きな社会問題となった日照権という概念は，欧米ではほとんど見ることができない，わが国に固有のものである．あえて似たような概念を探せばイギリスに採光権というものがあるが，わが国の日照権とは異なったものである．

図 4.8
日照紛争に関する記事
(朝日新聞 1970 年 11 月 19 日朝刊)

このように日本人が住宅の内部への日照の確保にこだわり，それが阻害されることに対して社会問題にまで発展する背景は，単なる感情的な問題や習慣の違いだけでは説明ができない．冬季の日照の利用に関して極めて有利なわが国の地理的な，あるいは風土的な特殊性があることを認識しなければならない．

ある調査によれば，住居への日照は，通勤距離，教育施設，医療施設，文化施設，商業施設など利便施設の充実度，敷地や家の広さ，さらには騒音，通風，大気の汚染度，眺望などよりも優先される条件であり，東京区部のように高密

度な地域に居住する人々でも，80％以上が住居，特に居間への日照を強く望んでいる．

4.3.2 生活環境の総合指標としての日照

住宅内の環境を考えるとき，日照条件は，単にその住戸内の日照にとどまらず，住戸内の環境全体の総合指標としての役割を担っていることを忘れてはならない．日当たりのよい住宅は，通風性状も優れ，室内の乾燥状態もよく，明るく，開放感のある住宅であるということを示しているといってよい．

図 4.9 は，東京と大阪の 90 前後のサンプルについて，日照時間とそれに対する居住者の評価を対応させたものであるが，同図からは 4 時間前後を境として，評価が悪いから良いに移行する様子がうかがえる．その限りでは，4 時間日照の確保というのは，我々日本人に共通する住要求であるといってよいだろう．しかし，各日照時間帯でも評価がかなりばらついている．一つの理由としては，同じような日照時間でも，居住者によって評価が異なるということも考えられる．もう一つの理由としては，現在の何時間日照という指標が，上述したような理由で必ずしも，日照条件を正しく反映していないことが，このような違いを生み出したと考えることもできるだろう．

日照の問題は単に日照時間のみならず，視覚的な側面から見ただけでも，天空率，窓からの開放感や眺望，前面の建築による圧迫感などとも関わりが深い．

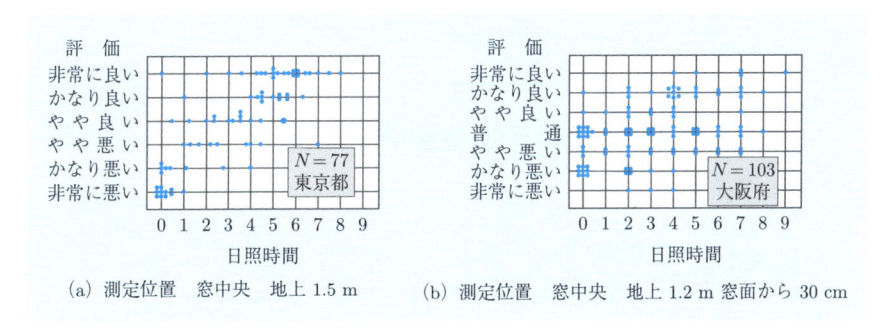

(a) 測定位置　窓中央　地上 1.5 m　　(b) 測定位置　窓中央　地上 1.2 m 窓面から 30 cm

図 4.9　日照時間と居住者の評価
　　　　（日照時間（冬至：日の出から日没まで），N：サンプル数（実測戸数））

4.4 日影図とその応用

4.4.1 日 影 図

　太陽は，朝は東の空から昇り，南に移動しながら夕方には西の空に沈む．毎日この繰返しを行っている．ある土地に建築を建てるとき，その建築によってどのような日影がつくられるのかを正確に知るためには，その地点で，時刻別に太陽がどの位置にあるのかを知らなければならない．図 4.10 は地上のある 1 点から見た太陽の方向，つまり太陽の位置は，太陽の高度 h と方位角 A で表される（p.87 のコラム参照）．この位置が，地球の公転による季節変化，自転による時刻の変化によって変わり，その天球上の位置は緯度によって異なる．こういった太陽の位置を求める図が太陽位置図で，昔から種々の図が用意されている．

　図 4.11 は単位長さの地面に垂直な棒が水平面に落とす影の先端の位置の軌跡を季節別に描いたもので，**日影曲線**とよばれる．この図に描かれた放物線が各季節のそれぞれ記載された日の日影の軌跡である．図中の南北，東西の 2 つの軸の交点を中心とした同心円が太陽高度を示し，その同心円が，交点から右下

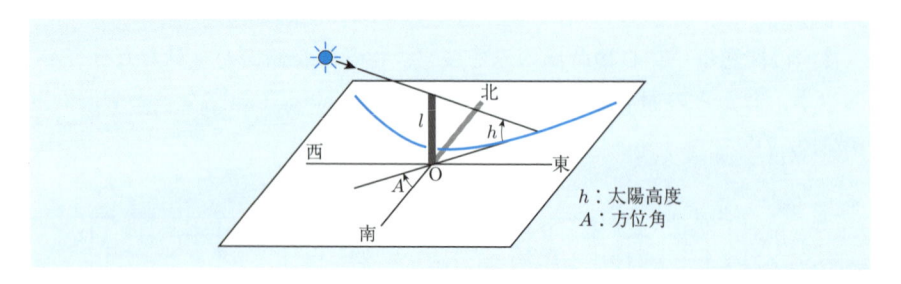

図 4.10　垂直棒の日影

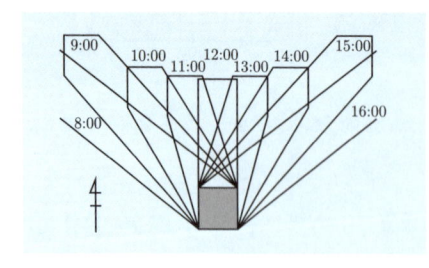

図 4.12　時刻別日影図

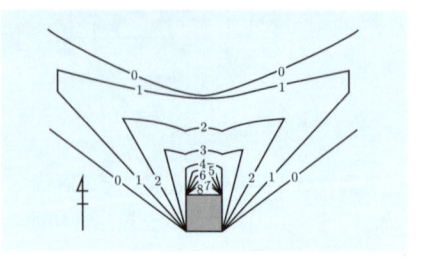

図 4.13　日影時間図

4.4 日影図とその応用

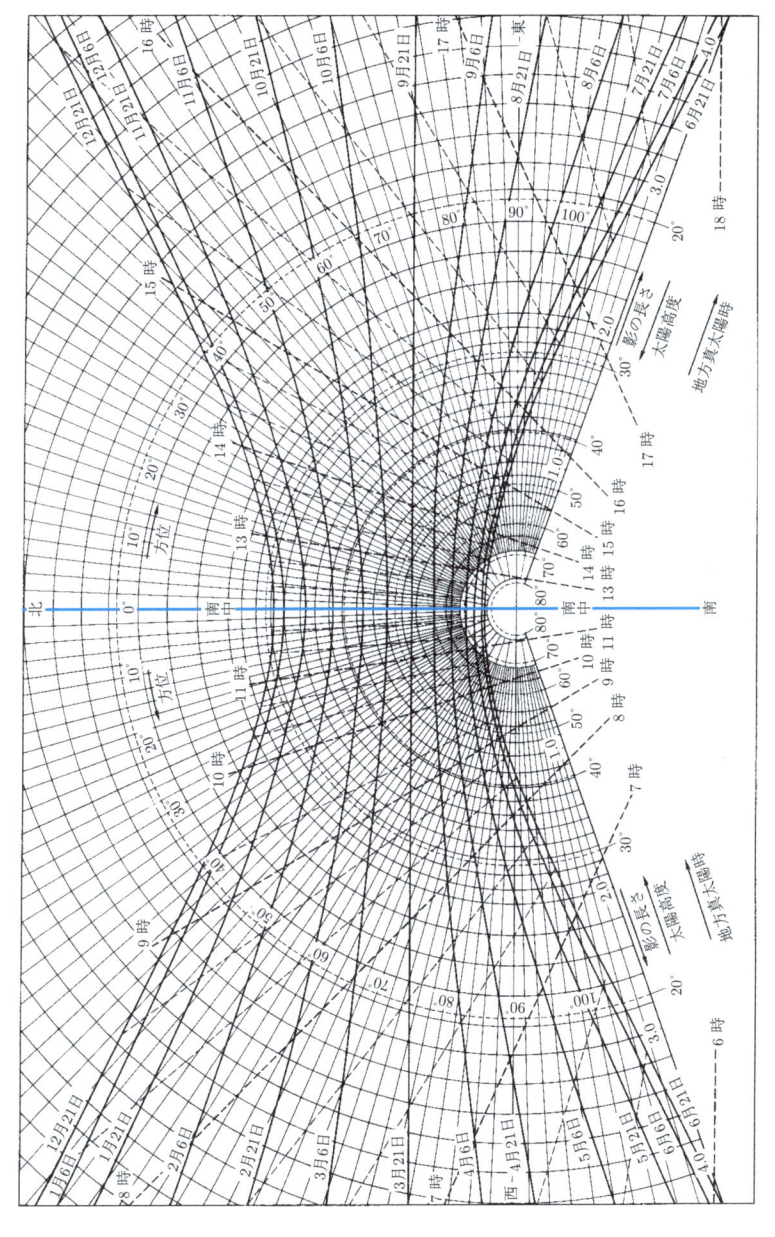

図 4.11 東京 (35°40″N) の日影曲線 (4-2)

と左下に引かれている 2 本の直線と交わる点が，棒の影の長さを示している．2.0 や 3.0 というのが棒の高さの何倍の長さの影が地面に落ちるかということである．南北と東西の 2 軸の交点を中心として，放射状に伸びる直線が太陽の方位角である．破線が時刻を示している．なお，この図で注意をしなければならないのは，図中の時刻は，その土地での太陽の時刻をもとにした真太陽時である．兵庫県の明石を基準としている日本の標準時とは時差があるということである．例えば，2010 年 12 月 21 日の東京での南中時刻は，中央標準時の 11 時 38 分 52 秒である．また，方位は磁石の北ではなく，地球の真北である（p.87 のコラム参照）．

このように日影図から，それぞれの建築による日影の状態を求めることが可能である．図 4.12 は平屋の建築の冬至の日の各時刻別の日影を図示したものである．同時に図 4.13 には，この時刻別の日影図をもとにどの部分にどれだけの日影ができるかを求めている．いずれも日影図から正確に各時刻別の影の長さと方位を求めて，それぞれの点を結んでいくことによって得られる．最近のように都市の過密化が進むにつれて，このような日影図による影響の検討がますます重要になってくるのは残念なことである．

4.4.2 複合日影

あまりにも都市が過密になってくると，さまざまな**日照障害**が発生することになる．特定の建築による障害は原因がはっきりしているが，複数の建築が影響して，日照障害を引き起こすような事例が頻繁に発生し，対策を立てるのが極めて困難な状況になってきている．図 4.14 は 2 つの建築の影響で極めて条

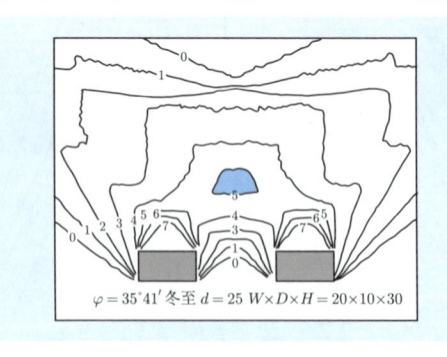

図 4.14　**2 つの建築による複合日影図**（図中の数字は日影時間）

件の悪い部分が飛び地のようにできてしまった様子を示している（図中の水色部分）．これは**島日影**とよばれ，個々の建築物の日射を検討しただけではわからない．このように市街地の密集した地域では，複数の建築の相乗効果で大きな被害を与えることがあり，問題の解決をいっそう困難にしている．

4.4.3 隣棟間隔と日照

住宅地の配置計画では，こういった日影の影響を受けないで，各住戸の配置を行う必要がある．図 4.15 には 4 時間日照と 6 時間日照を確保するためにどの程度の隣棟間隔を確保しなければならないか，各地の値を示している．なお，日照を考慮した各住戸の間の空きを**隣棟間隔**という．先に述べた 4 時間の日照を確保するような配置にするためには，図 4.12 の終日 4 時間の日影となる範囲を避けて住棟を配置すればよいことになる．わが国の住宅計画において非常に重要な指標である．通常，北海道を除いた地域では，4 時間の日照を確保するように計画されるのが一般的であったが，現在ではこの原則が崩れてきている．

> #### 💬 太陽の位置
>
> 建築がその周辺にどのような日影をつくるかは，建築と太陽光線との幾何学的な関係で決まる．刻々と変動する太陽の位置は
> - 地球上の位置：緯度（ϕ）
> - 季節的な太陽位置の変化：日赤緯度（δ）
> - 地球の自転による 1 日の時刻：時角（t）
>
> に関係する．すなわち，太陽の位置は
> ① 太陽光線の方向：方位角（A）
> ② 太陽光線の方向と水平面とのなす角：高度（h）
>
> で表示され，h と A は次式から求めることができる．
>
> $$\sin h = \sin \phi \sin \delta + \cos \phi \cos \delta \cos t$$
>
> $$\sin A = \frac{\cos \delta \sin t}{\cos h}$$
>
> 時角 t は南中時を基準にして太陽の回転方向を正とし，1 時間が 15 に相当する．また，磁北と真北とのずれは場所によっても異なり，日本国内でも 5° から 10° 程度，真北から西にずれているので，日影図から影を求めるときにはこの点の注意が必要である．東京では，約 6°30′ 西にずれている．

(a) 隣棟間隔と冬至の日照時間

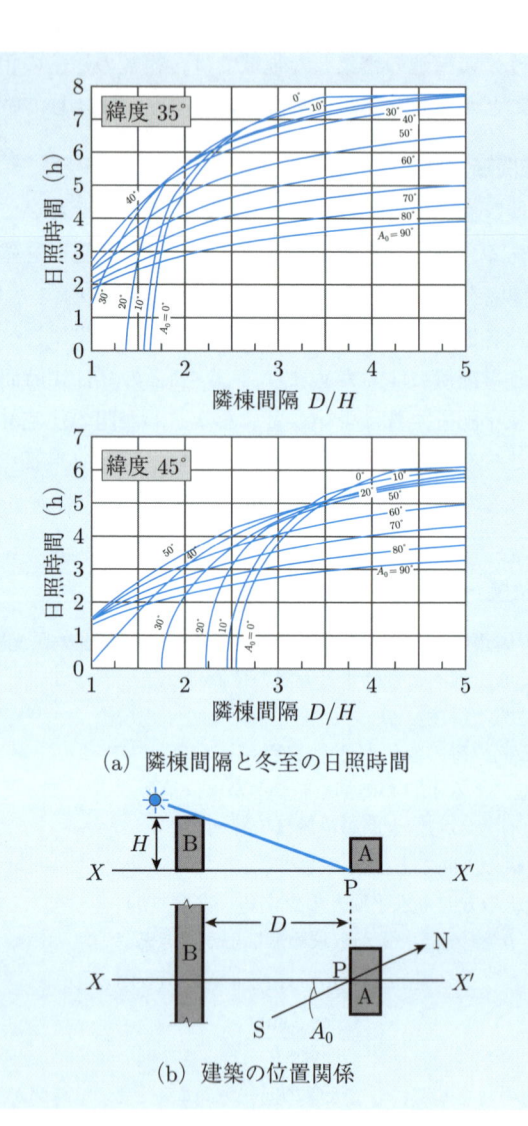

(b) 建築の位置関係

図 4.15　隣棟間隔と日影時間[4-3]

4章の問題

1 住宅における太陽放射の効用を4つあげて概説せよ．

2 12月21日の東京の9時から12時までの太陽の方位角と影の長さ（倍率で示す）が以下の値であるかどうかを，図4.11 東京の日影曲線をみて確かめよ．なお，小数点以下の値は丸めてかまわない．

	太陽方位角（°）	倍 率
9時	43	3.2
10時	30	2.2
11時	15	1.8
12時	0	1.6

3 次頁の図のような2棟の住宅が南北に平行に並んでいるとする．どちらも間口が10m，奥行き5m，高さ5mである．北側の住宅（図の上の建築）の12月21日の9時から15時までの間の日照条件を上の値を用いて検討し，北側の住宅地の南面にどの程度の日当たりが確保できるかを次の中から選びなさい．各時刻の日影図も作成せよ．検討する高さは地盤面とし，南面のどこか一部にでも影が落ちていたら日照が得られないとする．

　① この時間帯は完全に日照が得られる．
　② 約10時から14時までは日照が得られる．
　③ 約10時半から13時半までは日照が得られる．
　④ この時間帯は日照が得られない．

間口 10 m，奥行 5 m，高さ 5 m

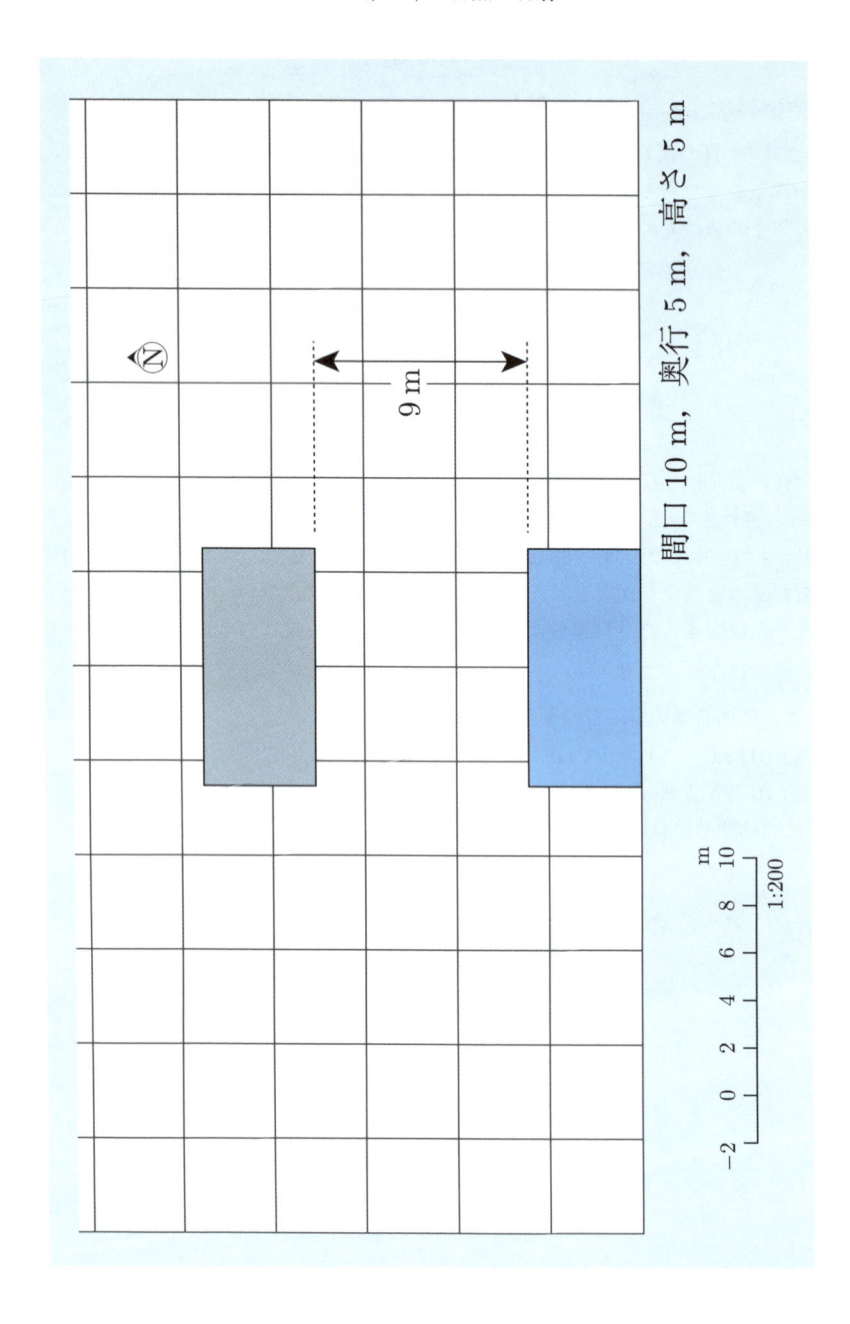

9 m

1:200
-2 0 2 4 6 8 10 m

第5章

室内気候と快適性

　屋外の気候変動を和らげ，快適な室内気候をつくり出すことは，建築のシェルターとしての主要な役割である．はじめに，人間が熱的に快適であるとはどのようなことであるかを考える．次にこれを規定する主な要素について概説するとともに，それらの要素を用いた快適性の評価指標を紹介する．さらに，快適な室内気候を得るために住宅として要求される熱的な性能について整理し，室内気候に関連する第6～9章の位置づけを明確にする．

5.1	人体の熱平衡と快適条件
5.2	熱的な快適性を規定する主要素
5.3	温熱環境の指標
5.4	快適な室内気候とその形成

5.1 人体の熱平衡と快適条件

具備すべき住宅としての熱的性能を考える前に，目標とする快適な環境とはどのような状態であるかを理解しておく必要があろう．人間は体内で新陳代謝を行うと同時に，皮膚や呼気によって外部と熱交換を行っている．暑いときには血液を皮膚表面に集め，さらに発汗によって冷却する．寒いときには逆に血液を内部に集めて放熱を防ぎ，体温を一定に保つ．

熱的に快適であるか否かは，人体が熱的な平衡状態に保たれているかどうかで判定できる．すなわち，人体の**熱平衡**は体内で生産される**産熱量**と人体からの放射，対流，伝導，蒸発による**放熱量**との平衡をいい，次の**熱平衡式**で表せる．

$$M = R + C + D + E$$
M：体内で生産される産熱量
R：人体と周囲との間の放射による放熱量
C：人体と空気との対流による放熱量
D：床などとの伝導による放熱量
E：発汗などによる人体からの蒸発による放熱量

ここで右辺は人体からの正味の放熱量を意味する．体内での産熱量と放熱量がバランスし，生理的に大きな負荷がかからない環境，すなわち，

- $M = $ 右辺

のとき，感覚的にも暑くも寒くも感じない快適な状況となる．

- $M < $ 右辺

のときは寒く感じ，

- $M > $ 右辺

のときは暑く感じる．

5.2 熱的な快適性を規定する主要素

図 5.1 に人体と環境との熱交換と熱的な快適性を規定する主要素との関係を示す．以上のような熱授受のバランスや熱的な快適性に影響をおよぼすのは，同図や前節の式からもわかるように単に気温だけでなく，次のような要素があげられる．

人間側の要素
- 産熱量　● 着衣量

環境側の要素
- 気温　● 湿度　● 気流　● 日射，表面温度

なお，わが国の厳しい夏を涼しくするためには，聴覚（風鈴の音）や視覚（風鈴のゆれ）などに訴える工夫も有効である．このような心理的な効果も無視することはできない．

5.2.1　人間側の要素

(1) 産　熱　量

活動状態によって産熱量は異なる．この活動状態を示す指標をMet（メット）という単位で表す．通常の事務作業の場合が約 1.2 Met とされており，118 W/h の発熱がある．

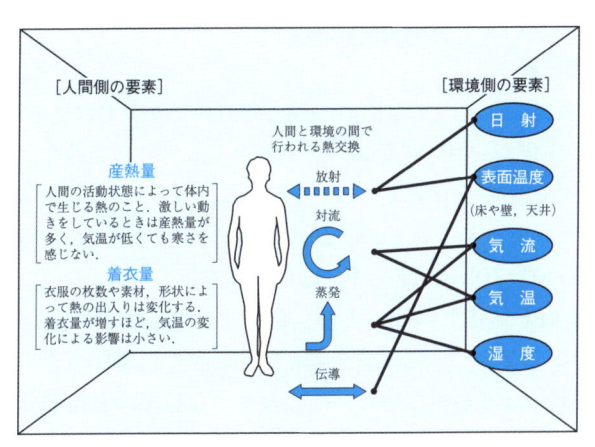

図 5.1　人体と環境との熱交換

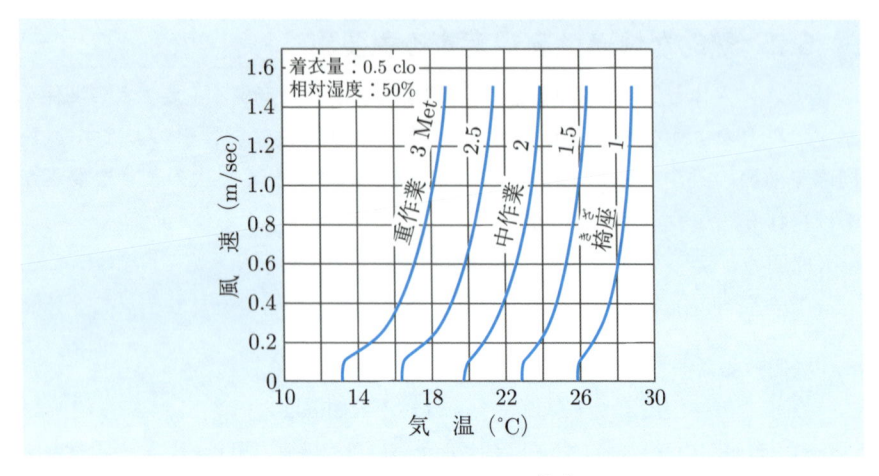

図 5.2 作業量の影響 (5-1)

図 5.2 は活動状態と，気温および風速との関係を示したものである．活動状態によって，暑くも寒くもない，いわゆる中立の状態の気温は異なる．激しい動きをしているときには，気温は相当低くてもよい．例えば，着衣量（次の (2) を参照）が 0.5 clo，すなわち半袖のワイシャツ姿では 26°C であるが，重作業をしている場合は 13°C 程度が中立の気温となる．また，同図より気流があると放熱が促進されることから，無風時に比べて有風時の中立温度は高くなることが読み取れる．

(2) 着 衣 量

衣服による断熱性能を表す指標で，clo という単位が使われている．1 clo の衣服とは，気温 21.2°C，相対湿度 50%，気流 0.1 m/sec の条件で，椅座安静にしている人が快適と感ずる衣服をいう．図 5.3 にそれぞれの着衣状態の clo 値を示す．冬のスリーピースは約 1 clo，夏のワイシャツ姿は 0.5 clo 程度である．なお，衣服の clo 値は衣服の重量と相関が極めて高い．

図 5.4 は気温と体感との関係を着衣量別に見たものである．裸体のときに気温の影響は最も大きく，着衣量が増すほど気温の影響は小さくなる．すなわち，着衣量は夏のほうが少ないために，わずかな気温の変化でも体感は敏感になる．

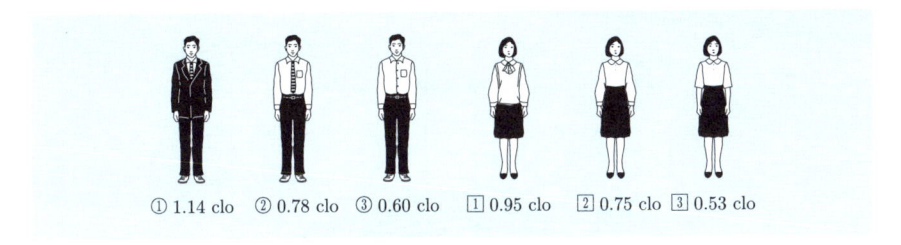

① 1.14 clo ② 0.78 clo ③ 0.60 clo ① 0.95 clo ② 0.75 clo ③ 0.53 clo

図 5.3　着衣量と clo 値の関係

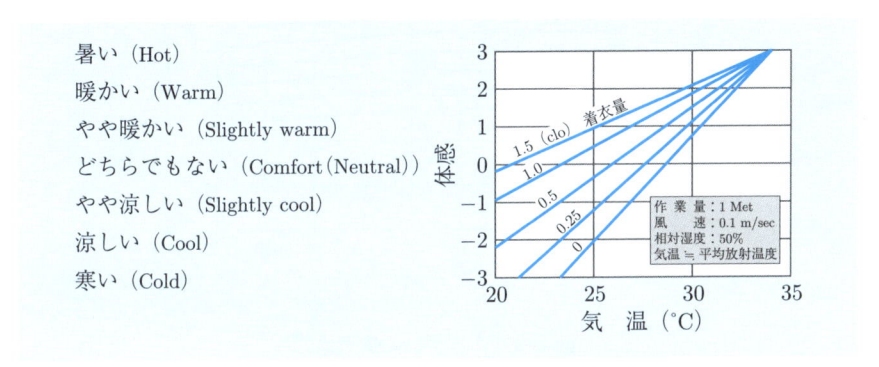

図 5.4　着衣量のちがいによる体感と気温の関係[5-2]

5.2.2　環境側の要素

　気温，湿度，気流，放射は**熱環境**の 4 要素といわれているが，この中でも気温と湿度が基本になる．図 5.5 はオルゲー（Olgyay）の**生気候図**とよばれている．この図を用いて，気温，相対湿度を基本に 4 要素の関係を見てみよう．

　同図の中央に示されている範囲は，気流が静穏な状態で周囲から気温と同じ温度の放射を受けている場合の夏または冬の快適範囲である．快適範囲の具体的な数値については，上述のように活動状態や着衣量，そして同図にも示されているように季節によって異なる．また人種による差や個人差もある．詳細は次節で述べることとし，ここでは一つの目安と考えて次に進もう．

　例えば夏季では湿度が 20〜50％であれば気温は 22〜28°C の範囲が快適であることを示している．湿度がこれ以上の場合，気温は低くないと快適な状態は得られず，湿度が 80％近くでは気温が 25°C 以上になると蒸し暑く不快になる．

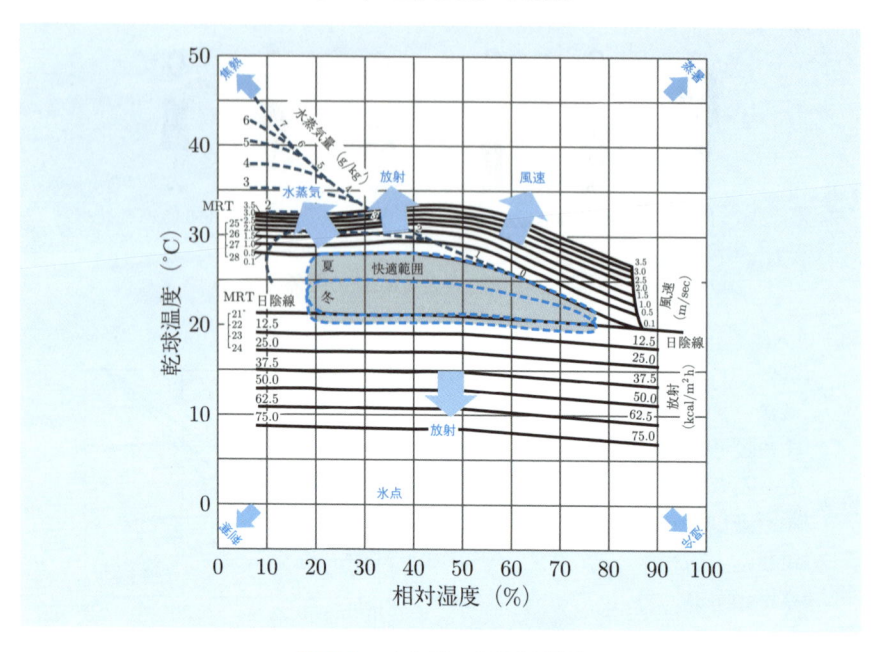

図 5.5　オルゲーの生気候図

　では，次に他の2つの気候要素である気流と放射の効果を考えてみよう．夏の日中，木陰でハンモックに揺られながらそよ風に吹かれていればそれほど暑さは感じない．すなわち，図 5.5 は気流があれば快適範囲は高い気温の範囲に広がることを示している．そして気流の影響は湿度が高いときほど大きい．例えば，相対温度が 70% 近くでは，風速が 1 m/sec あると 2°C 程度気温が低いことに相当することが読み取れよう．

　また周囲の表面温度が低ければ気温が高くても快適になる．一方，真冬に風を避けた日だまりでの日向ぼっこは，気温が低くても気持ちのよいものである．同図では，人体が周囲から放射熱を受けると，快適範囲の下限線がより低い気温の範囲に広がることを示している．周囲の表面温度が気温より高い場合も同様に快適範囲は下に広がる．**床暖房**が温風暖房に比べて低い室温で快適さが得られるのもこのことによる．このことを視覚的に理解できるように，図 5.6 に床暖房がなされている部屋の写真とそのときの熱画像を**口絵 5-1** に示す．床の表面温度は 27°C 近くに保たれている．ラジエータの表面のように温度が高く

図 5.6　床暖房のされた居間（口絵 5-1．熱画像）

ないが，広い面積の床全面から表面温度の低い壁や天井より多くの放射熱を受けられるため，人体からの放熱量が抑えられることになる．床暖房の場合には，床暖房の面積をできるだけ広くとり，表面温度を低く抑えるのが快適な環境につながる．

　以上のように，気温，湿度の他にも気流や放射をコントロールすることで，快適な範囲をさらに広げることができる．なお，気流については，夏の通風時や激しい作業のときを除いては，0.25 m/sec 程度の静穏状態がよいとされている．

5.2.3　放射の表現と測定方法

他の 3 要素と比べてなじみが薄い**放射**について，その表現方法と測定方法を簡単に説明しておく．

(1)　平均放射温度

室内の人体は，ラジエータや床暖房をしているときの床面，冬の冷えた窓面のように，周囲の面はそれぞれ表面温度が異なければ，方向によって不均一な放射を受ける．そこで，人体からの各面の形態係数とそれぞれの面の表面温度の積の総和で，周囲からの放射の状態を表現する．これを**平均放射温度**（MRT, Mean Radiant Temperature）（°C）とよび，次式のように表せる．

$$\mathrm{MRT} = \sum \Psi_i \theta_i$$
Ψ_i：部屋のある位置から面 i の形態係数
θ_i：面 i の表面温度（°C）

　同じ面積ならば，設定位置に近い面ほど平均放射温度におよぼす影響は大きいことがわかる．同じ部屋の中でも設定した位置によって平均放射温度は異なる．そこで，近似的に各面の形態係数のかわりに各面の面積 S_i を用いる場合もある．

$$\mathrm{MRT} = \frac{\sum S_i \theta_i}{\sum S_i}$$

　さて，次に放射が体感におよぼす影響を考えてみよう．図 5.7 は，各着衣量に，暑くも寒くもない中位の状態における気温と放射温度との関係である．同図の曲線は，相対湿度 50%，風速 0.1 m/sec 以下の場合において安静時（1 Met）の快適線を示している．いずれの着衣量でも曲線はほぼ 45° である．すなわち，平均放射温度が 1°C 変化するのと室温が 1°C 変化するのとではほぼ同じ体感が得られることを示している．

　例えば，着衣量が 1.5 clo のときには気温と平均放射温度が約 21°C だと快適であるが，床暖房などを行っているときの平均放射温度が 25°C であるとすれば，気温は 17°C でも快適ということになる．

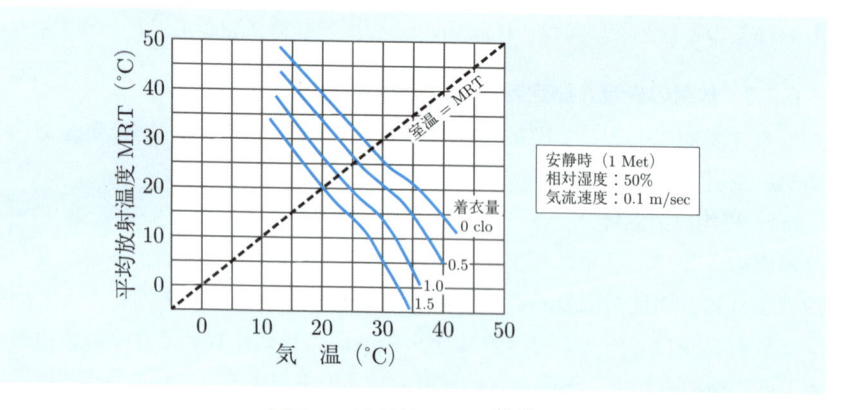

図 5.7　放射熱の影響[5-3]

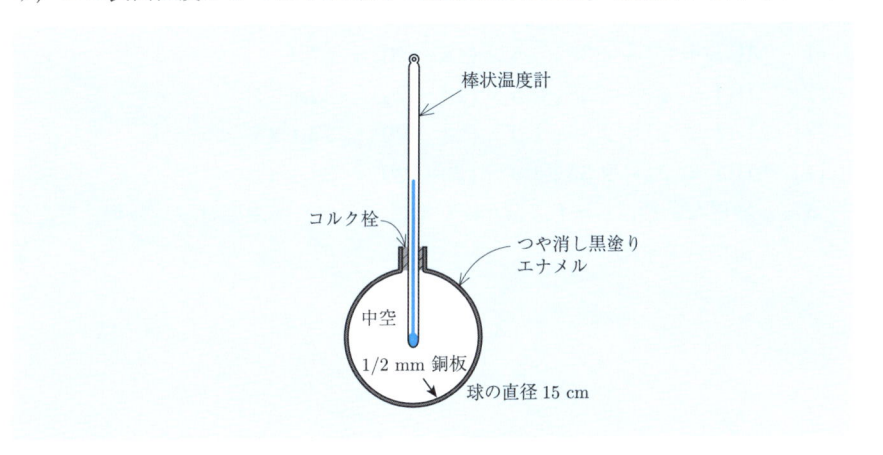

(2) グローブ温度

グローブ温度計は，1930年代にベルノン (Vernon) によって放射の効果を測定するために考案されたものであるが，このグローブ温度から次式で平均放射温度を求めることができる．

$$\mathrm{MRT} = \theta_g + 2.35\sqrt{v}(\theta_g + \theta_a)$$
θ_g：グローブ温度（°C）
θ_a：気温（°C）
v：風速（m/sec）

なお，気流が静穏な状態では，グローブ温度は平均放射温度と気温の平均値に近くなる．

グローブ温度計は図5.8に示すように，直径15cmのつや消し黒塗りの薄い銅板製中空球である．その中心に感温部がくるように温度計が差し込んである．15分ぐらい室内に放置すると周囲の面との放射授受で中空球の表面温度が変わり，この表面温度がさらに中空球内の空気温度を変え，温度計に表示される．

図5.8 グローブ温度計

■ **例題 5.1**

平均放射温度（MRT）について説明せよ．さらに，生活空間において熱放射が人体の熱的快適性に大きく影響している具体例を 2 つあげよ．

【解説】 平均放射温度の説明と定義参照（pp.97〜98）．室内では床暖房．熱せられたフライパンからの熱放射．屋外では日射を受けて高温になった舗装面からの熱放射など．

■ **例題 5.2**

室内での気温，グローブ温度，風速の測定値が次のような場合，MRT の値を求めよ．

(1) 気温 20.0°C，グローブ温度 18.0°C，風速 0.5 m/sec
(2) 気温 20.0°C，グローブ温度 23.0°C，風速 0.5 m/sec
(3) 気温 20.0°C，グローブ温度 23.0°C，風速 1.0 m/sec
(4) 気温 20.0°C，グローブ温度 23.0°C，風速 4.0 m/sec

【解説】

(1) $\mathrm{MRT} = 20 + 2.35\sqrt{0.5} \times (18 - 20) = 17°\mathrm{C}$
(2) $\mathrm{MRT} = 20 + 2.35\sqrt{0.5} \times (23 - 20) = 24.8°\mathrm{C}$
(3) $\mathrm{MRT} = 20 + 2.35\sqrt{1.0} \times (23 - 20) = 27.1°\mathrm{C}$
(4) $\mathrm{MRT} = 20 + 2.35\sqrt{4.0} \times (23 - 20) = 34.1°\mathrm{C}$

気流が静穏な状態（$v = 0.5\,\mathrm{m/sec}$）では，グローブ温度は平均放射温度と気流の平均値に近くなる．

5.3 温熱環境の指標

以上のように，熱環境の快適性には気温をはじめとして多くの要素が影響をおよぼすが，これらの要素をまとめて一つの尺度で快適性を示そうとする試みが古くからなされてきた．

はじめに，このような歴史的な流れの中で最も代表的なものである**有効温度**について紹介する．また，夏になるとよく耳にする不快指数について簡単に触れる．最近では**新有効温度**や**PMV**と呼ばれる指標が利用される機会が増えている．これらは計算がやや煩雑であるが，熱環境の4要素と着衣量，作業量のすべてを用いて評価できる．新有効温度については実際の感覚と比較的よく一致するといわれている．

表 5.1 には，種々の**温熱環境の指数**と，それらの指数の値を求める上で使われる6つの温熱要素との関係を示す．

表 5.1 温熱環境の指数と 6 温熱要素の関係

	気温	湿度	風速	放射	作業量	着衣量
不 快 指 数	○	○				
有 効 温 度	○	○	○			
修 正 有 効 温 度	○	○	○	○		
新 有 効 温 度	○	○	○	○	△	△
PMV(予測平均申告)	○	○	○	○	○	○

5.3.1 不 快 指 数

不快指数（DI, Discomfort Index）は，不快の度合を気温と湿度で表そうとした指標である．**乾球温度** θ_a（℃），**湿球温度** θ'_a（℃）とすると，次式で求められる．

$$\mathrm{DI} = 0.72(\theta_a + \theta'_a) + 40.6$$

この式は無風時の有効温度を計算式で求めようとしたものである．主に夏の暑いときに用いられ，日本人では不快指数が 75 以上では 80％以上の人が不快と感ずるといわれている．なお，この指数は戦後アメリカの気象庁から入ってきたものであり，現在は **TH**（Temperature and Humidity）**指数**と改名されている．

5.3.2 有効温度

有効温度（ET, Effective Temperature）は，第二次世界大戦前から用いられていた指標で，ヤグロー（C.P.Yaglou）らが提案したものである．アメリカ人を対象に，多数の被験者についてその体感を基礎にして，気温，湿度，気流の関係として快適性を求めた．気温 θ_a（°C），湿度 100%，無風の状態と等温感覚を示す状態を有効温度 θ_a（°C）として定めた．通常の着衣で静座または軽作業のときの**有効温度図**を図 5.9 に示す．気温と湿球温度の両目盛を直線で結び，斜めの線の値を読む．

温度や放射の扱いに問題があるといわれながらも，半世紀以上にわたって広汎に利用されてきた．これに放射の影響を考慮したものを**修正有効温度**と呼んでいる．この場合には気温のかわりにグローブ温度を用いる．

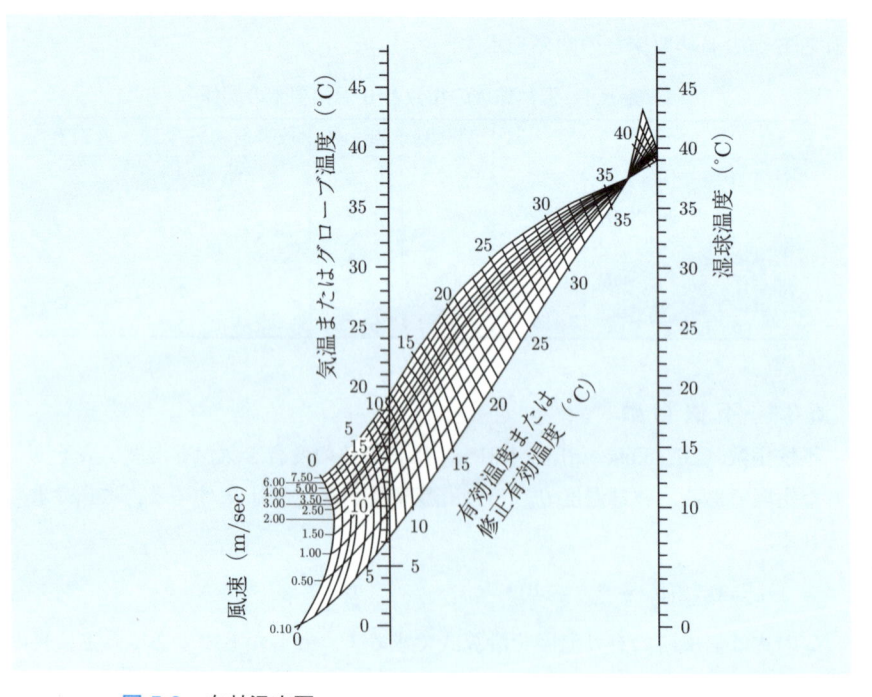

図 5.9 有効温度図
　　　　（正常スケール，椅座，あるいは軽作業，軽い室内衣着用）

5.3.3 新有効温度

椅座位，着衣量 0.6 clo の静穏な気流の場合を基準として，湿り空気線図上の相対湿度 50%における気温と等しい状態を**新有効温度** ET^*（イー・ティー・スターと読む）（ET^*, New Effective Temperature）として定められた指標で，1972 年ガッギ（A.P. Gagge）らにより導かれた．従来の有効温度とは本質的に別のものである．

図 5.10 は湿り空気線図上に，新有効温度と快適範囲を示した ASHRAE（アメリカ暖房冷凍空気調和学会）快適線図（STANDARD 55-74）である．快適範囲は椅座位で着衣量 0.8〜1.0 clo で示し，室温 22.9〜25.2°C，相対湿度 20〜60%の範囲である．室温と平均放射温度が等しくない環境では室温のかわりにグローブ温度を用いる．平穏な気流の状態ではグローブ温度は室温と平均放射温度の平均値にほぼ等しい．

新有効温度を尺度として，温熱感覚，生理現象，健康状態との関係を表 5.2 に示す．

表 5.2 温熱感覚と生理現象，健康状態との関係[5-4]

新有効温度 ET^* (°C)	温熱感覚 〔温冷感〕	温熱感覚 〔快適感〕	生理現象	健康状態
45	限界	限界	体温上昇 体温調節不良	血液の循環不良
40	非常に暑い 暑 い	非常に不快	激しい発汗，血流による圧迫感の増加	ヒートショックの危険増加
35	暖かい	不 快		脈拍不安定
30	やや暖かい		発汗，脈拍の変化による体温調節	
25	なんともない やや涼しい	快 適	脈拍の変化による体温調節	正 常
20	涼しい	やや不快	放熱量が増加し衣服または運動が必要	
15	寒 い 非常に寒い	不 快	手足の血管収縮，震える	粘膜や皮膚の乾燥による苦情の増加
10				体の末しょう部分への血液の循環不良による筋肉痛
5				

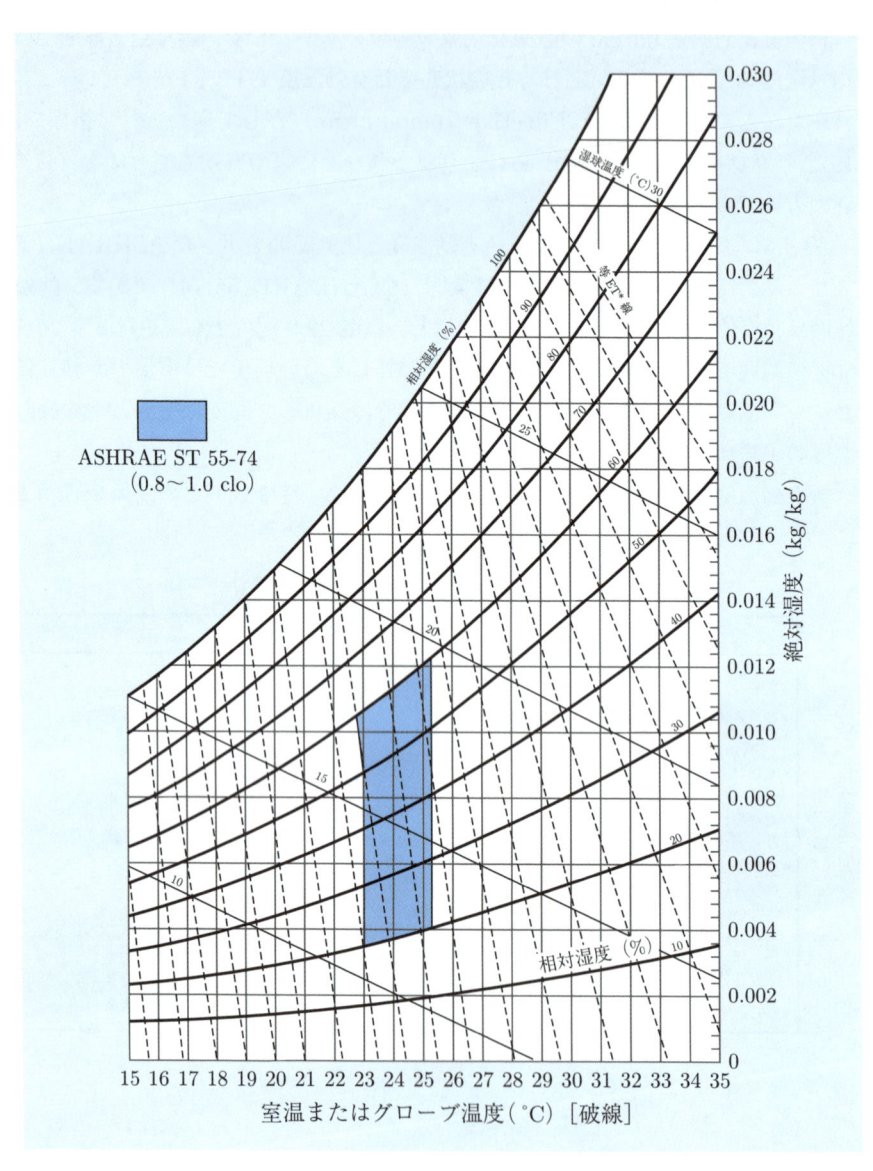

図 5.10 快適線図と新有効温度 ET* (ASHRAE)[5-5]

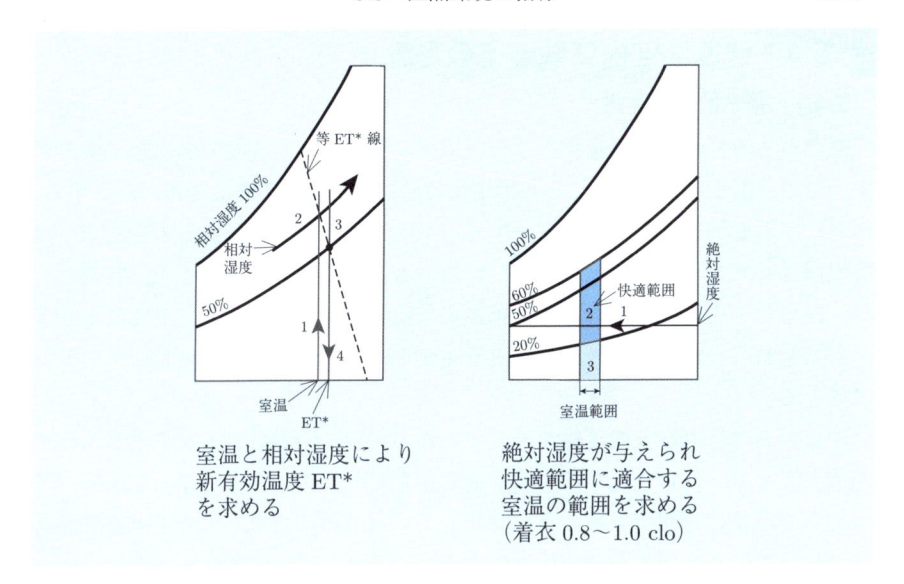

図 5.11　快適線図と新有効温度の使い方の例

5.3.4 PMV

PMV（Predicted Mean Vote）は，室内の温熱感覚に関係する気温，放射温度，相対湿度，気流速度と，人体の代謝量および着衣量を考慮した温熱感覚の指標である．

デンマークのファンガー（P.O. Fanger）によって提案された指標で，ISO 7730として国際規格になっている．人体の熱平衡を基準とした快適方程式から算出されるもので，暑い（hot），暖かい（warm），やや暖かい（slightly warm），どちらでもない（neutral），やや涼しい（slightly cool），涼しい（cool），寒い（cold）といった感覚量が数値として表される．

5.4 快適な室内気候とその形成

5.4.1 基本的な考え方

　温熱環境の快適性を規定する主な要素は前節で述べた通りであるが，実際の室内での状況を考えると，これらの要素は時間的分布，空間的分布が存在する．例えば室温を例にとってみよう．屋外の気温やその他の気候要素の影響を受けて室温は時々刻々と変化している．いわゆる非定状態にある．また，空間的には，部屋の中央における床上 1 m 前後の気温を室温として代表させることが多いが，暖房時のように一般には垂直分布が生じており，その程度によって感覚は異なる．

　すなわち，快適な**室内気候**を形成するためには，時間的にも空間的にも温熱環境要素をコントロールする必要がある．ただし，このことは決して一定でかつ均質な環境が理想であることを意味しているわけではない．むしろ，住宅の場合には適度な時間的変化が望まれよう．

　室内気候形成のための概念図を図 5.12 に示す．屋外の激しい気候変動に対して，まず第一には建築のまわりの建築外部空間における工夫によって，第二にはシェルターとしての建築によってこれを緩和する．それでもコントロールできない場合には，機械設備を利用して快適な状態に近づける．機械設備万能と考えられていた時期には，建築の性能のいかんにかかわらず，空調設備などによりどのような環境でもつくりだせるという風潮もあったが，本来の快適性

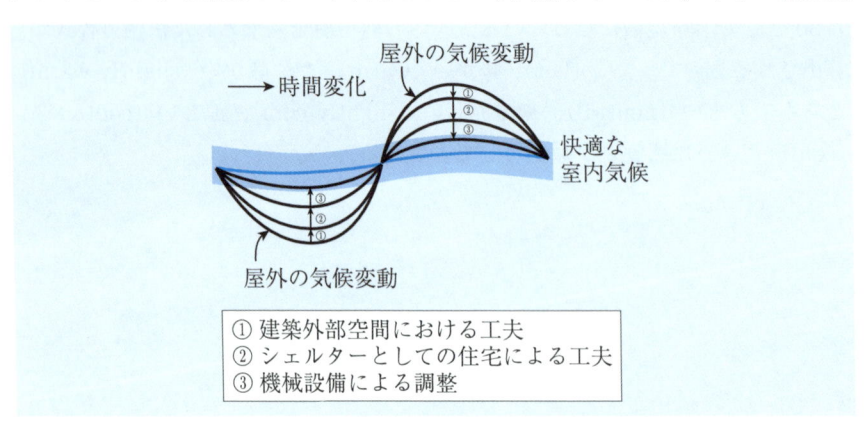

図 5.12　屋外の気候変動とその調節

① 建築外部空間における工夫
② シェルターとしての住宅による工夫
③ 機械設備による調整

の追求や省エネルギーの観点からも好ましいものではない．作業能率が重視される事務所や工場と異なり，子どもや老人のことも考えねばならない住宅の場合には，自然の息吹きが感じられることのほうが重要であろう．

今日，都市環境の悪化に伴い，住宅においても機械設備を前提としてカプセル化した建築が増加しつつある．しかし，これらの技術がいかに進んでも都市環境の悪化は解決されるわけではない．むしろ，安易な機械設備の導入は都市環境の悪化を助長することにほかならない．建築や機械設備は室内気候を形成すると同時に，外部に対しては自然環境そのものを改変しているという認識が必要であり，快適な住環境の形成という観点からも単に室内のみならず，建築外部空間への配慮が今後ますます重要となろう．このことについては，第2章「都市気候」で言及している．

5.4.2 住宅に要求される熱性能

ここで，シェルターとしての住宅が備えていなければならない熱的な性能について整理しておこう．図5.12には模式図で示した．

① 断熱性能
② 気密性能
③ 換気性能
④ 熱容量
⑤ 通風性能
⑥ 日照調整・日射調整

断熱性能と**気密性能**は，屋外の激しい気候条件を緩和するために，シェルターとしての住宅に求められる基本的な性能である．また，建築の気密化に伴い，室内で発生した湿気や汚染物を速やかに排除するための計画的な**換気**が不可欠になる．特に暖冷房時には無計画な換気は室内環境を悪化させ，過剰な換気は消費エネルギーのロスとなる．さらに，建築に適切な**熱容量**をもたせることは，安定した室内気候を形成する上で役立つ．以上の①，②，④の熱的性能については6章の「暖かい住まい」，③については7章「空気汚染と換気」，湿気との関連については8章「湿気と結露」で述べる．

通風は日本の蒸し暑い夏を涼しく過ごすための有効な方法である．**通風計画**は建築まわりの計画とも密接に関係する．⑥は昼光としての有効利用，そして

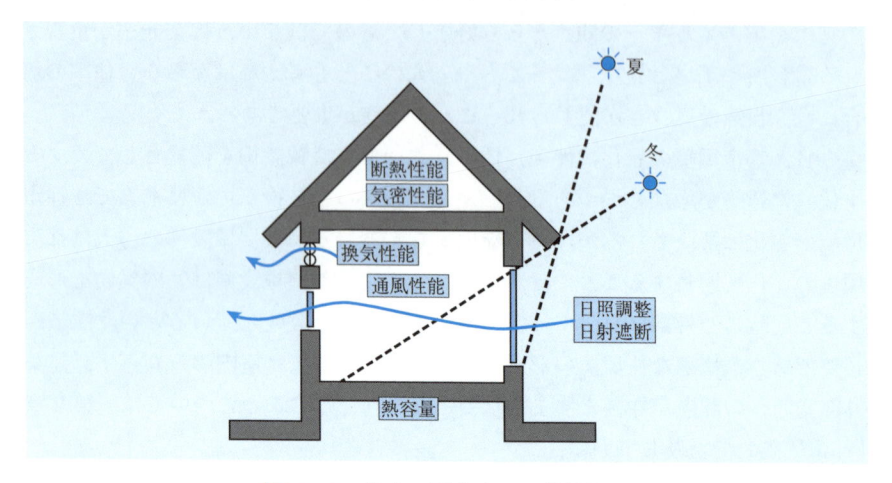

図 5.13 住宅に要求される熱的性能

夏の**日射遮蔽**と冬の太陽熱利用として重要である．特に，夏の日射遮蔽については9章「涼しい住まい」で扱う．

以上の性能が有効に機能するか否かは，住まい方とも大きく関連するとともに，窓や雨戸の開閉，人工照明や暖冷房設備の適切な利用など外界の変動に対するアクティブな対応も求められる．また，建設当初の性能を保っておくための維持管理も心掛けねばならない．

5章の問題

☐ **1** 人体と環境との熱交換を熱的な快適性を規定する6要素をあげよ．

☐ **2** 熱的な快適性を規定する要素について，人間側の要素を2つ，環境側の要素を4つあげよ．それぞれ3字以内で記せ．

☐ **3** 住宅に要求される熱性能を6つあげよ．さらに，あなたの家では，これらの熱性能を満たしているかどうか考えてみよう．

第6章

暖かい住まい

　暖かい住まいづくりのために建築に要求される主な熱的性能は，高い断熱性能と気密性である．建築に適度の熱容量をもたせることも安定した室内気候を得る上で有効である．本章では，断熱性能と気密性能，建築の熱容量に着目し，これを理解するための基礎知識と定量的な把握方法について概説する．次に，建築の熱的性能と室内気候との関係について論ずる．さらに，室内から逃げる熱を補うために熱源として暖房設備が必要となるが，その種類と特徴についても触れる．

6.1　暖かい住まいの基本
6.2　壁体の断熱性能
6.3　建築の気密性能
6.4　建築の熱的性能と室内気候
6.5　住宅の省エネルギー
6.6　暖房方式と室内気候
6.7　住宅の省エネルギーに関する法律

6.1 暖かい住まいの基本

冬，暖かい住まいをつくるには，前章で述べた建築の熱的性能の中でも次の2つが基本となる．

① 断熱性能を高める．
② 気密性能を高める．

断熱性能を高めることによって，壁や天井など屋外に面する部位からの熱損失を減らすことができる．気密性能が高ければ，窓まわりの隙間などから室内の暖かい空気が逃げず，また，冷気の侵入を防げる．しかし，室内では汚染物質や水蒸気が発生するので，速やかにこれらを排出し，新鮮な空気を取り入れる必要がある．すなわち，室内の空気を清浄な状態に保つために，気密性を高めると同時に計画的な換気を忘れてはならない．室内の空気汚染と換気については次章で扱う．

3つ目は建築に適度の熱容量をもたせることである．日中室内に取り込んだ日射熱を蓄熱したり，間欠暖房を行う場合，室温を安定した状態に保つ上で効果がある．冬の天気のよい地域では，日射熱は非常に有益な熱源となるので積極的に利用したい．

さらに，室内から逃げる熱を補うための熱源として暖房設備が必要となるが，徹底して暖房エネルギーへの依存度を少なくし，室内で利用できる熱を有効に活用する．比較的温暖な地域では，熱的に室内と屋外を明確に区別する発想が乏しいが，寒冷地では室内空気と外気とでは温度，水蒸気圧（空気中に含まれる水蒸気量）に大差があり，しかも温度差に伴う気圧差（煙突効果）も大きくなるので，熱的な内と外との区別（**断熱層**，**防湿層**，**気密層**）が熱環境の設計計画上重要であることが指摘されている．

断熱，気密性能を高めることによる効果をまとめると次のようになる．

① 室内の上下温度分布の緩和．
② コールドドラフトの防止．
③ 冷放射の防止．
④ 結露の防止．
⑤ 暖房のエネルギーの低減．

6.2 壁体の断熱性能

6.2.1 壁体の熱貫流

(1) 熱貫流率とは

通常は屋外，室内ともに時々刻々と温度が変化するが，ここでは屋外と室内の温度が時間によって変動せず一定の状態，すなわち定常状態を考える．室温 θ_i が外気温 θ_o より高い場合，面積 A の壁体を通し単位時間あたりに室内から屋外に流れる**熱流量** Q（J）は

$$Q = K(\theta_i - \theta_o)A \tag{6.1}$$

と表すことができる．屋内から屋外へ（逆の場合もある）壁体を通して流れる熱流を**熱貫流**といい，K は**熱貫流率**と呼ばれ，熱の流れやすさを示す．この値は次に述べるように，壁体の構造や壁体表面と気流の状態などによって決まり，屋外と室内との間に温度差が 1 K あるとき 1 m² の表面積から 1 秒あたりに流れる熱流量を意味している．単位は（W/m²·K）で表す．また，この逆数を**熱貫流抵抗** R（m²·K/W）といい，熱貫流率とともによく用いられる．なお，この節では計算の便宜上，°C や K がまじっていますのでご注意ください．

上式からわかるように，壁体を流れる熱流は壁体の熱貫流率 K と内外の温度差 $(\theta_i - \theta_o)$ に比例する．冬季の北海道のように，室温と外気温の差が数十 K にもおよぶところでは，同じ構造の壁でも，温暖な地域に比べ多量の熱が流れる．すなわち，寒冷地ほど熱貫流率の小さい構造を必要とする．

また，建築全体の熱貫流を考えると，建築の外表面積も影響する．同じ床面積でも建築の出入りの多い場合は，外気に接する面積が大きくなるために熱損失も増す．すなわち，熱的には不利ということになるが，住宅ではこれ以外にも考慮すべき要素が多く，全体との調和が必要であることはいうまでもない．

(2) 熱貫流率の算出方法

壁体を流れる熱流をもう少し詳細に見てみよう．すなわち，室内から壁体を通して屋外に流れる熱貫流は図 6.1 に示すように，次の 3 つの過程を経る．ここでも定常状態を考えると，この 3 つの過程で流れる熱流量は等しいことになる．まず，室内と壁体の表面との間では対流と対向面との間の放射授受により，壁体の室内側表面に熱が伝わる．ここで，対向面の表面温度が室温と等しいと仮定すると，1 秒あたり，壁体の単位面積あたりに流れる熱流量 Q は

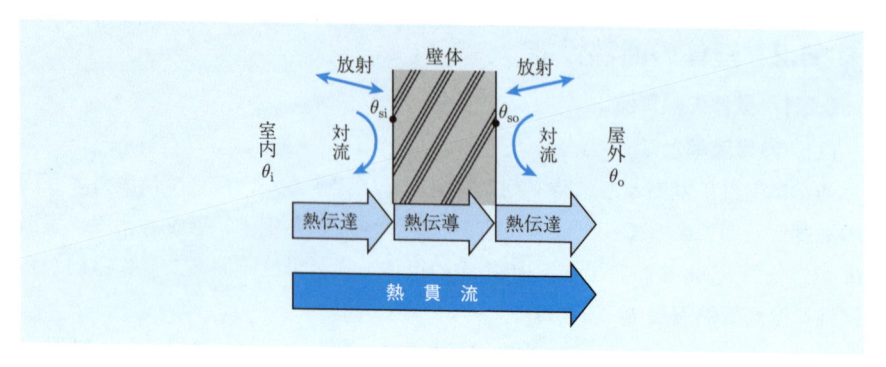

図 6.1 壁体の熱貫流

$$Q = \alpha_i(\theta_i - \theta_{si}) \tag{6.2}$$

で表せる．α_i は室内側の**総合熱伝達率**（W/m$^2 \cdot$K）である．また，θ_{si} および θ_{so} はそれぞれ壁体の室内側と屋外側の表面温度である．

次に，壁体内では熱伝導によって熱が流れる．壁体の**熱伝導率**を λ（W/m$^2 \cdot$K），厚さを d（m）とすれば同じく熱流量は次式のように表せる．

$$Q = \frac{\lambda}{d}(\theta_{si} - \theta_{so}) \tag{6.3}$$

熱伝導率 λ は面積 1 m^2 の壁体で厚さが 1 m のとき，両側の表面温度差が 1 K ある場合に 1 秒に流れる熱流量を示している．すなわち，(6.3) 式からわかるように，熱伝導率の小さい材料で厚さが増すほど熱損失を減らすことができる．

壁体の屋外側についても，屋外側の総合熱伝達率を α_o とすれば，熱流量 Q は

$$Q = \alpha_o(\theta_{so} - \theta_o) \tag{6.4}$$

となる．(6.2), (6.3), (6.4) 式より，θ_{si}, θ_{so} を消去すると

$$Q = \frac{\theta_i - \theta_o}{\dfrac{1}{\alpha_i} + \dfrac{d}{\lambda} + \dfrac{1}{\alpha_o}} \tag{6.5}$$

となる．(6.1) 式と (6.5) 式を比較すると，熱貫流率 K は

$$K = \frac{1}{\dfrac{1}{\alpha_i} + \dfrac{d}{\lambda} + \dfrac{1}{\alpha_o}} \tag{6.6}$$

と表せることがわかる．なお，壁体が層数 i の複層壁で 1 層の空気層の場合には

$$K = \frac{1}{\dfrac{1}{\alpha_i} + \sum_i \dfrac{d_i}{\lambda_i} + \dfrac{1}{c_a} + \dfrac{1}{\alpha_o}} \tag{6.7}$$

6.2 壁体の断熱性能

になる. c_a は空気層の**熱コンダクタンス** ($W/m^2 \cdot K$) である.

なお, 上式より壁体の各部分の温度も求められる. 例えば, 室内側の表面温度は次式で表せる.

$$\theta_{si} = \theta_i - \frac{K}{\alpha_i}(\theta_i - \theta_o) \tag{6.8}$$

なお, 定常状態の熱の伝わりやすさは熱伝導率によるが, 非定常の計算の場合には熱拡散率が用いられる. **熱拡散率** α (m^2/sec または m^2/h) は熱伝導率 λ, 容積比熱 $c\rho$ で

$$a = \frac{\lambda}{c\rho}$$

表 6.1 主要建築材料の熱定数

材料名	比重量 ρ (kg/m^3)	熱伝導率(乾燥) λ ($W/m \cdot K$)	比熱 c ($kJ/kg \cdot K$)	容積比熱 $c\rho$ ($kJ/m^3 \cdot K$)	熱拡散率 a ($10^{-4} m^2/h$)
アルミニウムおよびその合金	2700	210.00	0.9	2430	3400
ALC	600	0.15	1	660	11
PC コンクリート	2400	1.30	0.79	1900	30
板ガラス	2540	0.78	0.77	1960	15
合 板	550	0.15	1.3	720	7〜10
木材(軽量系各種)	400	0.12	1.3	520	7〜10
グラスウール保温板 (JIS A 9505, 2号 10K)	10	0.05	0.84	8.4	5〜15
グラスウール保温板 (JIS A 9505, 2号 24K)	24	0.04	0.84	20	5〜15
フォームポリスチレン保温材 (JIS A 9511, 1号)	30	0.04	1.0〜1.5	30〜45	31*
水	998	0.60	4.2	4190	5
空 気	1.3	0.02	1	1.3	—

*『建築設計資料集成 1 環境』(1978) より抜粋 (1) 熱拡散率中の * 印の値は $a = \lambda/c\rho$ の式によって求めた, 2) 比熱および熱拡散率の計算値は乾燥状態のもの, 3) λ の値は平均温度 20 K)
・さらに容積比熱を加えた容積比熱の値は $c\rho = c \times \rho$ として求めた.

から求められる．すなわち，時々刻々と変化する実際の気象条件下では，これらの気象条件を入力して，非定常計算を行うが，その結果は壁体の熱伝導率に加えて，容積比熱が影響することが理解できよう．

6.2.2 各種壁体の熱貫流率

(6.7) 式を用いることによって，壁体の材料の熱伝導率や厚さ，総合熱伝達率がわかれば壁体の熱貫流率を容易に算出することができる．

主な材料について熱伝導率をはじめとした熱定数を表 6.1 に示す．熱伝導率は，コンクリートが約 $1.3\,[\mathrm{W/m \cdot K}]$，木材はその約 1/10 と記憶するとよい．断熱材は熱伝導率が約 $0.06\,[\mathrm{W/m \cdot K}]$ 以下のもので，無機質系，有機質系のものと，木質系のものにわけられる．壁体の所定の断熱性能が得られるか否かは施工方法にも大きく依存する．

総合熱伝達率の値については，一般には室内側は $\alpha_\mathrm{i} = 9\,[\mathrm{W/m^2 \cdot K}]$，屋外側は $\alpha_\mathrm{o} = 23\,[\mathrm{W/m^2 \cdot K}]$ が用いられる．もう少し厳密に扱う場合には，室内側

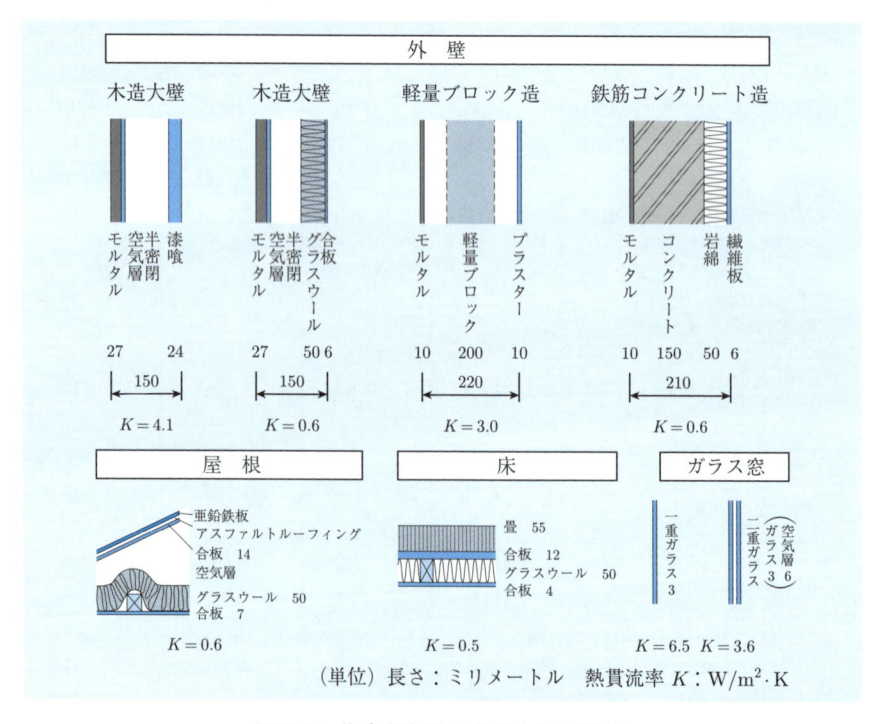

図 6.2 住宅各部位の構造と熱貫流率

では天井，壁，床などの面の向きによって分け，屋外側については風速によって使い分ける．風速が速くなると値は大きくなる．さらに正確に扱う場合には，総合熱伝達率を対流による成分と放射による成分に分けて扱う．壁体内の空気層の熱コンダクタンスは非密閉の空気層で $10\,\mathrm{W/m^2 \cdot K}$ 程度，また密閉の空気層で $6\,\mathrm{W/m^2 \cdot K}$ 程度の値である．空気層が水平の場合と垂直の場合，また水平の空気層では熱流が上向きと下向きの場合でも値は異なる．

図 6.2 には数種類の外壁と，屋根，床およびガラス窓の熱貫流率を示す．木造の大壁構造で 50 mm の断熱材を入れることによって，断熱性能は約 7 倍になる．また，外壁とガラス窓を比較すると，窓ガラスは非常に熱貫流率が大きいことが理解できよう．一重ガラス窓は断熱性能の高い外壁に比べ，10 倍以上も熱が流れやすい．一般の建築では窓面からの熱貫流が大きな比重を占めることになる．特に寒冷地においては，二重ガラス窓を採用するとか，夜間，雨戸，厚手のカーテン，障子などを併用し，窓面の断熱性を高める工夫が大切である．

6.2.3 壁体の熱貫流率と断面温度分布

次に，断熱材のある壁とない壁，それに一重ガラス窓について，断面温度分布を比較してみよう．図 6.3 は屋外が $-5°\mathrm{C}$，室内が $20°\mathrm{C}$ の場合の計算結果である．断熱性が高いほど室内側の壁表面温度は室温に近い．すなわち，断熱化を図ることは，低温のガラス窓近傍で生ずる冷気の降下（ダウンドラフト）や，

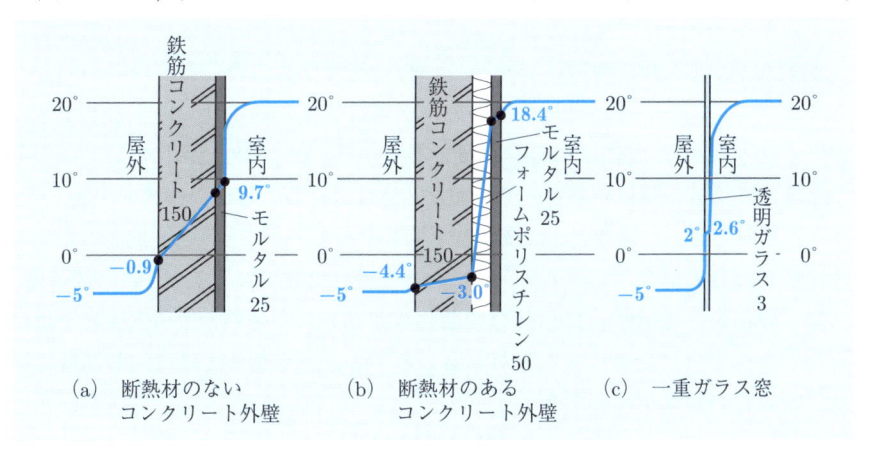

図 6.3 壁体の断熱性能と断面温度分布
（材料の下の数字は厚さ（mm）を示す．）

窓に面する人体表面で放射熱が奪われて冷えるといった冷放射の問題を解消し室内の快適性を増す．また，**結露防止**にも役立つ．

しかし，断熱はするほど効果があるとも限らない．温暖地方で熱容量のあるコンクリート壁などの断熱方法を間違えると，夏の夜間，外気温が下がっても室内からの放熱が期待できず，その結果，室内に熱が籠もってしまう．断熱することでかえって冷房設備が必要になるという事態も招きかねない．しかし，日射対策のことを考えると，屋根や西壁の断熱は温暖地方でも非常に重要である．

6.2.4 開口部の断熱とその効果

熱画像（口絵 6-1）は，冬の日に外部からベランダのある窓の様子を収録したものである．白いところほど温度が高いことを示している．まるで窓から部屋の灯りが見える夜景のようである．コンクリートの手すりや洗濯物は 0°C 以下に下がっているものの，窓ガラスは表面温度が高い．すなわち，室内で暖房していても窓から熱がさかんに逃げていることが読み取れる．断熱戸や雨戸，カーテンなどで断熱することの必要性がよく理解できよう．

(1) 熱画像によるカーテンの断熱効果

はじめに外気温が 0°C 近くに下がったときの北窓の熱画像（口絵 6-2）を見てみよう．図 6.4 に示すように窓ガラスは一重ガラスで，北壁はコンクリート壁の内側に 25 mm 厚の断熱材と化粧合板で仕上げられている．窓の右半分には厚手のカーテンを下げてみた．

まず気づくことは，カーテンをしていない窓ガラスの表面温度がほかのところに比べ非常に低いことであろう．窓ガラスは紫色で示されていることから約 8°C と読み取れる．室温が 17°C 前後であるから，むしろ外気温に近い．このような場合ガラス一面に結露が生じており，窓に近寄ると窓面の冷放射を感じる．また熱画像で窓下の畳の表面温度が若干低くなっていることから，低温のガラス面に接した空気が冷えて降下し，床に沿って流れ出していることが推理できる．

窓下の左側の北壁は，25 mm 厚の断熱材が貼られた化粧合板の内装材をはがしたところで，コンクリート壁が露出している．窓ガラスとほぼ同じ温度であり，断熱材の効果が理解できよう．

これに対して厚手のカーテンをした場合には，カーテンは上部では 14°C と断熱材の貼られた外壁とほぼ等しく，室温より若干低い程度である．カーテンの上下温度分布が生じていることから，カーテンとガラス窓の間の空気層で下

6.2 壁体の断熱性能

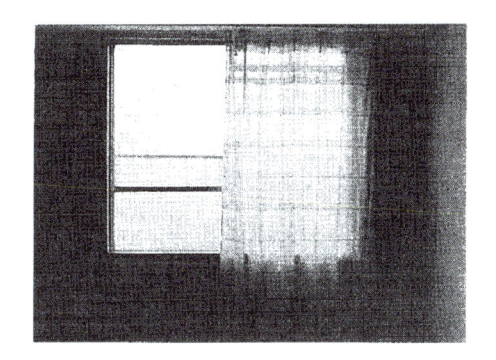

図 6.4 冬の北窓（口絵 6-2，熱画像）
窓ガラスは 3 mm 厚，右方は厚手のカーテン
北壁：コンクリート壁と 25 mm 断熱 + 化粧合板の内装材をはがしたところ，コンクリート面が露出している．

図 6.5 ロールカーテンをした窓（口絵 6-3，熱画像）
（周囲の壁は 100 mm 厚の断熱材が入った大壁構造）

降気流が生じているものと考えられる．このように，厚手のカーテンを下げることによって窓の断熱性が高められ，かつ窓からの冷放射やコールドドラフト（冷気が下降気流で流れ出ること）を防止することができる．

(2) コールドドラフト

熱画像（口絵 6-2）では，カーテンの断熱効果と室内の快適性を高める効果があることがわかったが，断熱化を図る上でもう一つ大切なことがある．熱画像（口絵 6-3）を見てみよう．この画像は図 6.5 に示すように，縦長の窓にロールカーテンを下げたときのものである．前述のカーテンの場合と同様に，ロールカーテンの表面温度は，周囲の断熱性の高い壁とほぼ等しい値を示している．しかし，ロールカーテンの下部とさらに窓下の壁面に表面温度の低い部分があることに気づく．これはロールカーテンと窓枠との間に隙間があるため，ガラス面で冷やされた冷気がその隙間から流れ出している（**コールドドラフト**）ことを示している．熱画像（口絵 6-3）の右側はロールカーテンを開けた直後のものであり，ガラスの表面温度が低く，冷気の流れ出している様子がよくわかる．

以上のことから，カーテンで窓の断熱を図ろうとする場合には，カーテンと窓枠との隙間をできるだけなくすとか，カーテンボックスをつけたり，カーテンを窓より長めにするとよい．または，窓下に冷気の溜るところをつくり，床に流れ出さないような工夫も考えられる．

壁表面の熱収支と実務で用いる総合熱伝達率

壁表面の熱伝達は，第2章 p.47 で示したように，地表面における太陽放射の熱収支と同じである．しかし，ここで，日射を受けない面，そしてさらに表面で蒸発による潜熱移動が起きていない状態を考えてみよう．壁体表面の熱流 Q は対流伝達と放射伝達の和として次のように表せる．

$$Q = \alpha_c(\theta_a - \theta_s) + \sum \varphi_j \varepsilon \sigma (T_j^4 - T_s^4)$$

α_c：対流熱伝達率　　θ_a：気温
T_s：対象とする壁面の表面温度（絶対温度）
θ_s：対象とする壁面の表面温度
φ_j：対象とする壁面と対向面 j との間の形態係数
T_j：対象とする壁と対向する面（室内であれば，天井，対向壁，床など）の表面温度（絶対温度）
ε：対象とする壁の放射率（ただしここでは対向面は全て黒体として扱っている．）
σ：ステファン–ボルツマン定数

ここで，対向面の表面温度が全て等しく，$T_{s \cdot a}$ とすると

$$\begin{aligned} Q &= \alpha_c(\theta_a - \theta_s) + \varepsilon \rho (T_{s \cdot a}^4 - T_s^4) \\ &= \alpha_c(\theta_a - \theta_s) + \varepsilon \sigma (T_{s \cdot a}^3 + T_{s \cdot a}^2 \cdot T_s + T_{s \cdot a} \cdot T_s^2 + T_s^3)(T_{s \cdot a} - T_s) \end{aligned}$$

のように因数分解できる．対象とする壁面をはじめ全ての面が黒体であり，かつ，常温の領域にあるとして具体的に計算してみると

$$\alpha_r = \varepsilon \sigma (T_{s \cdot a}^3 + T_{s \cdot a}^2 \cdot T_s + T_{s \cdot a} \cdot T_s^2 + T_s^3) \fallingdotseq 4.6 \sim 5.1 \, (\mathrm{W/m^2 \cdot K})$$

となる．この α_r を**放射熱伝達率**と呼ぶ．

さらに，対向面すなわち，天井や対向壁，床の表面温度が気温に等しいと扱える場合には次式となる．

$$\begin{aligned} Q &= \alpha_c(\theta_a - \theta_s) + \alpha_r(\theta_a - \theta_s) \\ &= (\alpha_c + \alpha_r)(\theta_a - \theta_s) \end{aligned}$$

この $\alpha_c + \alpha_r$ を**総合熱伝達率**といい，実用上の伝熱計算で用いることが多い．

α_c の値は風速によって異なるため，室内側では無風に近い状態，屋外では平均風速が 3 m/sec のときを設定して，一般には次の値が用いられる．

室内側の熱伝達率　$\alpha_{ci} = 9 \, (\mathrm{W/m^2 \cdot K})$
屋外側の熱伝達率　$\alpha_{co} = 23 \, (\mathrm{W/m^2 \cdot K})$

ただし，高層建築の上階部のように風速の強いところでは，α_c は 23 より大きい値を用いる．また，日射を受けた外壁の表面では，第2章 p.47 で示したように，日射の収支を考慮する必要がある．

6.3 建築の気密性能

　気密性能とは建築の隙間の程度をいう．建築の隙間は，窓のサッシや扉まわりだけでなく，壁を貫通する配管，配線まわり，スイッチ，コンセントまわり，窓枠と壁の間，壁と床，壁と天井などの接合部，さらには壁面や天井面自体にも存在する．建築が隙間だらけでは，せっかく暖房しても隙間風で多量の熱が逃げ，熱損失が増すばかりでなく，床付近に冷気が流れ込み，足元が寒く快適な環境も得られない．そのために不要な隙間はできるだけなくし，建築の気密化を図る必要がある．

　わが国の伝統的な建築がほとんど外と内の区別が意識化されていなかったのに対し，近年は建築の隙間を少なくし，気密性能を高める努力がなされている．特に，北海道を中心とする寒冷地では建築の気密性能を高めるとともに，断熱性能を向上させることによって，省エネルギーと快適性両面で大きな成果を上げている．しかし，気密性能が高くなるに従って，隙間の多い伝統的な建築では考えられなかった結露，酸欠，カビやダニの発生，材料の腐食などの問題が生じている．

　かや葺き屋根やいろいろなところに見られる雨仕舞の工夫など，わが国の伝統的な建築では，湿気については徹底的に外に向かって開放させている．わが国の雨が多くて，夏の高温多湿の気候条件を考えずに，安易に気密化を図ることへの反省も求められている．また，気密化に伴う基本的な問題としては，計画的な換気が必須となることは前述の通りである．

6.4 建築の熱的性能と室内気候

6.4.1 建築の熱的性能と室温の垂直分布

建築の断熱性能の違いが，部屋の室温分布にどのように影響をおよぼすか，室温の垂直分布の実測例を図 6.6 に示す．断熱の悪い建築では，熱損失が大きくなるために，暖房器具での発熱量も増やさなければならない．その結果，同図のように大きな垂直分布が生ずることになる．窓面などからのコールドドラフトなども加わって，床付近は暖まらず，居住域よりも上の天井付近に暖かい空気が溜まってしまう．すなわち，6.1 節でも述べたように，**断熱性能**を高めて消費エネルギーを極力減らすことが，快適な室内気候を形成する上で非常に重要であることが理解できよう．

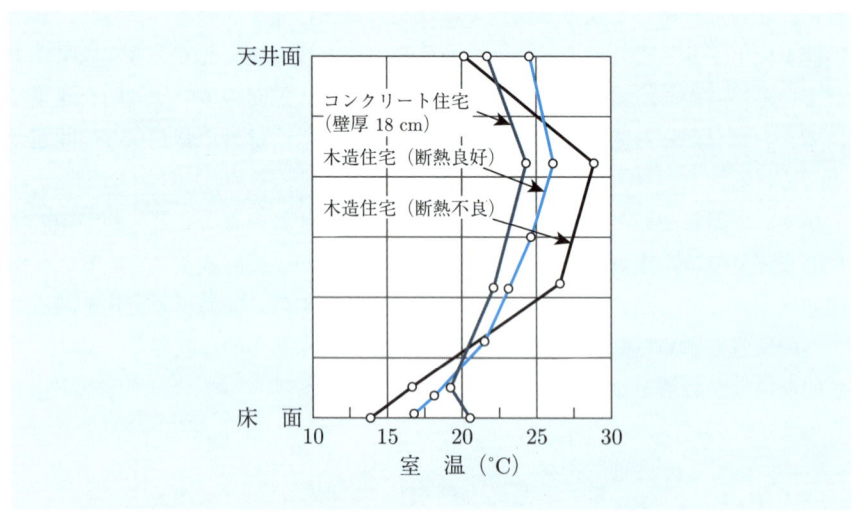

図 6.6 断熱性能と室温の垂直分布 [6-3]

6.4.2 建築の熱的性能と室温の変化

建築の熱的性能として，もう一つ**熱容量**があげられる．熱を蓄える能力をいい，1 kg の物体を 1 K 上昇させるのに必要な熱量，比熱 c と密度 ρ，物体の体積 V の積，$c\rho V$ (J/K) で表せる．外気温や日射量は時々刻々と変化しており，それに影響されて室温も変化する．影響の度合いは断熱性能や気密性能とも深く関係するが，建築の熱容量が大きい方が屋外の変化の影響が緩和できる．また

6.4 建築の熱的性能と室内気候

10章で述べるダイレクトヒートゲインシステムのように，日中吸収した日射熱を蓄熱して，夜間放熱させるために，その部位にどの程度の熱容量をもたせるかは設計上の大きなカギとなる．

ここでは，暖房の間欠運転による室温変化の様子を，断熱性能と熱容量の異なる4タイプの建築について見てみよう．図6.7に示すように，断熱性能については，断熱の良い建築では，暖房開始後ただちに室温が上昇し，暖房を停止しても冷えにくい．さらに，熱容量があると，その室温の変化が滑らかになることがわかる．すなわち，断熱性能も高く熱容量のある建築では，暖房運転を間欠的に行っても室温変化は小さくてすむ．

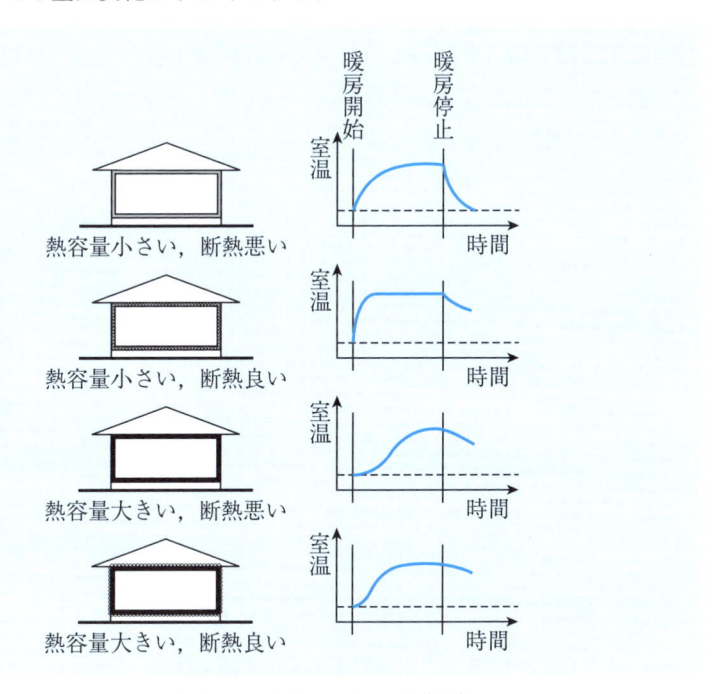

図 6.7 熱容量・断熱と室温変化 [6-4]

6.5 住宅の省エネルギー

建築の断熱性能と気密性能について理解できたところで，実際の住宅で暖房をしている場合，どの程度の熱が逃げているかを示そう．図 6.8 は，木造平屋戸建住宅と鉄筋コンクリート造集合住宅を比較したものである．気候条件や建築の性能によっても異なるが，同図の値はほぼ平均的な場合と考えてよい．戸建住宅の熱損失量は，集合住宅の 2〜3 倍である．戸建住宅では外気に接する面積が大きいために，熱貫流による熱損失が非常に多いことが理解できる．一方，換気による負荷は，戸建住宅のほうが集合住宅よりも量としては多いものの，住宅全体の比率としては大差ない．集合住宅では熱損失が 2 面に限られる中間階に対して，最上階，最下階または両端の部屋は不利となる．屋根，外壁や一階床の断熱の良し悪しが全体の熱損失におよぼす影響は大きく，これらの部分では結露などの被害を起こしやすい．

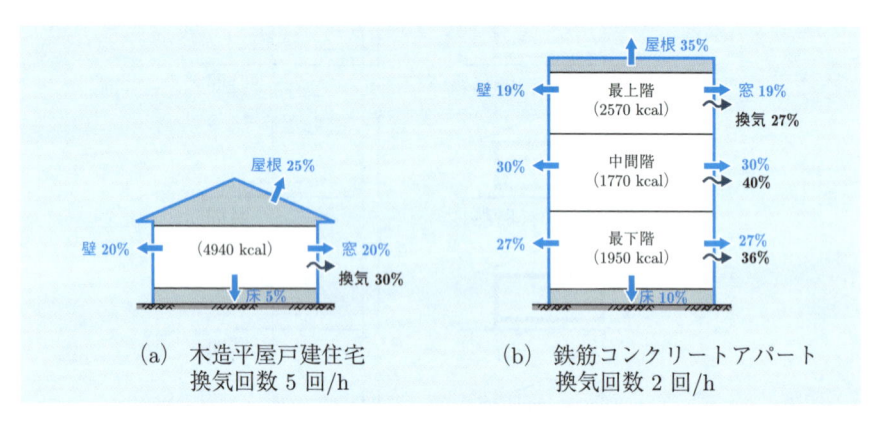

(a) 木造平屋戸建住宅　換気回数 5 回/h

(b) 鉄筋コンクリートアパート　換気回数 2 回/h

建築種別 部位	木造平屋の戸建住宅	鉄筋コンクリートアパート		
		中間層	最上階	最下階
屋　根	1200	0	800	0
床	320	0	0	180
外　壁	1000	440	440	440
窓その他	920	440	440	440
換　気	1500	890	890	890
合　計	4940	1770	2570	1950

室内外温度差 10°C
床面積 40 m²
単位：kcal

図 6.8
暖房時における建築内部からの熱損失の例 (6-5)

6.6　暖房方式と室内気候

　伝統的な建築の開放性とも深い関係があると思われるが，わが国における冬の寒さに対する対処は，コタツや火鉢，囲炉裏というように採暖によるもので，部屋を暖める暖房という考えはなかった．わが国に暖房が普及しはじめたのは，戦後イギリスから効率のよい石油ストーブが輸入されるようになってからである．このようにわが国における暖房の歴史は浅く，建築の断熱，気密性能の急激な変化とも併せ，暖房に対する考え方が曖昧なことが多いのもこのような背景によるといえよう．

6.6.1　暖房の放熱式

　暖房設備の種類は多岐にわたるが，それぞれ利点・欠点がある．その良し悪しは建築の熱的性能や住まい方によっても異なる．すなわち，建築の断熱性能や気密性能，部屋の形態（天井高，床面積），部屋の用途，放熱器の設置場所，使用方法，使用時間，管理の難易，安全性などさまざまな点を検討し，最も適した方法を選択する．

　一般に暖房設備は，熱源，熱を発生させる部分，熱を運ぶ部分，放熱する部分から構成されている．これらのすべての機能が一体となっているものや，給湯設備を兼ねたものもある．熱源としては，電気，ガス，灯油等が用いられ，熱を運ぶ部分としては，各室を個別に暖冷房する方式とセントラル方式に分けられる．

　放熱する部分としては，室内気候と直接関係の深い放熱方式で分類すると対流型，放射および伝導による熱放射型と伝導型に分けられる．

① **対流型**：空気を熱の媒体とする方法．熱容量が小さい空気を媒体とするので，立ち上がりや制御性はよい．しかし，温度むらや気流の処理に工夫が必要である．さらに，コンベクターのように自然対流による方法，自然対流と熱放射を兼用する方法，送風器を内蔵して空気を強制的に循環させる強制対流による方法がある．

② **熱放射型**：器具の表面からの熱放射で直接的に人体に作用する方式．ラジエータやパネルヒーターとよばれるのがこれにあたる．床暖房もこの方式の一種である．温度むらが小さく快適な環境が得られるといわれているが，立ち上がりに時間を要し，間欠的な使用には不向きである．

③ **伝導型**：あんかまたはコタツなどである．床暖房も直接床に座るなど，使い方によってはこの機能も有する．

6.6.2 放熱方式による室温分布の比較

これらの暖房方式を用いた場合の室温の垂直分布を図 6.9 に示す．**自然対流**を用いた暖房方式では，上下の温度差が最もつきやすい．ファンを用いて室内空気を循環させるファンコイルユニットやファンコンベクターなどは，その傾向が小さい．また，室内の温度分布を一様にするには，暖房機は窓の下に，冷房機は窓の上に設置し，窓面で生ずるコールドドラフトを防ぐことが原則である．図 6.10 に放熱器の位置と室温分布を示す．放熱器を窓際の床吹き出しにしたり，窓際に設置することによって，上下温度分布が小さくなることがわかる．他の 2 例では窓からのコールドドラフトが床をはって流れるのを助長していることになり，天井付近のみが暖かくなり暖房の効果は非常に悪い．

床暖房は，室温が 18～19°C でも，広い面積からの放射熱によって快適である．そのために，開口部が多く，吹抜けなどのある大空間の暖房には適している．

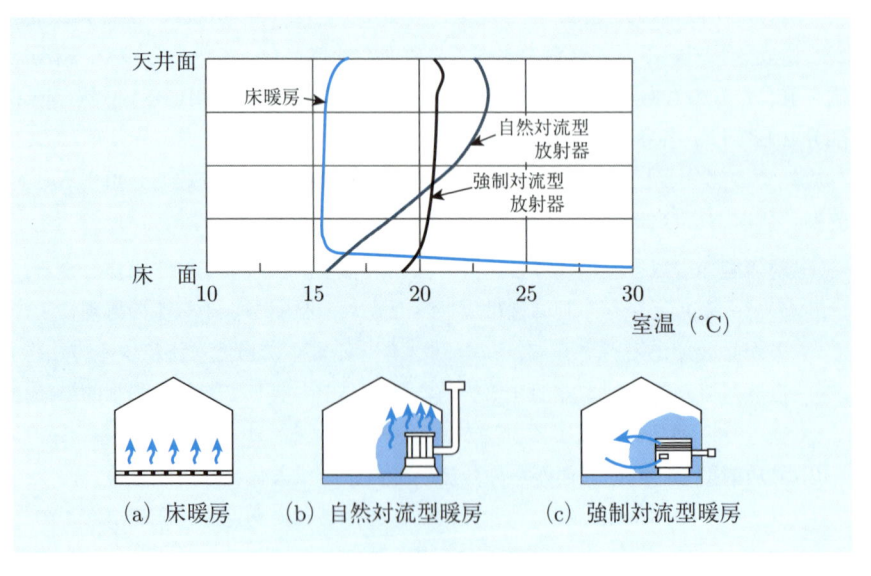

図 6.9　暖房方式と室温分布

6.6 暖房方式と室内気候

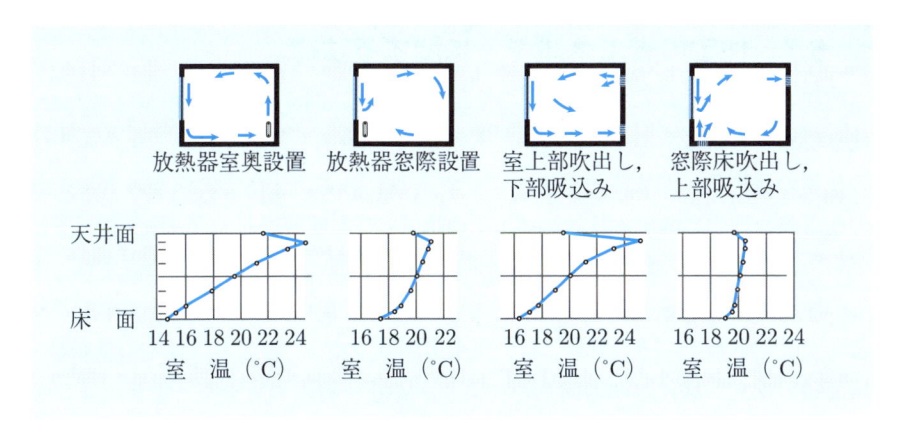

図 6.10 放熱器の位置と室温分布 [6-6]

前章で示した床暖房をしている部屋の熱画像をもう一度みてみよう．床暖房で快適な環境を得るには，できるだけ床暖房の面積を広くして，床の表面温度を上げないで済むようにする．30°C 以上になると低温やけどを起こす危険性もある．

室温で直接熱源を燃焼させるオープン式の暖房は，安価であるが，前述のように空気を汚染したり，水蒸気を発生したりするため，多量の換気を必要とする．その結果，加熱量も増え室内の上下温度差も大きくなるなど，必ずしも省エネルギーにはならず，快適な環境を得ることも難しい．外気より燃焼空気を導入して燃焼ガスを外に排出する BF 型または FF 型のストーブや，排気処理を有するセントラルヒーティングでは，これらの問題が解決できる．

6.7 住宅の省エネルギーに関する法律

　昭和54年6月に「エネルギーの使用の合理化に関する法律」が制定された．住宅における省エネルギーについても昭和55年2月に「住宅に係るエネルギーの使用の合理化に関する建築主の判断の基準」および「住宅に係るエネルギーの使用の合理化に関する設計及び施工の指針」(「判断基準」,「設計施工指針」といい, この2つを合わせて「省エネルギー基準」という) が策定, 公表され, 住宅の断熱構造化が推進されてきた．そして, 平成4年2月にこの省エネルギー基準が改正された．その背景には, 民生用エネルギー, とりわけ住宅の世帯数・床面積の拡大, 居住水準の向上等により, より一層のエネルギー需要の伸びが見込まれることがあげられる．改正のポイントとしても, 次の2つがあげられているので引用してみよう．

　第一に, 暖房の時間的, 空間的拡大等居住水準の向上が見込まれる中で, 現在のエネルギー消費量を増加させることなくこの水準を達成できるよう住宅の断熱性能の一層の向上を図るため**熱損失係数**の基準値の強化および気密住宅の基準の導入が行われたことである．

　第二に, 急速に普及している冷房へ対応するため, 夏季の日射を遮蔽することによる冷房負荷の低減を図るため, 新たに**日射取得係数**の基準が導入されたことである．また, これと関連して, 主として冷房の省エネルギーを考える必要がある沖縄県が新たな地域区分とされた．なお, この日射取得係数は, 冬季の日射受熱に関する基準としても活用できる指標であり, 平成4年の法律の改正においては基準値としては示されなかったが, 冬季の日射受熱に関する配慮については設計施工指針の中に規定されている．

　新しい省エネルギー基準の概要は以下の通りである．

　判断基準が住宅全体の省エネルギー性能に関する基準値等を定めているのに対して, 設計施工指針は判断基準を満足する住宅を建設するためには, 具体的に外壁, 窓等の各部位の断熱性能 (熱貫流率, 断熱材の熱抵抗の値など) をどの程度にすればよいかを定めており, 判断基準, 設計施工指針のいずれに則って建設された住宅も省エネルギー性能は同等であると見なされる．すなわち, 住宅の建築主は判断基準または設計施工指針のいずれかに則った住宅の建設に努めることが求められており, 双方を満たすことが求められているものではない．

ただし，設計施工指針の最後に記述されている「設計又は施工に当たって配慮すべき事項」については，一般に省エネルギー住宅の建築にあたって注意すべき事項として，判断基準に則って住宅を建築する場合においても配慮すべきである．

ここでは改正された判断基準について紹介しよう．

判断基準で規定されている事項は大きく分けて次の3つである．

第一は，住宅の断熱性能を示す熱損失係数の基準値とその計算方法である．これは改正前の判断基準においても規定されていたものであるが，今回の改正で基準値の強化と計算方法の変更が行われた．

第二は，気密住宅に関する規定である．気密化は，断熱構造化とともに住宅の省エネルギー性能の向上に大いに資するものであり，平成4年，新たに気密性能の優れた気密住宅の基準を定義し，地域区分に応じてその建設が求められることとなった．

第三は，夏季の日射遮蔽の性能を示す日射取得係数の基準値とその計算方法である．夏季の冷房負荷の低減のために新たに規定された．

6章の問題

☐ **1** 次の①〜⑤の組合せの中から，最も**不適当**なものを1つ選べ．
① コンクリートの熱伝導率 → $0.1\,\mathrm{W/m^2 \cdot K}$
② 屋内側の総合熱伝導率 → $10\,\mathrm{W/m^2 \cdot K}$
③ 非密閉の空気層の熱コンダクタンス → $10\,\mathrm{W/m^2 \cdot K}$
④ 鉄筋コンクリート造住宅の自然換気回数（風速の弱い場合）
　　　　　　　　　　　　　　　　→ $1\,\mathrm{回/h}$
⑤ 一重ガラス（厚さ3mm）の熱貫流率 → $6\,\mathrm{W/m^2 \cdot K}$

☐ **2** 住宅の断熱性と気密性を高めることによって得られる効果を2つあげよ．また，気密性を高めることによって注意しなければならないことは何か．

☐ **3** 外断熱と内断熱の鉄筋コンクリート造建築の熱的特性を理解するために次のような計算を行った．次の文章を読んで(1)〜(5)の問いに答えよ．

第6章　暖かい住まい

屋根や壁の構造の違いによって，温度分布や熱負荷がいかに異なるか，コンクリートの熱伝導率と熱容量に注目しつつ，非常に単純な構造体として設定した上で比較してみよう．表1に示すように，4種類の壁体の断面構造を設定した．いずれも実際の壁体より単純化している．コンクリート構造の壁体でも，断熱材が入っている

表1　4種類の壁体（屋根と壁）の断面仕様

構成材料	鉄筋コンクリート造の壁体			木造の壁体
	(a) 断熱なし	(b) 内断熱	(c) 外断熱	(d) 木造（断熱あり）
断面仕様	コンクリート	コンクリート／ポリスチレンボード（断熱材）	ポリスチレンボード（断熱材）／コンクリート	合板／グラスウール／合板
材厚(mm)	コンクリート(180)	コンクリート(180)／ポリスチレンボード(30)	ポリスチレンボード(30)／コンクリート(180)	合板(15)／グラスウール(100)／合板(15)
熱貫流率 (W/m²·K)	7.22	1.95	1.95	0.37
熱容量 (J/m³·K)	3.42×10^2	$3.42 \times 10^2 / 3.18 \times 10$	$3.18 \times 10 / 3.42 \times 10^2$	$1.07 \times 10 / 1.68 / 1.07 \times 10$

※外表面の構成材料の日射反射率はすべて 35% と設定

(a) コンクリート（断熱なし）

(b) コンクリート（内断熱）

(c) コンクリート（外断熱）

(d) 木造（断熱あり）

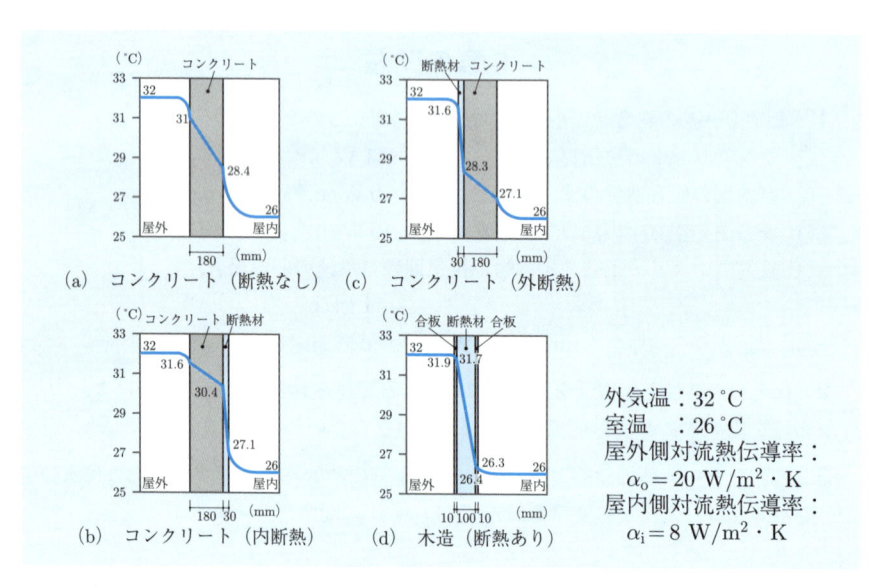

外気温：32 °C
室温　：26 °C
屋外側対流熱伝導率：
　$\alpha_o = 20$ W/m²·K
屋内側対流熱伝導率：
　$\alpha_i = 8$ W/m²·K

図1　定常状態における壁体内の断面温度分布

表2　建築材料の熱物性値の比較 (6-7)

構成材料	コンクリート系		木　材		断熱材		金属	その他
	普通コンクリート	ALC	杉	合板	ポリスチレンフォーム	グラスウール	アルミニウム	水
比　熱 (kJ/kg·K)	0.79	1.10	1.30	1.30	1.00	0.84	0.90	4.20
密　度 (kg/m^3)	2.4×10^3	0.6×10^3	0.40×10^3	0.55×10^3	1.06×10^3	0.04×10^3	2.7×10^3	1×10^3
容積比熱 (kJ/m^3·K)	2.0×10^3	0.66×10^3	0.78×10^3	1.11×10^3	0.03×10^3	0.02×10^3	2.37×10^3	4.18×10^3
熱伝導率 (W/m·K)	1.30	0.15	0.14	0.14	0.08	0.04	2.36×10^2	0.56

4種類の壁体について夏季晴天日（東京）における表面温度分布の日変化をみる

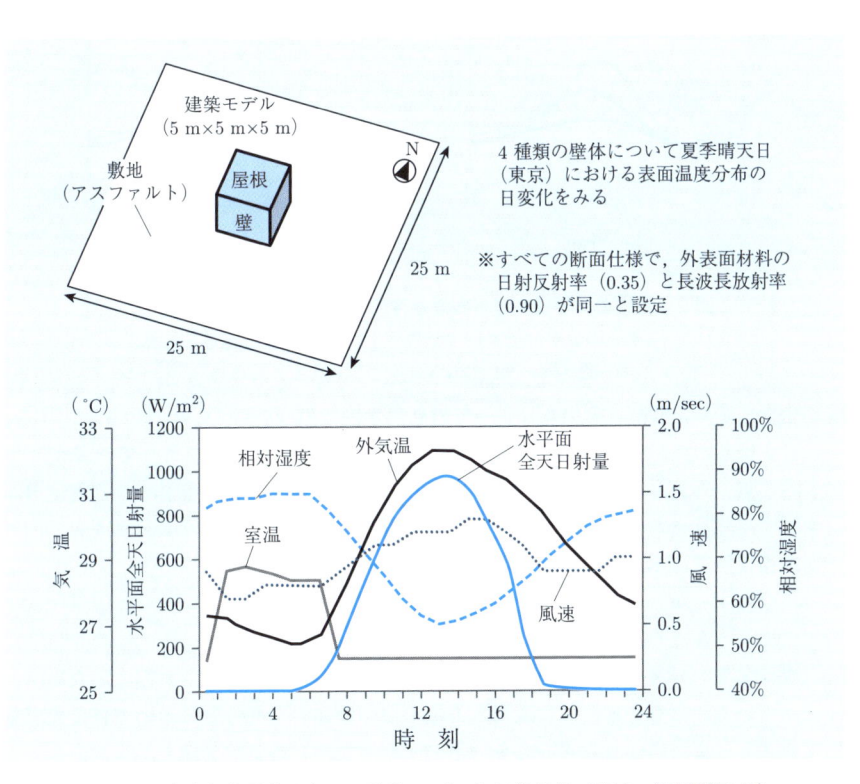

※すべての断面仕様で，外表面材料の日射反射率（0.35）と長波長放射率（0.90）が同一と設定

図2　非定常伝熱計算を行った建築モデルと気象条件（東京・夏季晴天日）

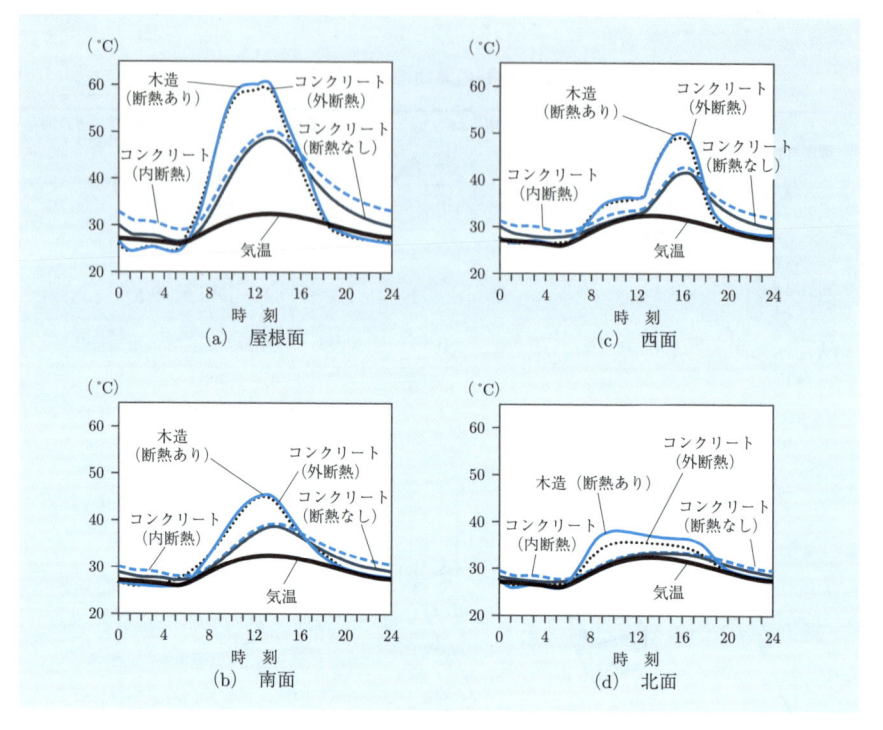

図3 屋根および壁の屋外表面温度の日変化
(東京の夏季・晴天日の気象データを入力した非定常計算.
室温は空調時一定(26°C))

か否か,さらに断熱材の位置によって外断熱か内断熱なのか,その違いを検討する.

まずはじめに,非定常状態の議論をする前に定常状態について考えてみよう.

図1に,外気温が32°C,室温が26°Cで,定常状態の場合の壁体の断面温度分布を示す.熱貫流率 K の値を比較すると表2のようになる.壁体の顕熱流量は,内外温度差に熱貫流率を乗じた値となり,次式で求められる.

$$Q = \boxed{\text{A}}$$

(K:熱貫流率, $\Delta\theta$:室内外の気温差)

次に図2に示すような単純な形状の建築がアスファルト舗装され開放的な場所に立っていることを想定して,屋根と方位ごとの壁体の温度分布について日変化を見てみよう.また同図2は非定常伝熱計算を行った一日の気象条件も示している.

屋根および壁の屋外表面温度の日変化を図3に示す.

さらに,屋根の断面温度分布の日変化を見てみよう.図4は,各壁体の断面温度

(a) コンクリート（断熱無し）

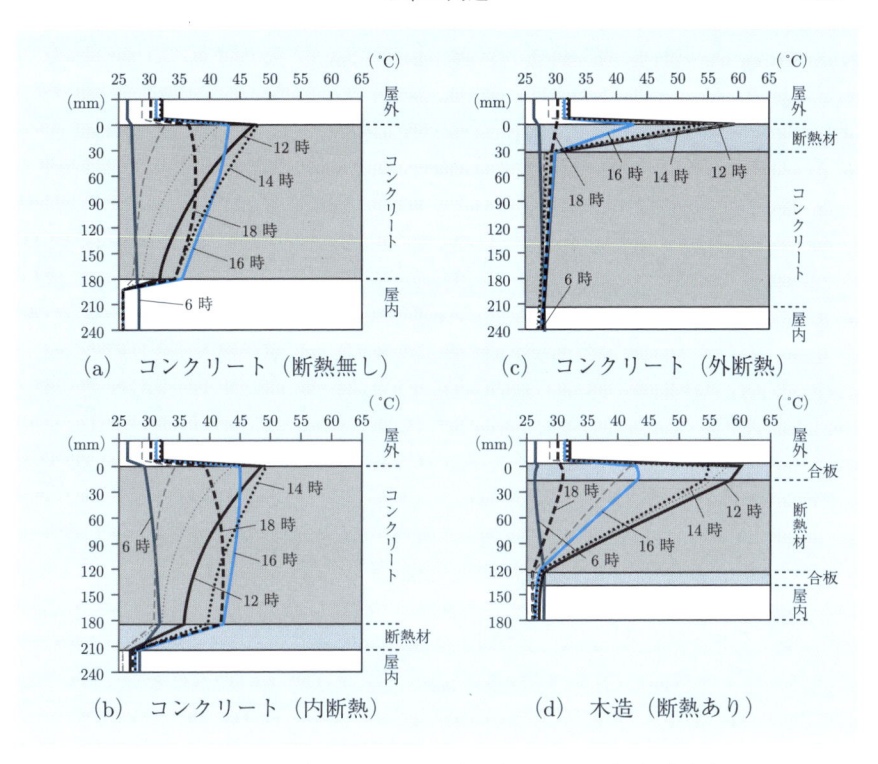

(b) コンクリート（内断熱）

(c) コンクリート（外断熱）

(d) 木造（断熱あり）

図 4　断面仕様ごとにみた屋根の各時刻における断面温度分布

分布を時刻ごとに示したものである．

　すなわち，内断熱と外断熱では，熱貫流率の値は変わらない．断熱材の入っている壁体は，30 mm 厚の断熱材を入れることによって，熱貫流率の値は $\boxed{B}$ になることがわかる．ここで示した木造の壁体は 100 mm 厚の断熱材が入っているため，熱貫流率はコンクリートだけの壁体に比べて 1/20 程度になり，熱貫流率には断熱材の有無が非常に大きく効くことがわかる．

　以上のように，コンクリート構造の躯体においても，断熱材の有無や位置によって，温度分布には大きな違いが現れる．

(1) 図 1 から読み取れることを記せ．
(2) $\boxed{A}$ を埋めよ．
(3) $\boxed{B}$ を埋めよ．
(4) 図 3 から読み取れることを記せ．
(5) 図 4 から読み取れることを記せ．

第7章

空気汚染と換気

　住宅の気密化やライフスタイルの変化に伴い，室内空気の汚染が問題となり，適切な換気の必要性が指摘されている．はじめに，居住者の活動，あるいはさまざまな設備，建築の構造材や内装材などから放出される汚染物質について整理する．次に換気の必要性を明らかにするとともに換気の原理や方法，さらに換気計画について述べる．

7.1　住環境の変化と換気の必要性
7.2　清浄空気と室内空気汚染
7.3　室内環境衛生基準
7.4　換 気 計 画
7.5　都市の換気

7.1 住環境の変化と換気の必要性

　換気の定義や具体的な方法については 7.4 節で詳しく述べることにして，今日，わが国において換気の必要性がいわれている背景について考えてみたい．

　わが国の伝統的な住宅では，特別に換気に気を配らなくても内と外の空気は自然に入れ換わる．すなわち，開放的な家づくりや開口部の隙間が換気の役割を果たしていた．しかし，近年，住宅の断熱化，特に気密化が進み，十分な自然換気が図れない場合が多くなってきた．扉や窓が開けにくいとか，笛なり現象が起こる，室内外の気圧差による障害が生ずるといった，給排気のバランスが悪く自然換気がほとんど図れない住宅も出現している．

　また，居住者のライフスタイルも変化し，個室化によって部屋の気積が小さくなった上に，熱や水蒸気などを発生させる家電製品が増え，汚染物質を発生する新建材などが多用されるなど，室内の空気は以前と比べて汚染される傾向にある．

　さらに屋外に目を向けると，都市では大気汚染や騒音問題など屋外環境のポテンシャルが低下し，住宅の閉鎖性が助長されつつある．以上のような現象と換気不足によって生ずるさまざまな問題との関係を示したのが 図 7.1 である．すなわち，このような住まいづくりにおける矛盾を解決し，快適で健康的な住まいづくりのためには適切な換気を図ることが大切な条件になってきたといえる．

　次節で換気のために必要となる新鮮空気について理解し，室内空気の汚染源を整理しておく．

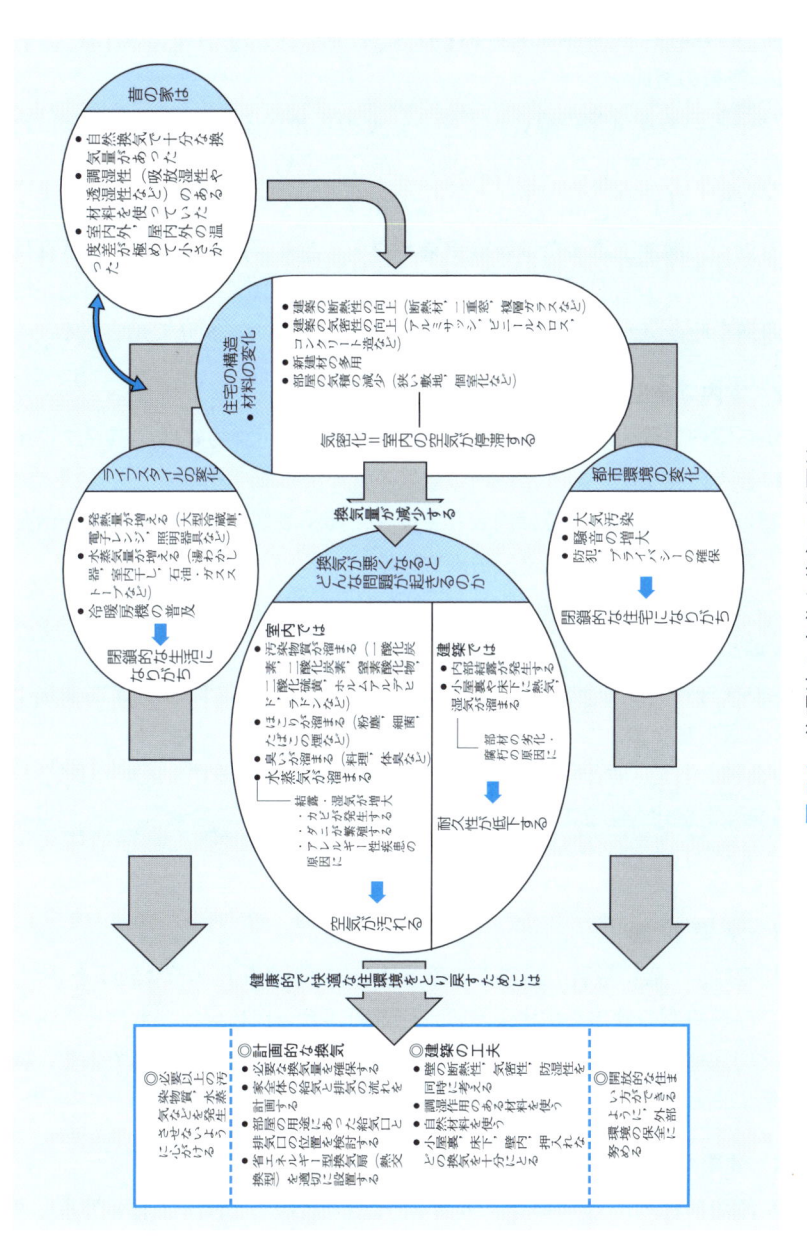

7.1 住環境の変化と換気の必要性　　**135**

図 7.1　住環境の変化と換気の必要性

7.2 清浄空気と室内空気汚染

7.2.1 空気の組成

空気はいろいろな気体の混合物であり，その容積比率は約 78％の窒素，約 21％の酸素，そしてアルゴンガス約 1％，二酸化炭素約 0.03％などの微量のガス成分（希ガス）約 1％から成り立っている．田園地帯や森林地帯などの空気がこれに最も近く，**清浄空気**または**新鮮空気**という．例えば，空気中の酸素濃度は約 21％であるが，18％に減少すると安全限界となり，16％では呼吸・脈拍が増加し，頭痛や吐き気が出る．8％になると昏睡状態になり，8分で死亡する．

7.2.2 室内で発生する汚染物質

屋外から室内に侵入する汚染物質や室内で発生する汚染物質は，表 7.1 に示すように種々の発生源があり，室内の空気の質を決める．

室内での汚染物質の発生源は内装仕上げ材，建築設備，そして居住者の活動によるものに大別できる．また，汚染物質は

① ガス状物質として二酸化炭素，一酸化炭素，窒素酸化物，硫黄酸化物，ホルムアルデヒド，オゾン，水蒸気など
② 粒子状物質としてラドンの娘(むすめ)核種，浮遊粉塵，アスベスト，アレルゲン，微生物など
③ 複合例として，タバコ煙，開放型燃焼器具からの排気ガス汚染，臭気，揮発性有機化合物など

に分けられる[11]．

7.2.3 浮遊粉塵

浮遊粉塵は，一般に数百 μm 以下の浮遊性固体と低蒸気圧の液体粒子をさす．図 7.2 に浮遊粉塵の分類を示すように，浮遊粉塵と一口にいっても，その物理的，化学的性状は多種多様である．これらの主要発生源は人の活動である．換気が不足するとこれらの濃度が高くなる．

7.2.4 建築から発生する汚染物質

建築自体からもラドン，ホルムアルデヒド，アスベストなど，人体に有害なガスが発生したり，微粉末が室内空気に放射され，室内空気を汚染する．**ラドン**

表7.1 室内空気汚染質の発生源 [7-1]

発 生 源		汚 染 源
建築設備関係	冷却塔	真菌・細菌
	ガス・石油式開放型燃焼器具（ファンヒーターを含む）	一酸化炭素，二酸化炭素 窒素酸化物，二酸化硫黄 アルデヒド類
	石炭式開放型燃焼器具	同上＋粉塵
	薪焚式開放型燃焼器具	同上＋有機化合物
	静電式空気清浄器，コピー機	オゾン
	加湿器	真菌・細菌
内装仕上げ材関係	パーティクルボード	ホルムアルデヒド
	天井タイル	同　上
	塗　料	非メタン系炭化水素 気化水銀
	カーペット，カーテン	ホルムアルデヒド 真菌・細菌 カビ・ダニ 粉　塵
	コンクリート，石膏ボード	ラドン
住居者の活動関係	ヒト・動物の代謝	感染源 アレルゲン アンモニア 有機ガス
	清掃（清掃機使用）	粉　塵 真菌・細菌
	清掃（洗剤使用）	有機化合物
	殺虫剤使用	有機化合物
	喫　煙	粉　塵 一酸化炭素 窒素酸化物 ホルムアルデヒド シアン化水素 放射性元素 有機化合物，他
	趣味・工作	有機化合物 粉　塵 アスベスト
	土　壌	ラドン，レジオネラ細菌，水蒸気

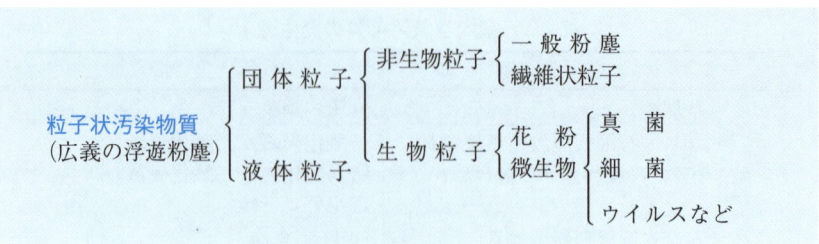

```
粒子状汚染物質     ┌ 団体粒子 ┌ 非生物粒子 ┌ 一般粉塵
(広義の浮遊粉塵)  ┤          │            └ 繊維状粒子
                  └ 液体粒子 └ 生物粒子  ┌ 花 粉  ┌ 真 菌
                                          └ 微生物 ├ 細 菌
                                                   └ ウイルスなど
```

図 7.2　浮遊粉塵の分類（入江 1988）

はガス体の放射性物質で，土壌やコンクリートの骨材，天然物の石膏(せっこう)ボードなどの建材の中に存在している．これらの建材などから発生して室内に入る．その他，土壌や岩石から発生したものが，開口部などから室内に侵入する．アルファ線を放出し続けるため，肺ガンの危険性を高めることがあるといわれている．

ホルムアルデヒドは刺激臭のある無色の水溶性のガスで，家具や建具などに用いられる合板用の接着剤などの化学製品やタバコの煙などから発せられる．

アスベストは，耐火性，耐腐食性，耐磨耗性に優れていることから，建築材料として使用されてきたが，アスベストが小さな浮遊物となって大気中に漂い，空気汚染を起こす．このアスベストを人が吸い込むと，肺ガンや悪性中皮腫の原因となることから，現在は製造が禁止されている．

7.2.5　人体から発生する汚染物質

人体からの発生ガスとしては，**二酸化炭素**，アンモニア，水蒸気，体臭などがあるが，空気汚染の目安として二酸化炭素の濃度が全般的な空気の汚れの指標としても用いられている．

人は呼吸することにより，酸素を体内に取り入れ，安静時には 1 時間に約 $0.02\,m^3$，そして重作業時では $0.07\,m^3$ もの二酸化炭素を放出する．なお，消費する酸素は 1 時間に安静時で $0.015\,m^3$，運動時にはその 10 倍に達する．夫婦 2 人，子ども 2 人が就寝中に放出する二酸化炭素は 1 時間あたり $0.04\,m^3$ になり，換気が悪い部屋では高濃度になる．

多くの人が利用する建築を対象としてその環境衛生を守ることを目的として定められている「ビル管理法」（建築物における衛生的環境の確保に関する法律）では，0.1%（1000 ppm）以下と定められている．このレベルが直ちに健康に害

をおよぼすというわけではないが，実際の住宅の寝室での就寝中の実測例では，これ以上の濃度が観測される場合が少なくない．

図 7.3 は換気回数が 0.1 回/h 程度の非常に気密性の高い住宅の寝室（8 畳）での代表的な日の測定結果である．この住宅では機械換気装置がなかったため，部屋を閉め切りにする夜から朝方にかけて，2 人が眠っている場合，二酸化炭素濃度は 4000 ppm にも達することがあることがわかる．

7.2.6 燃焼器具から放出される汚染物質

開放型の燃焼器具を使用する場合には空気を汚染していることに注意しなければならない．酸欠により換気が不足する場合には，死亡事故を起こす危険性もある．

灯油や都市ガス，LPG などは有機化合物の混合物であるから，燃やすと二酸化炭素と水蒸気が必ず発生する．例えば，灯油 1 l を燃やすと，約 2 J の熱と，同時に 1.3 m^3 の二酸化炭素や 1.2 m^3 の水蒸気などを出す．また，灯油 1 l を燃やすのに約 9 m^3 の空気を消費する．6 畳の部屋では換気がない場合には，部屋の空気の 1/2 程度を使うことになる．二酸化炭素の濃度が高くなると酸素濃度が低下し，その結果酸素不足による不完全燃焼が起きやすくなる．そして，一酸化炭素が発生して非常に危険な状況になる．

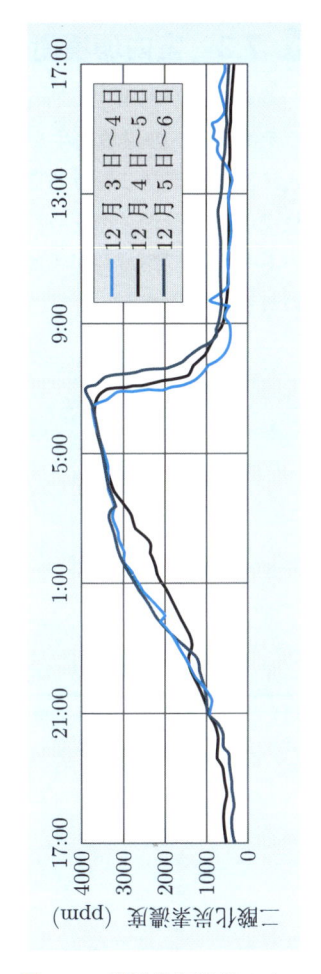

図 7.3 機械換気設備のない超高気密住宅における二酸化炭素濃度の 1 日の経時変動パターン（小峰 1992 より作成）

なお，二酸化炭素と一酸化炭素の大きな違いはその毒性にある．二酸化炭素は特に毒性があるわけではないが，一酸化炭素は猛毒の気体である．一酸化炭素を吸うと血液中のヘモグロビンと結合し，血液の働きが悪くなる．前述のビル管理法では，0.01%（10 ppm）が許容値とされている．

7.3 室内環境衛生基準

多くの人が利用する特定建築物（例えば，劇場，デパート，オフィス，学校，ホテルなど）の環境衛生を守ることを目的としたビル管理法とよばれる法律（正式には「建築物における衛生的環境の確保に関する法律」）で定められている建築環境衛生管理基準を 表 7.2 に示す．中央管理方式の空調設備に対しての基準であり，最低限度維持しなければならない数値というよりも，望ましいレベルの数値と考える．

表 7.2 建築物環境衛生管理基準

基準項目	建築環境衛生管理基準（1971 制定）
浮遊粉塵の量	空気 $1\,m^3$ につき 0.15 mg 以下
一酸化炭素の含有率	10 ppm（厚生労働省令で定める特例ではその数値）以下
二酸化炭素の含有率	1000 ppm（0.1%）以下
温　度	1. 17°C 以上 28°C 以下 2. 居室内温度を外気温度より低くする場合には，その差を著しくしないこと
相対湿度	40% 以上 70% 以下
気　流	0.5 m/sec 以下

1) 建築基準法においても同様に定められている．
2) 事務所衛生基準規制においては，中央管理式空調設備を有する場合は吹出し口のところで表の値，それ以外の場合には一酸化炭素は 50 ppm 以下，二酸化炭素は 5000 ppm 以下，10°C 以下の場合は暖房することなどが定められている．

7.4 換気計画

7.4.1 換気とは

以上述べてきたように,室内では,人体から熱,汗,臭気,そして呼気によって二酸化炭素や水蒸気が発散されている.また,炊事や洗濯,入浴などによっても燃焼ガスや水蒸気が発生する.その他,室内での活動によってほこりなどが発生する.建築の構造体や家具などから発せられる有害ガスや微生物,微量のラドンのような放射性物質も話題になっている.

建築の気密性を高めることは,暖かい住まいや省エネルギーの観点からは有効であるが,上記のように室内ではいろいろな汚染物質や水蒸気が放出されているため,建築の気密性能がよくなるほど計画的な換気が必須となり,所要の換気量を確保しなければならない.換気の悪い建築では,空気汚染による中毒や悪臭,息苦しさ,さらには結露やカビの発生など,さまざまな障害を招くことになる.

ここで換気について明確にしておこう.換気と似たものに通風がある.この2つは入れ換わる空気の量が大きく異なる.通風は窓などの開口部を通して,大量の外気を室内に通すことをいう.空気の質はほとんどの場合,外気と同じであると考えられる.なお,通風については9章で扱う.これに対して換気は室内の空気の質をはじめ室内環境の改善を主目的として,居住者が意図的に行う室内空気の入れ換えのことをいう[11].すなわち,部屋の内と外を区別し,室内の汚れた空気や熱,湿気などを排出し,外部から新鮮な外気を取り込むことである.しかし,都市環境が悪化し,外気が汚れている状況では換気は逆効果にもなりかねない.このためにも,2章で述べたように都市や建築外部空間に目を向け,新鮮な空気が得られる環境づくりに心がけねばならない.

7.4.2 必要換気量と換気回数

換気量がどの程度必要かは対象とする汚染物質によっても異なるが,人間が汚染源となる部屋では,わが国の場合,必要換気量は在室者1人あたりおよそ$25 \sim 30 \, \text{m}^3/\text{h·人}$が推奨されている.これは6~8畳の部屋の容積に相等する.この根拠としては,二酸化炭素濃度の1000 ppmが許容値とされているが,二酸化炭素が有害ということではなく,人間から発散される臭気や水蒸気などの

ことも考慮されている．喫煙者が多い場合にはさらに多くの換気量が必要となる．または燃焼器具などの汚染源がある場合にも，さらに多くの換気量が必要となる．

換気量については次式に示す換気回数 N（回/h）で表されることが多い．

$$N = \frac{1\text{時間に流入（あるいは流出）した空気量 (m}^3\text{/h)}}{\text{室の容積 (m}^3\text{)}}$$

すなわち，換気回数1回というのは，1時間で部屋の容積と同じ量の空気が流入あるいは流出することになる．そこで，上記の必要換気量と，部屋の用途や特性などを考慮し，換気回数の目安を示したものの一例が表7.3である．

表7.3　換気回数の目安（衛生試験所の指数より）

部　屋	換気回数（回/h）
居間・応接間	3〜6回
台　所	15回
浴　室	5回
トイレ	10回

■ 例題7.1
室内に3人の在室者がいる場合，二酸化炭素濃度の許容量を基準にして，必要換気量を求めよ．

【解説】　二酸化炭素 CO_2 濃度の許容量を基準にして，次のザイデルの式で求めることができる．

$$Q = \frac{k}{P_i - P_o}$$

　　　Q：必要換気量（m^3/h）
　　　k：在室者の呼吸による CO_2 の発生量（m^3/h）
　　　P_i：室内空気 $1\,\text{m}^3$ における CO_2 の許容濃度（m^3/m^3）
　　　P_o：外気 $1\,\text{m}^3$ における CO_2 の濃度（m^3/m^3）

呼吸による CO_2 の発生量は図7.4に示す通りである．安静時の場合を考えると，在室者1人あたりの CO_2 発生量 k は 0.022（m^3/h）である．CO_2 許容

7.4 換気計画   143

濃度 P_i を 0.1%，外気の CO_2 濃度 P_o を 0.04%とすると，上式から

$$Q = \frac{0.022 \times 3}{0.001 \times 0.0004} = 110 \text{ (m}^3/\text{h)}$$

と求められる．

表7.4 呼吸による CO_2 の発生量

状　態	成人1人あたりの CO_2 の発生量（m^3/h）
就寝時	0.011
安静時	0.022
作業時	0.028〜0.069

注）子どもの CO_2 の発生量は，成人の値の40〜70%であるが，平均50%として計算する．

■ 例題 7.2
　例題 7.1 で求めた必要換気量を満たす部屋が，縦 3.6 m，横 3.6 m，天井高 2.4 m とする．このとき，例題 7.1 で求めた必要換気量を満たすための必要換気回数を求めよ．

【解説】 この必要換気回数は，次式のように定めている．すなわち，必要換気量をその室の容積で割った値で示される．

$$N = \frac{Q}{V}$$

N：必要換気回数（回/h）
Q：必要換気量（m^3/h）
V：室の容積（m^3）

例題 7.1 で求めた必要換気量は 110（m^3/h）なので，容積 55 m^3 の部屋では，必要換気回数は

$$N = \frac{(110/3) \times 3}{55} ≒ 2 \text{ (回/h)}$$

となる．

7.4.3 換気方法

空気の流れは圧力差によるが，開口部や隙間の内外に生ずる圧力差によって換気が行われる．この圧力差を生じる原因は

① 外部の風による風圧力
② 建築内外の温度差に基づく浮力効果

の2つである．

①を利用した換気方法を**風力換気**，②を利用した方法を**温度差換気**という．

これらの自然の風の圧力や室内外の温度差による浮力を利用した**自然換気**と，機械力を利用した**機械換気**（または**強制換気**という）がある．

自然換気は，図7.4 に示すように，小窓や高窓，給排気口，排気筒などを利用する．わが国の伝統的な住宅では巧みな工夫が多く見られる．しかし，気象条件，特に風速などによって圧力差が変化するため，安定した換気量を保つことが難しい．

強制換気を計画的に行う場合は，図7.5 や図7.6 のように，部屋の用途や，室内の空気の汚れ具合にあった換気方法を選ぶことが大切である．例えば，台所や浴室，トイレなどでは，発生する熱や煙，水蒸気，臭いを他室に拡散させないうちに速やかに排出する．その場合は，室内を「排気中心の換気」（負圧）にすると効果がある．

また，図7.7 に示すように，居間や寝室などの長時間在室する部屋では，台所やトイレから汚れた空気が流入しないように，「給気中心の換気」（正圧）にするとよい．こうした負圧，正圧といった換気方法を間取り全体の中で考え，室内の空気の適度な流れをつくることが大切である．

強制換気用の換気扇を取り付ける場合に，必ず給排気用の換気口も設ける．すなわち，換気には給気と排気の両方が必要である．このバランスが悪いと，高気密な建築では，扉や窓が開けにくいとか，笛なり現象など室内外の気圧差による換気障害が生ずる．また，暖房時には給気によって冷気が入ってきてしまう．その対策として全熱交換型の換気装置を用いることは省エネルギーの観点からも有効である．

さらに，建築を長持ちさせるためには，床下や小屋裏の換気も忘れてはならない．

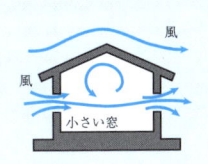

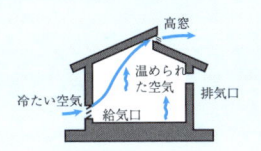

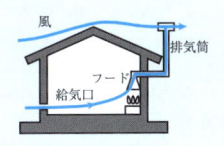

7.4 換気計画

(a) 風力による換気　(b) 温度差による換気　(c) 風力と温度差の両方を利用した換気

図 7.4　自然換気の方法

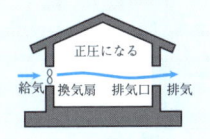

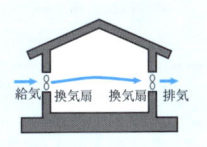

(a) 排気中心の換気（排気法）　(b) 給気中心の換気（給気法）　(c) 給排気両方の換気（併用法）

図 7.5　強制換気の方法

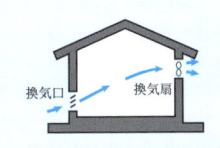

(a) 全体換気方式

部屋全体の換気を行う方式で，部屋が広いときには大きな風量が必要になる．また，排気効率が悪いと，汚れた空気が溜まりやすくなる．

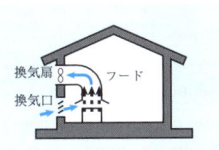

(b) 局所換気方式

汚れた空気が発生する場所を中心に換気する方式．部屋の大きさに左右されずに，一定の換気量で必要部分の換気を十分に行うことができる．

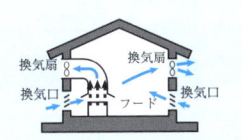

(c) 全体換気と局所換気の併用方式

全体換気と局所換気を組み合わせた方式で，汚れた空気をもたらすことなく十分な換気ができる．ただし，冷暖房の効率が低下することもある．

図 7.6　全体換気と局所換気

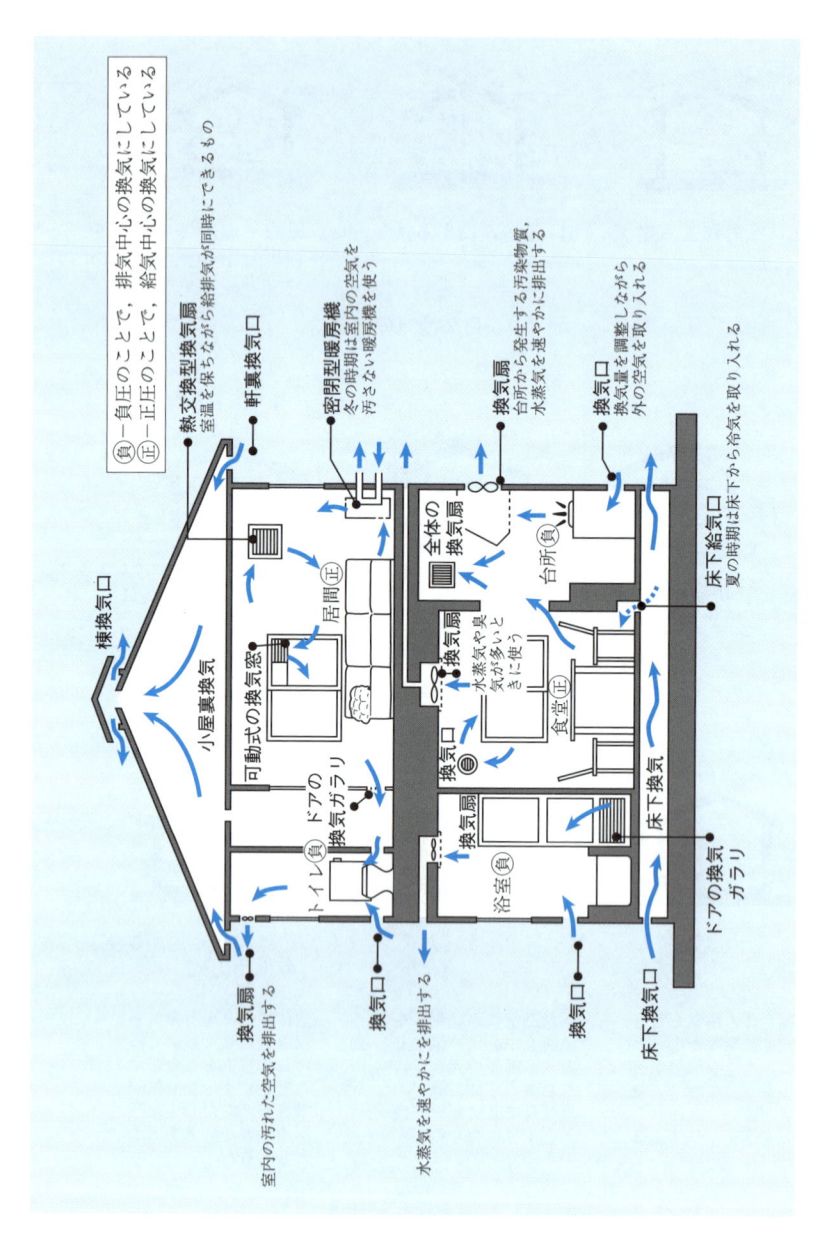

図 7.7 住宅における換気方法と空気の流れ

7.4.4　暖房機と室内空気汚染

暖房機のタイプは，図7.8に示すように，大きく分けると

① 密閉型
② 開放型
③ 半密閉型

の3タイプがある．**開放型**は，燃焼ガスがそのまま室内に放出される石油ストーブやガスヒーターなど．**半密閉型**は，煙突をつけた暖房気で，石炭・石油ストーブや暖炉など．そして**密閉型**は，FF式（強制給排気式）とよばれる暖房器具などである．

気密性の高い部屋で，開放型や半密閉型のストーブを使うときは，酸欠状態にならないように十分な換気が必要である．それに比べ，密閉型のストーブは，燃焼に必要な空気を屋外から取り入れ，燃焼部分が室内と分けられているため，室内の空気を汚すことはない．ただ，欠点としては，ストーブの設置場所が屋外に面する壁際に限られ，移動や取外しが簡単にできない．

室内の空気がきれいであれば，一定量の換気で済むが，空気の汚れがひどい場合はこまめに換気しなければならず，使用している暖房気のタイプにあわせた換気が必要となる．

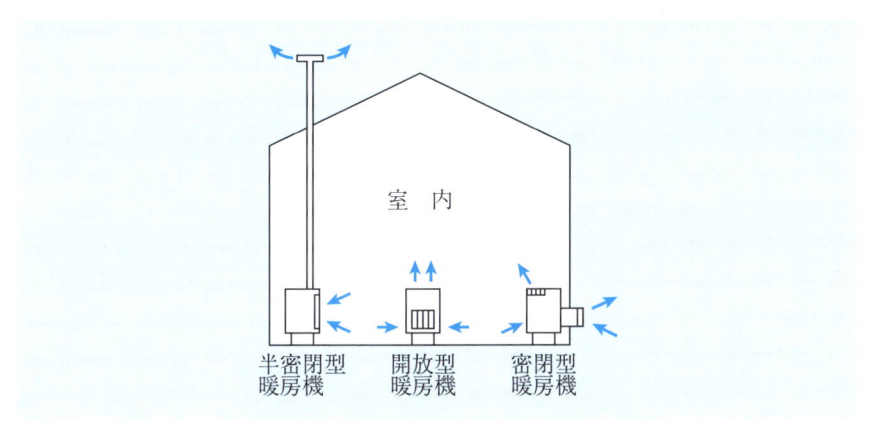

図7.8　暖房機の種類と室内空気汚染

7.5　都市の換気

以上，室内の換気について述べてきたが，都市もまた換気を必要とする．都市でも我々の活動によって生じた汚染物質を速やかに排除しなければならない．わが国の多くの都市は臨海都市のため，これらの都市では海陸風の恩恵をこうむっている．夏の暑さがひどい地域では，夏のヒートアイランド現象は極力抑えなければならないが，海陸風のないところでは，ヒートアイランド現象によって生ずる都心の上昇気流がこの役割を果たす．そして周囲から新鮮な冷気を呼び込んでくれる．もちろん，汚染物質を最小限に抑えることも大前提であるが．

都市の中でも高い建築が両側に連なっている都市の中の道路空間は，自然の谷間の様相なのでストリートキャニオンと呼ばれているが，風の弱い日には自動車の排気ガスや日射熱がこもってしまい，この中は最悪の環境になる．通行人にとっても，またここに面した部屋に生活する人にとっても，ストリートキャニオンの換気は必須となる．快適な都市環境をつくり上げていくためには，このようなところの換気も重要なテーマの一つである．

7章の問題

☐ **1**　住宅の台所，浴室およびトイレに適した換気方法を述べよ．

第8章

湿気と結露

　住宅の断熱，気密化に伴い，建築部位の熱的に弱い部分での結露の危険性が増し，被害も顕在化しつつある．本章では湿気に関する基礎事項を示した上で，結露のメカニズムについて述べる．さらに結露によって生じる被害実態を明らかにするとともに，結露の防止対策について考える．

8.1　湿気の高いわが国の気候
8.2　湿気に関する基礎知識
8.3　湿気と生活
8.4　結　露
8.5　結露による被害とカビ
8.6　結露の防止対策

第8章　湿気と結露

8.1　湿気の高いわが国の気候

　わが国の衣食住を特徴づける要因の一つに湿気があげられよう．湿度が高いことは適度な温度と相まって，カビや菌を増殖させる．寿司や漬物，納豆といった一種の発酵食品はこのような環境下で発展した．また，衣服も麻のような透湿性のある素材が好まれた．住まいについても，伝統的な材料や工法には障子，土壁，土間など材料の調湿作用を巧みに利用した工夫は多い．これらの材料によって構成された空間には，しっとりとした潤いのある一種独特の雰囲気が醸し出され，わが国の伝統的な空間を特徴づけているともいえよう．

　一方，最近の多くの住宅では，伝統的な木造建築と比べると断熱，気密性能が向上してきた．加えて，材料はビニルクロスをはじめとして非透湿性の材料が多く使われている．その結果，冬には室内外に大きな温度差が生じ，発生した湿気は室内に籠もってしまうことが多くなった．このため，結露が発生する危険性はますます増大し，その被害も顕在化している．安全で快適かつ健康的な住まいづくりにとって，湿気と関わる結露の防止対策は今日的な重要課題の一つといえよう．

8.2 湿気に関する基礎知識

8.2.1 湿気とは

湿気という言葉は，上述のように日常生活となじみが深いことから非常に広い意味で使われている．はじめに，本章で扱うところの湿気について明確にしておこう．

住まいの中にはいろいろな形で水分が存在する．この中で空気中に存在する水分と壁や家具などの固体に含まれる水分を**湿気**とよんでいる．空気中に存在する水分については，適度な湿気を保つために暖房時の加湿，または夏の除湿といった問題がテーマとなる．また，後者の固体内に存在する水分については，材料の含湿状態や結露に関する問題があげられる．

8.2.2 空気中に存在する水分量の単位

我々を取り巻く空気には，ある量の水蒸気が含まれている．水分を含まない空気を**乾燥空気**というが，これと区別するために**湿り空気**とよぶ．湿り空気は乾燥空気と水蒸気の混合ガスと考え，水蒸気の分圧を**水蒸気圧** f（Pa：パスカル），または（mmHg）で表す．その他，$1\,\mathrm{m}^3$ の気積中に含まれる水蒸気重量を**容積絶対湿度** σ（g/m^3），乾燥空気 1 kg と共存する水蒸気重量（kg）を**重量絶対湿度** χ（kg/kg$'$）[ここで，kg$'$ は乾燥空気 1 kg を表す]という．そして，日常よく使われる**相対湿度** Ψ（%）は次式で表せる．

$$\Psi = \frac{f}{f_\mathrm{d}} \times 100 = \frac{\sigma}{\sigma_\mathrm{d}} \times 100$$

ここで，f_d, σ_d はその温度において空気中に含むことができる水蒸気の上限を示し，それぞれ**飽和水蒸気圧**，飽和空気の**容積絶対湿度**とよぶ．

また，水蒸気圧のかわりに，**露点温度**を用いることも多い．露点温度とは水蒸気圧 f に等しい水蒸気圧をもつ飽和空気の温度である．すなわち，湿り空気の水蒸気を一定のまま温度を下げた場合に，その空気が飽和空気となるときの温度であるから，結露が起こるか否かの判定にも使われる．

第 8 章 湿気と結露

■ **例題 8.1**

乾湿温度計の値が，乾球温度 20°C，湿球温度 14°C の湿り空気の場合，

(1) 相対湿度

(2) 重量絶対湿度

(3) 露点温度

を求めよ．

【解説】 図 8.1 のように，乾球温度 20°C と湿球温度 14°C の交点（A 点）を求める．次に図の矢印の方向の値を読むことによって，(1)～(3) を求めることができる．

(1) 相対湿度 52%
(2) 重量絶対湿度 0.0075 kg/kg′
(3) 露点温度（B 点）9.8°C

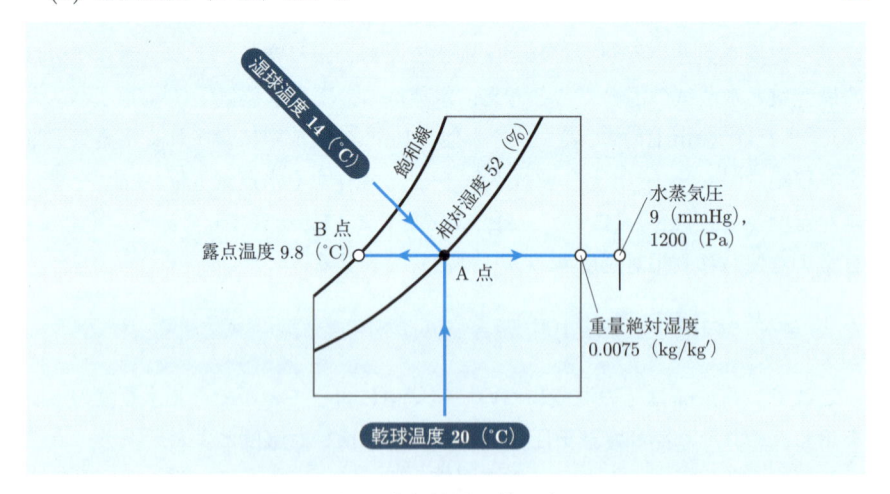

図 8.1 湿り空気線図の使い方（一例）

8.2 湿気に関する基礎知識

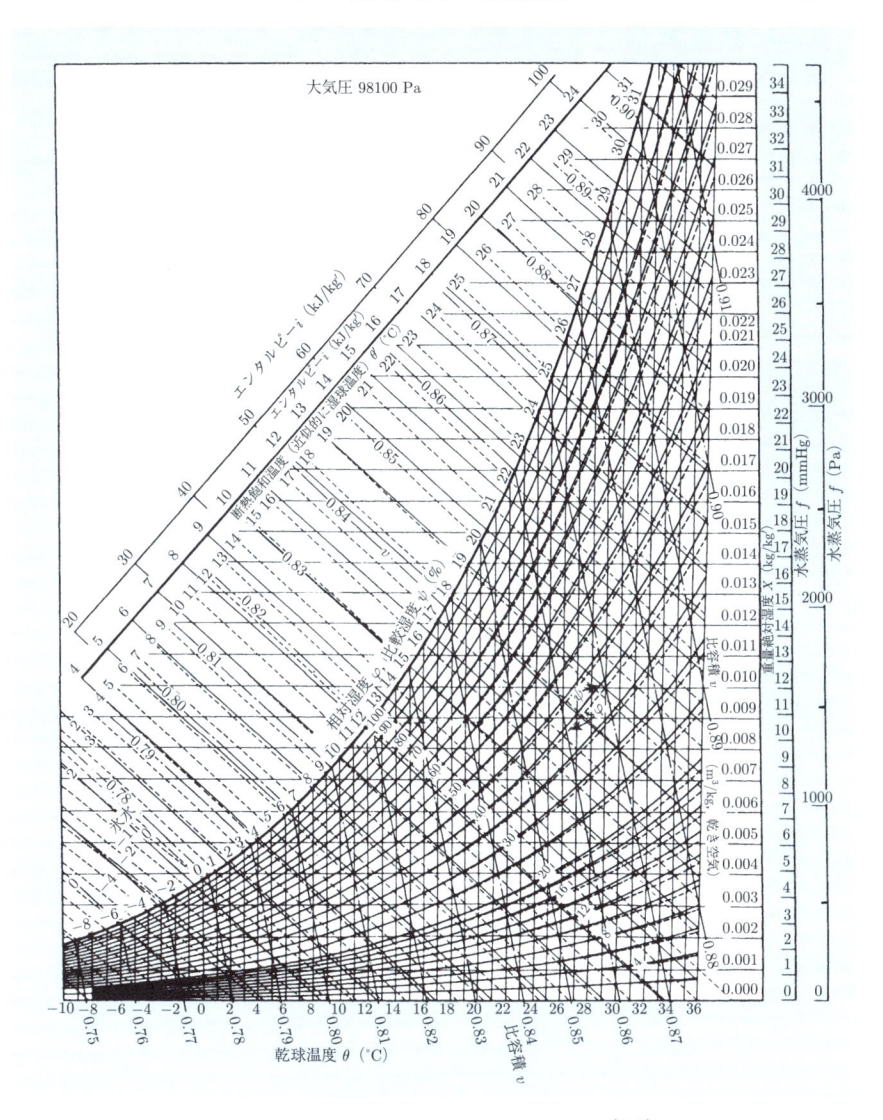

図 8.2 湿り空気線図（内田の空気線図）[8-1]

8.2.3 空気線図

湿り空気の状態は，温度 θ と水蒸気圧 f が定まれば，8.2.2 項にあげた他の量もすべて決定される．飽和状態ならば温度のみで決まる．これらの関係を図示したものを **湿り空気線図** という．図 8.2 に湿り空気線図（内田の **空気線図**）を示す．

図 8.2 の使い方の一例を図 8.1 に示す．

乾湿温度計の値がそれぞれ乾球温度 20°C，湿球温度 14°C とすれば，この空気は湿り空気線図上 A 点で表される．これより，相対湿度は 52%，水蒸気圧は約 9 mmHg，重量絶対湿度は約 0.0075 kg/kg' と求まる．そして，この空気を飽和状態まで冷却すると B 点となり，露点温度は約 9.8°C と求められる．

なお，相対湿度が 100% の線を **飽和線** という．

8.3 湿気と生活
8.3.1 湿度の人体におよぼす影響
　一般に湿度の調整は，空気調和設備のある場合でも難しく，空気調和設備がない住宅ではほとんどが成り行きの状態である．そのために，暖房で室温を上げると室内が極度に乾燥したり，また逆に開放式の暖房器を使った場合には結露が問題になったりする．
　(1)　湿度が高い場合
　我々は湿度に対する感覚は比較的鈍いといわれており，低温の場合はほとんど温冷感にも影響しないが，気温が高い場合には発汗を妨げるため，わが国の夏季における蒸暑の状態では不快感を増す．相対湿度80%前後が上限であるといわれている．
　湿度が高いと結露の危険性が増す．また，カビやダニにとって生育の好条件になる．結露が生じやすいこともさらにそれを助長する．特にわが国の夏の気候は，図8.3に示すようにカビの発育に非常に適している．菅原ら（1988）によるとカビの菌糸は湿度が高いほど伸びる速度が速く，75%では成長速度は100%のときの1/2程度に，55%以下ではほとんど成長しないという．このことから，カビの成長防止のためには55%以下が好ましいことになる．
　(2)　湿度が低い場合
　太平洋側では，冬季には晴天日が続き空気が乾燥する．日中の相対湿度が20〜30%のことも多い．湿度が低い場合には，呼吸器系器官の過剰乾燥を起こし，風邪などの感染に対する防御機能が低下する．また，インフルエンザウィルスの生存のための好条件でもある．
　図8.4は三浦（1978）による**口腔粘膜乾燥**を起こさない限界の湿度曲線を気温との関係で示したものである．室温が20°Cのときには乾燥を起こさせない限界湿度は50%であり，25°Cのときには40%であることが読み取れる．
　湿度が低くなると**静電気**が起きやすくなる．相対湿度が50%以下になると表面の電気に対する抵抗値が急激に大きくなるといわれている．ドアのノブに触れるとバチッという音とともに不愉快なショックを受けたりする．布などでノブにカバーをつけるのも静電気を避ける一方法である．

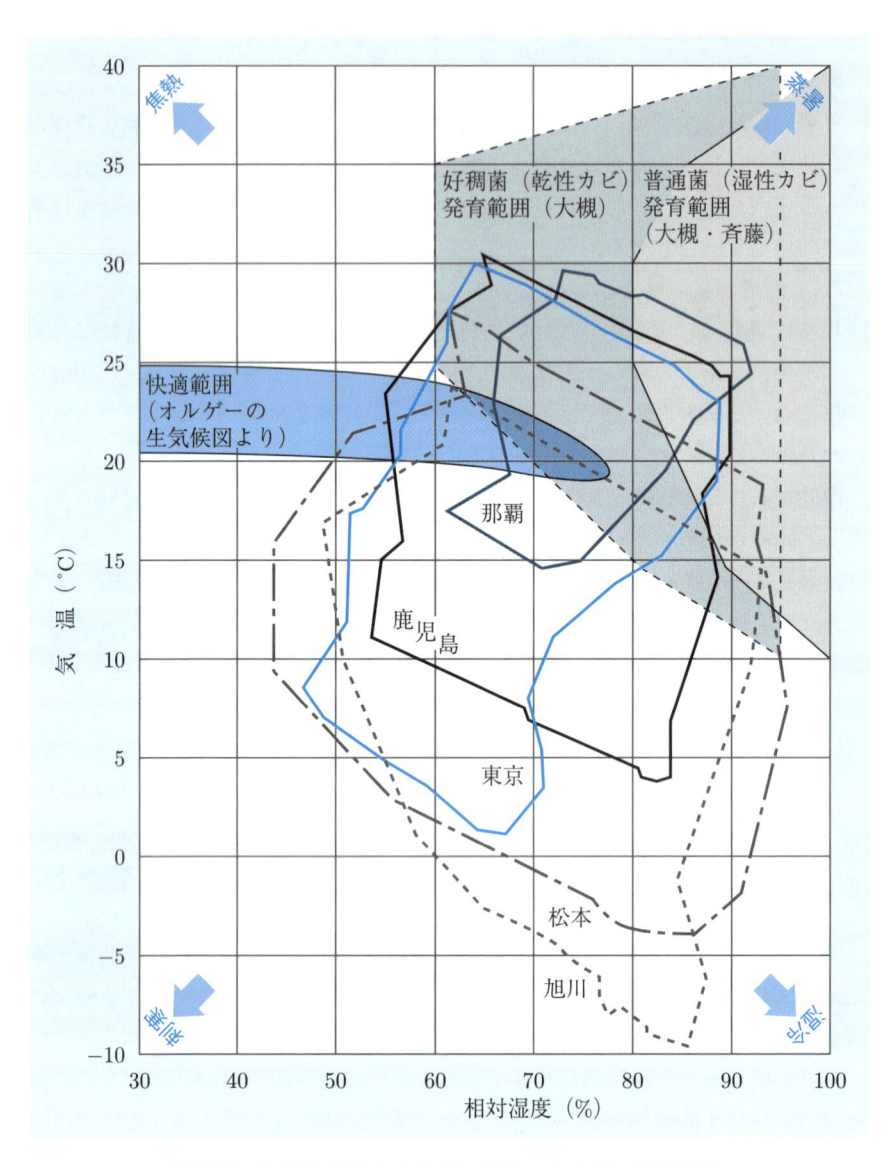

図 8.3　わが国の都市のクリモグラフとカビの発育条件
（参考文献[46]をもとに，図 1.6 を重ねたもの）

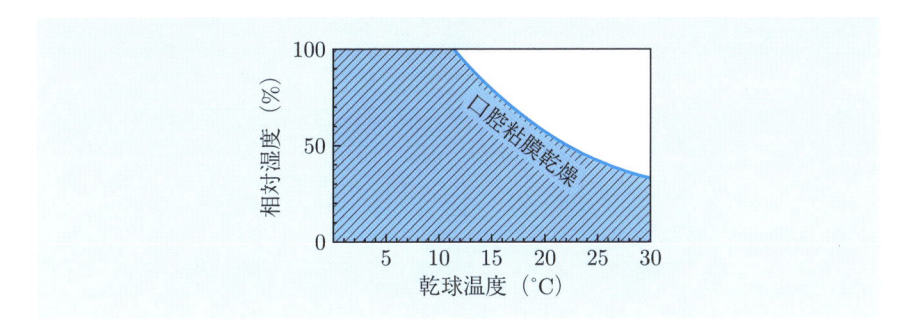

図 8.4 温度・湿度と口腔粘膜の乾燥[8-2]（三浦 1978 より作成）

8.3.2 室内で発生する水蒸気

結露を起こす原因の一つ，すなわち，室内の絶対湿度を上げることとして，室内から発生する水蒸気があげられる．

① 人体からの呼気や発汗
② 炊事，洗濯，入浴
③ 都市ガスなどの燃焼
④ 観葉植物からの蒸発散

など，いたるところから水蒸気が発生している．

我々が一晩寝ている間（8 時間とすると）に放出する水蒸気量は，気温によっても異なるが，例えば室温が 22°C の場合には 300 g にもなる．この量は室温 22°C，相対湿度 50%の 8 畳の部屋に含まれる水分とほぼ同じである．

表 8.1, 表 8.2, 表 8.3 にそれぞれ人体からの水蒸気発生量，家庭用器具からの水蒸気発生量，いろいろなガスが燃焼した場合の水蒸気発生量を示す．人体からの水蒸気発生量は気温と活動状態によって大きく異なり，発汗の影響が大きい．台所や浴室などで多量に発生する水蒸気に対しては，計画的な換気によって速やかに屋外に排除しなければならないことが理解できよう．

表 8.1 人体からの水蒸気発生量（g/h）[8-3]

状 態	室内温度（°C）			
	10	20	25	35
静 座	32	39	65	151
軽動作	52	125	175	298
普通動作	73	182	290	358
重動作	162	311	373	442

表中の値は HPAC によるアメリカ人の例．日本人は約 0.86 倍．

表 8.2 家庭用器具からの水蒸気発生量[8-4]

名 称	適 用	発生量（g/h）
なべ 22 cm 径	さかんに沸騰，ふたなし	1400〜1500
〃	一般，ふたあり	500〜 700
やかん中形	さかんに沸騰，ふたなし	1300〜1400
〃	一般，ふたあり	50
浴 槽	湯面積 0.5 m² 2人浴槽	500〜1000
入浴人物		1000〜1500
浴 場	洗い場 1 m² につき	500〜1000

表 8.3 ガスの燃焼による水蒸気発生量[8-5]

種 類	燃焼量	有効発熱量（kcal）	水蒸気量（g）	摘 要
都市ガス	1 m³	3332	450〜550	石炭ガス
〃	〃	3278	約 600	単純メタンガス
〃	〃	3332	約 500	石油系プロパンガス
家庭用プロパン	588 g（1 m³）	3086	約 950	純プロパン
灯 油	約 320 g	3360	約 450	

8.4 結露

8.4.1 結露のメカニズム

冷えたコップの表面に水滴がついたり,暖房した部屋の窓に水滴がついて曇る状態,すなわち,壁の表面や内部で水蒸気が凝縮して水滴がつく現象を結露とよんでいる.結露が生ずるプロセスは,空気の含有水分量,すなわち,水蒸気圧が一定のまま空気温度が降下すると,その湿り空気は露点温度で飽和状態となる.さらに温度が下がるとその水分の一部は凝縮して水滴となる.

次に結露の生ずる場所や時期で分けて考えてみよう.

8.4.2 表面結露と内部結露

(1) 表面結露

ガラスのように非透湿材料の場合,面の表面温度 θ(°C)とそれに接する部屋の湿り空気の露点温度 θ_d(°C)との関係が $\theta < \theta_d$ のときに表面で結露が起こる.したがって,結露を生じさせないためには,$\theta < \theta_d$ または部屋の空気の水蒸気圧が飽和水蒸気圧 f_d より低ければよい.

(2) 内部結露

多くの建築材料は吸湿性の材料である.この場合には,高温多湿の空気が壁体内に侵入する.低温・低湿側へ適度に湿気が排出されないとき,壁体内の低温部で結露が発生する.すなわち,壁体の内部の空隙の水蒸気圧 f がその場所の温度の飽和水蒸気圧 f_d より大きくなれば($f > f_d$),内部でも結露が起こる.

表面からはこの現象は見えないが,構造体を損傷し,建築全体の耐久性を損なう場合もあり,表面結露に比べて対策も難しい.

8.4.3 冬型結露と夏型結露

発生する時期によっても次のように分けられる.

(1) 冬型結露

室内外に大きな温度差が長期間続く場合,高温多湿の室内から外気側への湿流が低温の室内側表面や壁体でせき止められることにより,室内側表面や内部で結露する.特に,断熱性能の低い窓ガラスや玄関のスチールドア,日当たりが悪くて冷える北面の外壁,換気の悪い押入れの中,外壁にあわせて置いた家具の後ろなどで起こりやすい.

(2) 夏型結露

　地盤やコンクリート壁のように熱容量の大きい部位の温度は，気温の変化に対してタイムラグを伴う．このタイムラグに起因して生ずる結露で，気温より部位の温度が低いときに生ずる危険性が大きい．比較的短期間のものとしては，梅雨時や春先，寒い日が続いた後，突然気温が高温多湿になった場合である．長期にわたるものとしては，地下室の壁や床下の構造物で生ずる結露で，この場合には一般に室内外の温度差が小さいため対策が難しい．

(3) 水蒸気を多量に発生する場所での換気

　季節に無関係で対策の難しい結露として，室内の相対湿度が非常に高く，かつ高温になる浴室や台所などにおける結露があげられる．これらの場所での結露は季節を問わないため，計画的な機械換気が必須となる．浴室は使用後には乾燥させることが大切である．

8.5 結露による被害とカビ

8.5.1 結露の被害

地域によって，また発生する場所や結露による被害の状況は異なるが，建築に大きな損害をもたらすばかりでなく，美観や衛生上からも問題となる．

結露が生ずると含水率がある値以上になり，ときには水滴となって流れ出したり落下したりする．結露によって壁体内の含水率が高くなるが，一般には材料の熱伝導率は含水率が増すとともに大きくなるため，さらに結露が促進され，建築の熱損失も増加するという悪循環を招く．結露は長期にわたると，カビの発生，仕上げ材料のはく離，壁体の材料の腐朽などの害を引き起こす．また，冬季でも暖房した室内において結露で湿った表面ではカビが繁殖し，壁面を汚したり，非衛生な状態を招く．また，寒冷地では結露した水が凍って壁体を破損することもある．

8.5.2 カビとダニ

カビは真菌ともいわれる．わが国の住宅内で検出されるカビの数は 200～300 種で，この中で食品などに繁殖するカビを除けば 60 種ぐらいである．室内の空気中に浮遊しているものとしては，クロカワカビ，アオカビ，クロカビ，ススカビなどがある．カビは気温が 5～45°C の範囲で繁殖し，20～30°C，相対湿度が 80% 以上になると繁殖がさかんになる．すなわち，わが国の夏は，図 8.3 に示すようにカビの発育には非常に適している．このことは前述の通りである．

換気が十分図られているところは繁殖しにくいが，空気がよどんだ室内の隅などはカビの繁殖に好都合である．

室内の結露を生ずる壁面にはクロカワカビ，アオカビ，ススカビなどが多く見られる．壁面で増殖し，室内空気中に再び飛散する．外気と比べて 10 倍などという報告もあり，カビによるアレルギー症にかかる可能性が高くなる．カビが引き起こす病気として感染症やカビ毒（マイコトキシン）によって起こる中毒がある．

一方，ダニはこのカビなどを栄養源にし，その死骸やフンが室内空気を汚染することになる．繁殖条件は気温 20～30°C，湿度 60～80% が最適とされ，例えば東京のクリモグラフと重ねると，図 8.3 からわかるように 1 年のうちの約 1/3 の期間はダニの繁殖条件に入ってしまう．

8.6　結露の防止対策

8.6.1　防止対策の基本

結露防止の基本をまとめると次のようになる．

- 絶対湿度を低くして，許容し得る室温からの温度低下の割合を増す．
- 壁体の温度を上げるか，室内外の温度差を小さくして，室温からの温度低下を少なくする．

このように，結露発生のメカニズムとその防止対策の基本は非常に単純であるが，実際の建築で結露防止を徹底しようとすると困難な問題は多い．その背景としては，地域の気候特性や建築の断熱性・気密性・熱容量などの熱的特性，暖冷房設備の性能や使用方法，さらには住まい方とも複雑に関連することがあげられよう．もう少し具体的な例をあげると，次のようになる．

- 室内外の温度や湿度が変動し，設定しにくい．
- 建築が種々の熱的特性をもった材料で構成されていることから，構造が複雑である．
- 暖房器具や暖房の使い方によって，部屋ごとに温度や相対湿度が異なる．
- レンジフードや浴室の換気扇の使用状態など，住まい方が大きく影響する．

主な対策方法をまとめると，次のようになる．

① 壁体の断熱性能を高める．

非透湿面と透湿面，すなわち表面結露と内部結露の場合で，注意すべきことが異なるので，このことは後で結露の判定のところで詳しく述べる．

② 吸放湿の大きい材料を使う．

わが国の伝統的な建築に使われている畳，漆喰壁，板張，土間床などは吸放湿の性能をもっている．しかし，これらの材料も，晴天日には乾燥させなければならない．

③ 特に多量の水蒸気を発生するところ，例えば浴室や台所などでは局所排気によって速やかに屋外に排出する．

④ 生活の方法を工夫する．

8.6 結露の防止対策

室内の水蒸気発生量を抑制する．すなわち，表 8.1，表 8.2，表 8.3 に示したような水蒸気の発生量を減らす工夫をする．

部屋の絶対湿度より低い外気を取り入れ，室内で発生した水蒸気を速やかに排出する．

除湿器や除湿剤を使う．体積の狭いところ，例えば押入れなどには有効である．

8.6.2 表面結露発生の判定

表面結露が発生するか否かを判定するには，壁体の室内側の表面温度が室内空気の露点温度より低いか否かを調べればよい．

室内側の表面温度 θ_{si} は，6 章で述べた熱貫流の式より，K を熱貫流率，そして α_i を総合熱伝達率として

$$\theta_{si} = \theta_i - \frac{K}{\alpha_i}(\theta_i - \theta_o) \quad (\theta_i：室温, \ \theta_o：外気温)$$

が導かれる．

室内空気の露点温度は，例えば室温と相対湿度がわかっていれば湿り空気線図（図 8.2）より求められる．

8.6.3 表面結露の防止対策

8.3 節で述べたように，非透湿面での**結露防止**のためには次の 2 点がある．

① 室内側の表面温度を上げる．
② 部屋の絶対湿度を下げる．

①については

(1-1) 壁の熱貫流率を小さくする．
(1-2) 室内側表面の対流を促進させ，熱伝達率を大きくする．
(1-3) 部屋の絶対湿度を一定にして，室温を上昇させる

などの対策があげられる．これらのことは，上式より理解できよう．

また，②については，8.6.1 項 防止対策の基本「④ 生活の方法を工夫する」で示したような対策があげられる．

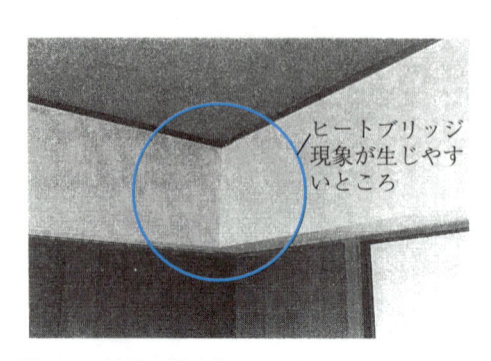

図 8.5　外壁の隅角部（口絵 8-1, 熱画像参照）

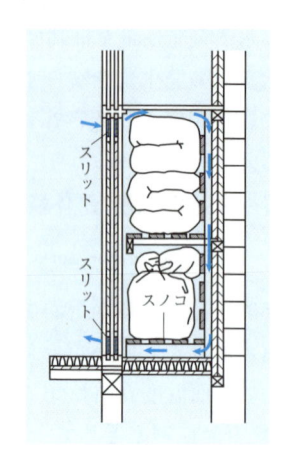

図 8.6　押入れの結露防止対策例

以下，主な点について，さらに具体的な方法を述べる．

(1-1) について：6 章で各種壁体の熱貫流率を示した通りであり，ガラス窓の場合などでは二重ガラスなどを採用する．ここでは，壁体の隅部における**ヒートブリッジ現象**について触れよう．熱画像（口絵 8-1）は，図 8.5 に示すような外壁の隅角部の冬季に収録した熱画像である．隅角部の表面温度が周囲に比べて低いことがわかる．これに加え，この部分には空気が停滞しやすいため，住宅の中で結露が発生する危険性の高い箇所である．このように壁の隅角部は熱貫流率が大きくなるため，断熱を補強する必要がある．

(1-2) について：外壁に密着して置かれたタンスの後ろや押入れの中は，空気が停滞し，壁の表面温度が低くなるので，積極的に空気の流通を図る．図 8.6 は押入の中の換気を行った例である．床にはスノコ板を敷いたりして四周に空気層をつくり，フスマにはスリットを設けている．

室内では人体の発汗，炊事，洗濯，入浴，暖房などにより水蒸気が発生する．それらの発生した水蒸気は換気によって速やかに屋外へ排出する必要がある．また，排出のために全熱交換の換気扇を利用することは暖房時には有効である．

8.6 結露の防止対策

8.6.4 内部結露発生の判定

材料内部の水蒸気圧が，その場所の温度に応じる飽和水蒸気圧以下に維持できれば，**内部結露**は生じないわけであるが，結露過程は一般には極めてゆっくりとした非定常過程であり，その経過は複雑である．しかし，空隙内の水分の移動は水蒸気による拡散が支配的である場合には，壁体内の水蒸気の流れは水蒸気圧の勾配のみに比例するとして扱うことができる．これは 6 章の熱貫流による熱流と相似である．水蒸気分布は温度分布に，湿気伝導は熱伝導に，湿気伝達は熱伝達に対応し，同じように取り扱うことができる．

ここでは定常状態における壁体内部の結露の有無の判定手順と，計算例を図 8.7，図 8.8 に示す．

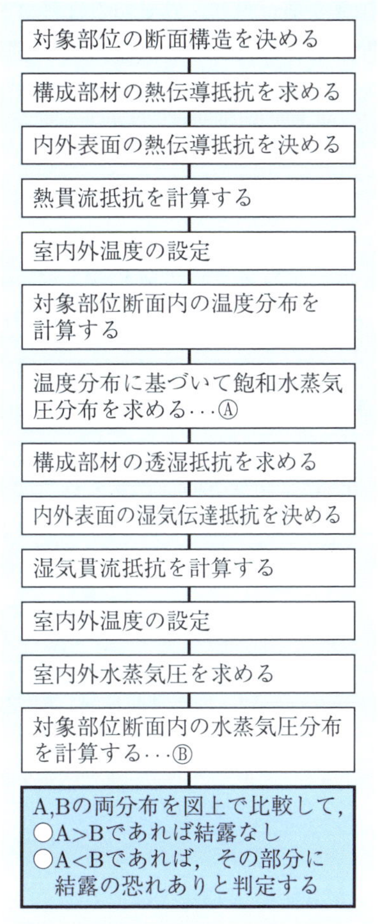

8.6.5 内部結露の防止対策

内部結露を防止するには，断熱材と防湿層をどのように配置するかが重要なポイントとなる．図 8.8 の計算例からもわかるように，防湿層は断熱材の室内側に張ること．これによって，室内からの湿気の侵入を防ぐことができる．また，図 8.8 の (b) のように防水層であるアスファルト紙をグラスウールの屋外側につけるとグラスウールのところで内外結露を起こす．これに対して，グラスウールの室内側にアスファルト紙を設けると，(c) のように常に水蒸気圧は飽和水蒸気圧より低く，結露が防げる．

また，低湿側では部位からの放湿を促進させることが原則である．防湿層に

```
対象部位の断面構造を決める
構成部材の熱伝導抵抗を求める
内外表面の熱伝達抵抗を決める
熱貫流抵抗を計算する
室内外温度の設定
対象部位断面内の温度分布を計算する
温度分布に基づいて飽和水蒸気圧分布を求める…Ⓐ
構成部材の透湿抵抗を求める
内外表面の湿気伝達抵抗を決める
湿気貫流抵抗を計算する
室内外温度の設定
室内外水蒸気圧を求める
対象部位断面内の水蒸気圧分布を計算する…Ⓑ

A,Bの両分布を図上で比較して，
○A>Bであれば結露なし
○A<Bであれば，その部分に
  結露の恐れありと判定する
```

図 8.7 定常防露計算の手順

隙間があったり，外気側の材料の透湿抵抗が大きい場合は適さない．

なお，建築材料の調湿作用で吸放出される水分は極めてわずかであるが，倉や収蔵庫などは白木の木材や厚い土壁による調温，調湿作用が利用されているという．

8.6.6 床下の防湿

床下の防湿は土台などの耐久性を保つ上で，また室内へ湿気をよび込まないためにも，非常に重要となろう．床下の地盤高さは周囲の地面より高くして水はけをよくし，床下の地面は**防湿フィルム**で覆うことにより，地面からの湿気を防ぐ効果がある．防湿フィルムはポリエチレンフィルムなどが用いられる．厚さ 0.1 mm 以上のフィルムを 15 cm 以上重ね，上には砂利等を載せて押さえる．また換気口は十分な面積をとり，できるだけ基礎の高い位置に設ける．床下は地面をコンクリートで覆うか，図 8.9 のように，防湿層を設ける．

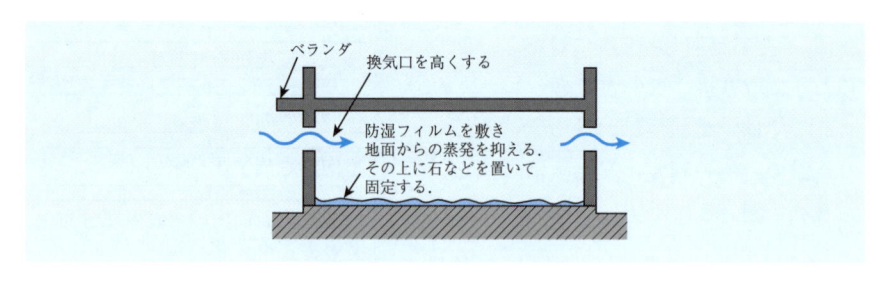

図 8.9 床下の防湿

8.6 結露の防止対策

層	材料	壁厚 d (m)	熱伝導率 λ (W/m·K)	熱伝導抵抗 d/λ (m·K/W)	湿気伝導率 λ'_X (kg/m·s·Pa)	湿気伝導抵抗 d/λ'_X (m·s·Pa/kg)
1	室内側伝達率	——	$\alpha_1 = 6.96$	0.144	4.2×10^{-8}	0.024×10^9
2	合板	0.0064	0.186	0.034	0.157×10^{-11}	4.08×10^9
3	グラスウール	0.06	0.0696	0.862	16.5×10^{-11}	0.36×10^9
4	アスファルト紙	——	——	——	——	17.23×10^9
5	コンクリート	0.10	1.16	0.086	3.3×10^{-11}	3.0×10^9
6	モルタル	0.02	1.39	0.044	0.835×10^{-11}	2.4×10^9
7	外気側伝達率	——	$\alpha_0 = 25.52$	0.039	11.5×10^{-8}	0.0087×10^9

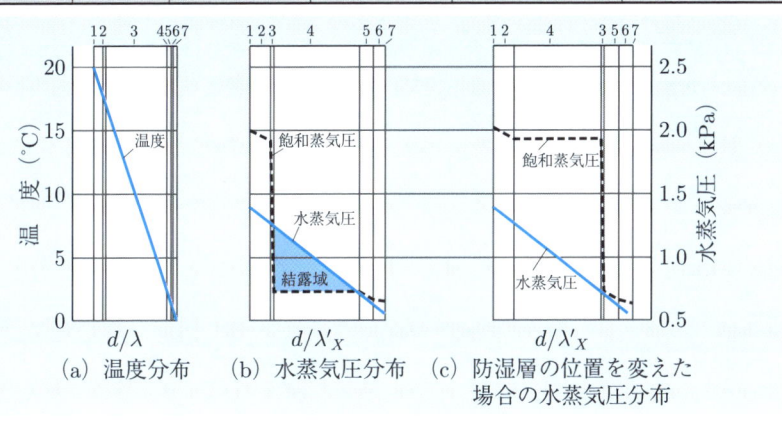

(a) 温度分布 (b) 水蒸気圧分布 (c) 防湿層の位置を変えた場合の水蒸気圧分布

計算条件	表に示す構造の壁が室内温20°C, 相対室温60%（1402 Pa）, 外気温0°C, 湿度90%（550 Pa）の場合内部結露が生じるかどうかを調べる.
計算手順	1. 定常温度分布を (a) で求める. この図は壁の各層を伝導または伝達抵抗の比で描いたものに室内外温度を直線で結んだものである. この温度より飽和蒸気圧を飽和蒸気表より求め (b) に描く. 2. 水蒸気圧分布を温度分布と相似に求める (b). すなわち壁各層を湿気伝導または伝達抵抗の比で描き, これに室内外水蒸気を直線で結んだものである.
判定	(a), (b) の比較より 3, 4 層で結露の条件となる. グラスウールとアスファルト紙を入れ替えたときの水蒸気圧分布および飽和蒸気圧を求めると (c) になる. この場合, 常に飽和蒸気圧は蒸気圧より大きく結露条件は生じない 5 層では両者は極めて接近しており, 4 層の湿気抵抗をもう少し大きくすることが望ましい.

図 8.8 定常状態における結露防止の計算例[8-6]

8章の問題

1 冬季，外壁の室内側の壁面で表面結露を防止するための対策を3つあげよ．

2 家の中で結露の生じやすいところはどこか．結露を防ぐにはどのような対策をすればよいかを考えよ．

3 結露に関する次の①〜④の記述の中から，最も不適切なもの を一つ選べ．
① 冬季の外壁における内部結露を防止するには，防湿層は断熱材の屋外側に貼る．
② 外壁に密着して置かれたタンスの後ろや押入れの中は，空気が停滞し壁の表面温度が低くなるため結露が生じやすい．
③ 壁の表面や内部で水蒸気が凝縮して水滴がつく現象を結露とよんでいる．
④ 結露によって壁体内の含水率が高くなるが，一般には材料の熱伝導率は含水率が増すとともに大きくなるため，結露がさらに促進され，建築の熱損失も増加するという悪循環を招く．

第9章

涼しい住まい

わが国の梅雨から夏そして残暑にかけての高温多湿な気候をしのぐには，強烈な日射を徹底的に遮ることと，通風・換気を積極的に利用することが基本となる．本章では，日射遮蔽の基本的な考え方を述べ具体的な手法を紹介するとともに，通風の効果や通風計画について概説する．

9.1	涼しい住まいの基本
9.2	防暑対策の実情
9.3	日射遮蔽
9.4	通風計画

第9章　涼しい住まい

9.1　涼しい住まいの基本

涼しい住まいづくりには

① 室内に侵入する熱，特に日射を徹底的に遮ること
② 通風・換気を図ることによって，室内に籠もった熱や湿気を排除すること

による防暑対策が必要である．また，通風があると気流感により涼感を得ることができる．さらに，より積極的に涼しさを得るためには，蒸発潜熱の利用，大気放射による放熱の促進，夜間冷気を利用した換気，地中冷熱の利用など，さまざまな工夫があげられる．本章では，①と②について述べることとし，後者については，10章のパッシブソーラーシステムで扱う．

9.2　防暑対策の実情

　吉田兼好の随筆『徒然草』の中に，「……家の造りようは夏を旨とすべし．冬は如何なるところにも住まう．夏の悪き家は耐がたきなり．……」という一節がある．日本の伝統的な建築は，かや葺きによる超断熱の大きな屋根と深い軒，そして緩衝空間としての緑というように，徹底した日射遮蔽がなされ，柱と柱の間は完全に開け放たれて通風が図られている．一方，土壁のような湿気を調整する材料が多く使われ，壁や天井，床は隙間が多く，湿気が外に逃げやすい構造になっている．さらに，土間の蓄冷や蒸発冷却など，高温多湿な気候・風土での涼しい住まい方の工夫は多い．

　日差しを遮り涼しげな光と影のコントラストを生み出す簾(すだれ)を軒先にかけ，開口部を大きく開け放って風を呼び込む．夕方には庭先に水を打って，うだるような日中の暑さを断つ．風鈴の音に涼風を感じながら，肌触りのよい畳に寝転がる．日本人は夏を涼しく過ごす名人であるとも思えるほど生活上の工夫も多い．

　これに対して，今日の住宅の実情はどうであろうか．窓に庇がない場合も多く，日射遮蔽の方法もブラインドやカーテンをつける程度というように，日射に対してはあまりに無防備といわざるを得ない．口絵3-4にも示したように，断熱の悪いフラットルーフからの焼け込みも最上階の部屋では常識化している．このことは，徹底した日射遮蔽のためには，冬の断熱以上に，断熱性能をあげ

9.2 防暑対策の実情

ることが必要であることがわかる．また，開放的で熱容量の小さい建築ならばまだしも，断熱性や気密性が高く熱容量も大きい建築では，いったん室内に入射した日射熱は室内にほとんど吸収されて蓄熱されてしまう．その結果，夕方から夜間にかけて劣悪な熱環境が生ずる場合が少なくない．

一方，市街地では高層の建築が密集してくるに従って，2章で述べたように，地面近傍の風速は著しく減衰し通風のポテンシャルは低下している．これに加え，窓を開けようとしても，騒音や隣家からの視線のために窓を開放することが困難な場合も多い．このように市街地の環境悪化は住宅をますます閉鎖的にし，その結果として冷房の普及を助長している．

近年では，夏の日中には最高気温が35°Cを超える猛暑日，早朝の最低気温が25°C以下に下がらない熱帯夜が増えている．このような状態は，通風によって涼しさを得ようとするポテンシャルを失うことになる．目を室内だけでなく外に向けてヒートアイランド現象を抑制し，クールスポットをつくり出す街づくりの工夫が求められる．なお，夏の開放的な生活を考えると，屋外に形成される微気候が重要であり，屋外に涼しい空間，すなわちクールスポットをつくり出すことが有効であるが，本章では割愛する．

以上のように，今日の住まいを考えると，6章で述べた暖かい住まいづくりについては断熱性や気密性が高められ，熱環境は確実に向上しているのに対して，夏の熱環境については伝統的な建築と比べてむしろ悪化している場合が少なくない．すなわち，日射遮蔽や通風計画は涼しい住まいをつくるための古くて新しいテーマといえよう．

9.3 日射遮蔽

9.3.1 日射遮蔽の考え方

日射遮蔽というときの日射は，単に直達日射のみならず，天空日射や，それらの地面や周辺地物からの照り返しも対象としてとらえ，徹底的に遮蔽する必要がある．また，日射遮蔽の原則は，開口部と屋根のいずれにおいても建築の外側で遮ることであり，この場合には大きな日射遮蔽効果が期待できる．南庭の落葉樹，外付けルーバー，そして，3章で紹介したツタや芝生などの植栽利用もその例である．しかし，図 9.1 のベランダに設けられた日射遮蔽のためのテントのように，それ自身が日射を受けて口絵 9-1 に示すように高温になり，そこからの再放射が不快感を招く場合もある．すなわち，熱放射による二次的影響も考慮しなければならない．

さらに，日射が室内に直接入射する開口部と，外表面でいったん吸収された日射熱が熱貫流によって室内に伝わる屋根や外壁の場合とでは対策の方法は異なるが，太陽の位置や日射の分光特性などに関する知識が必要となる．また，わ

図 9.1 ベランダに設けられた日射遮蔽のためのテント
(口絵 9-1，日射は遮蔽できても，日射熱を吸収したテントは高温になるため，再放射により不快感を招く.)

が国では夏とともに冬のことも同時に考えねばならず，冬にはできるだけ日射を取り込む工夫を図りたい．

日射については，既に2章で地表面における太陽放射エネルギーの熱収支メカニズムを，4章で太陽放射の分光特性と太陽位置の求め方などを説明した．ここではこれらのことを踏まえ，徹底した日射遮蔽を図るために照り返しの防止方法を考えてみよう．

9.3.2 照り返しの防止方法

日射遮蔽の主な対象は，**直達日射**であるが，天空日射や，地面や対向面からの**照り返し**，すなわち，日射の反射と日射を吸収して高温になった地面からの熱放射も徹底的に遮蔽することも大切である．

照り返しを防止する方法は表9.1に示すように，3つの方法に分けられる．

手法 I 照り返し面である前庭に入射する日射を大きな樹木を植えたりして遮る．

手法 II 照り返し面の材料を選択する．すなわち，日射反射率が小さく，かつ，表面温度の上昇しない材料，例えば芝生などを植える．

手法III 照り返しを受ける面で照り返しをコントロールする．

照り返しは前述のように日射の反射と熱放射に分けられるが，前者については照り返し面の日射反射率が，そして後者については，日射を受けた面が日射熱を吸収して表面温度が上昇する度合いを知る必要がある．

日射反射率は漆喰の白壁や施工直後のアルミシート防水表面では90%前後と大きく，レンガ，コンクリートなどの一般材料は10〜50%，樹木の緑葉は10%前後である．多くの材料は完全拡散に近い反射性状を示すが，指向性の強い材料についてはグレア防止対策も考慮しておく必要があろう．例えば，水面は入射角が大きくなると反射率が急激に大きくなるため，朝，夕の太陽高度が低い場合，池や湖などの水面でグレアが生じていることは，よく目にすることである．

一方，再放射については，1章，図1.13のいろいろな地面の表面温度の日変化を参照．照り返し面は前庭に限らず，面積は狭くても窓に近いベランダなども照り返し面になる．図9.2に示すように室内にも日射が入らないようにするだけでなく，ルーバーをかけたり，ベランダに植栽をしたりして，夏季にはベランダにも日射があたらない工夫をしたい．

第9章 涼しい住まい

表9.1 照り返しのコントロール手法

	原 理	手 法	設計資料
手法 I	照り返し面に入射する日射をコントロールする	● 前庭に大きな樹木（落葉樹）を植える ● パーゴラ	● 樹木・パーゴラなどの日射遮蔽係数 ● 季節や時間別の日射量, 太陽方向角, 高度
手法 II	照り返し面の材料を選択する（日射反射率, 表面温度上昇を考慮）	● 芝生など四季によるメタモルフォシスを利用（表面の反射率・含水率の変化） ● 散水する	● 材料の日射反射率 ● 材料の表面温度の日変化 ● 散水による反射率の変化
手法 III	照り返しを受ける面で照り返しをコントロールする	● ルーバー（特に下からの照り返しに工夫） ● 照り返し面との形態係数を考える	● ルーバーなどの遮蔽効果 ● 面と面の形態係数

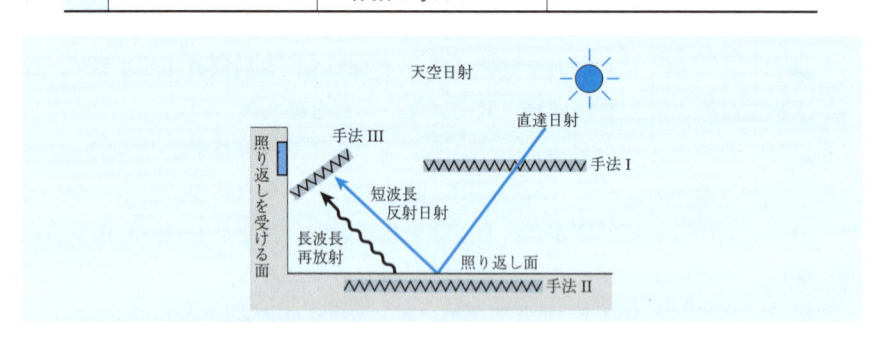

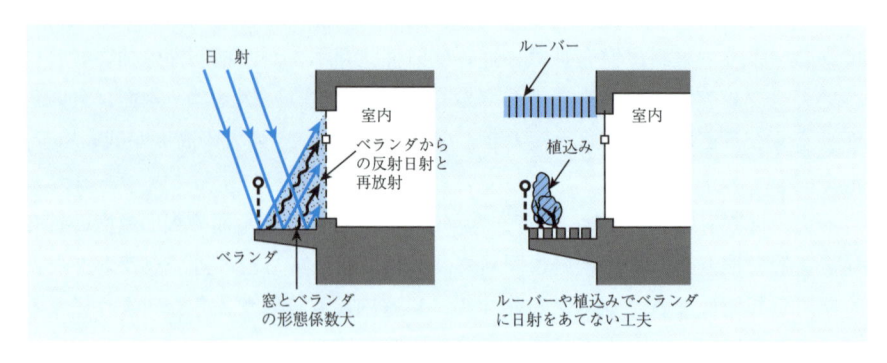

図9.2 ベランダからの照り返しの防止

9.3.3 開口部における日射遮蔽

(1) 方位別日射受熱量

開口部における日射遮蔽は，第一に直達日射を遮蔽することが基本になるために，時々刻々と変化する太陽の位置を正確に把握する必要がある．それには，4章で示した日影曲線も利用できる．図 9.3 は，東京の夏至における方位別日射受熱量を示したものである．夏至では太陽高度が高いために，水平面が正午に受ける日射受熱量が最も多い．壁面の方位では，朝方の東面と夕方の西面が，ほぼ真正面から日射を受けることになるため次に多い．図 9.4 に示すような住

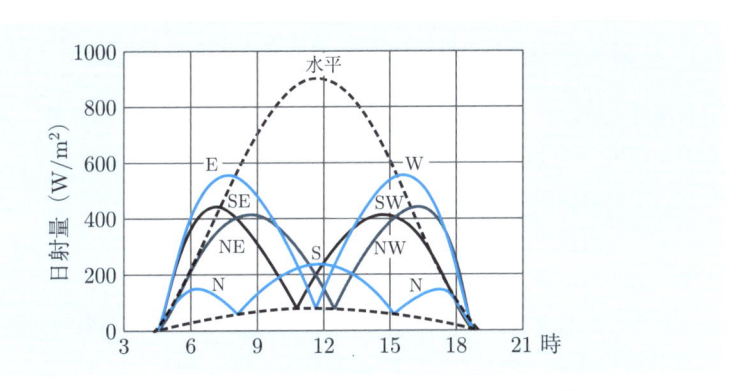

図 9.3 晴天日における方位別日射受熱量（東京，夏至）[9-1]

木造住宅 　　　　　　鉄筋コンクリート造住宅

図 9.4 西日を受けた住宅の西壁
（口絵 9-2，強烈な西日を受け，壁の表面温度は 40°C 以上に上昇する．）

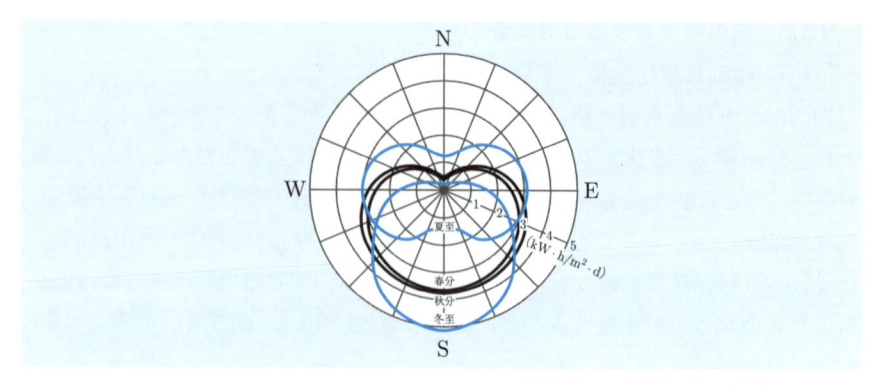

図 9.5　各方位の鉛直面が受ける日積算日射量(東京 35°7′ N)⁽⁹⁻²⁾

宅が西日を受けているときの熱画像（口絵 9-2）からも，西日がいかに強烈であるかが理解できよう．西壁の表面温度は 40°C 以上に上昇している．冬季と異なり，南面の日射受熱量は正午になると太陽高度が高くなるために非常に少ない．また，夏至では，北面も早朝と夕方に直達日射があたることも念頭においておく．

さらに，一日を通じて，方位ごとに鉛直面が受ける日積算日射量を示したのが図 9.5 である．東京の場合，夏至では南西面が受ける日射量が最大となり，南面は非常に少ない．

(2)　**平射図による日射遮蔽効果の検討**

屋根や壁面についてもいえることであるが，特に開口部の日射遮蔽を考える場合には，太陽の位置を知ることが最も重要である．太陽の位置は季節や時刻によって大きく異なることは，既に 4 章で述べた通りである．ここではその応用として，庇やルーバーなどの日射遮蔽物の効果を具体的に検討する．

図 9.6 は太陽の位置を示した平射図である．これに対象とする庇やルーバーなどの平射図を重ねて描くことにより，日射を遮蔽できる期間や時刻を知ることができる．一例として，**(a)** 南面向き窓の格子形ルーバーと **(b)** 南から西に 20° 傾いた南西向き窓の格子形ルーバーの日射遮蔽効果を図 9.7 に示す．同図から **(a)** の場合には夏季には一日中日射を遮蔽できるが，冬季になると逆に一日中日射を室内に取り込むことができる．また，**(b)** の場合には夏の西日を完全に遮ることができることが読み取れる．

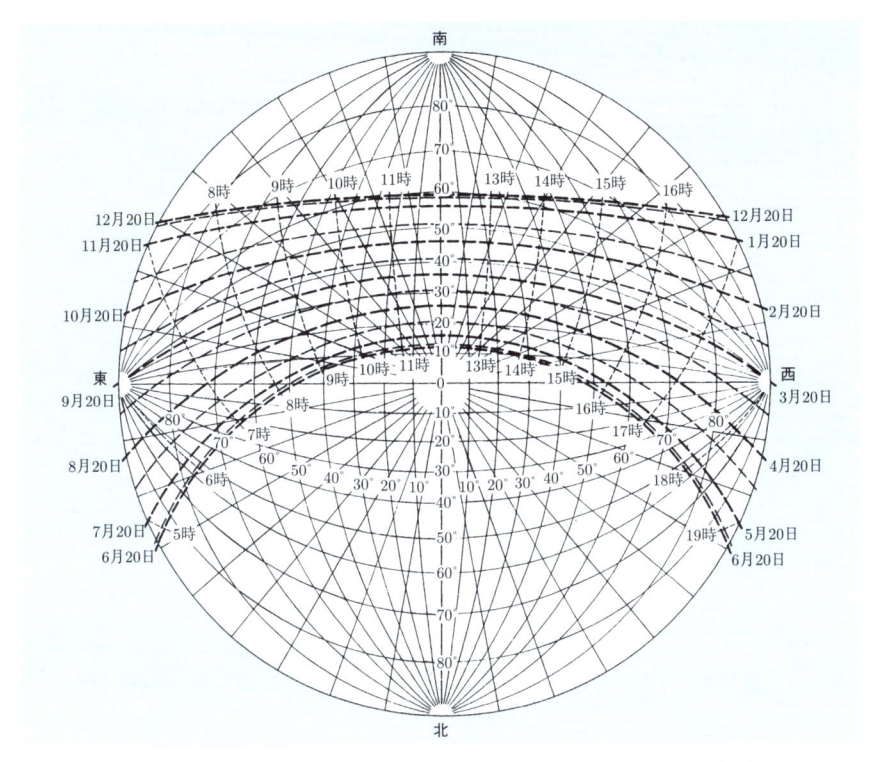

図 9.6 日射遮蔽効果検討のための平射図（東京 35°10′ N）[9-3]

(3) 内付けブラインドと外付けブラインドの日射遮蔽効果の比較

図 9.8 は，6 mm 厚の透明ガラスにブラインドを内付けした窓と外付けした窓の日射遮蔽効果を比較したものである．ほぼ正面から日射が入射した場合を考える．ガラスだけのときには，80％近くの日射が室内に入射する（(a)）が，窓の外側にブラインドをつけることによって，逆に80％近くの日射を遮蔽することができる（(b)）．しかし，内付けのブラインドの場合には，ガラスを透過した日射がブラインドに吸収され，ブラインドの温度が上昇する（(c)）．吸収された日射熱が室内の空気との対流と熱放射によってほとんどが室内に放散され，その結果50％程度の日射遮蔽効果しか望めない．すなわち，日射を内側ブラインドで遮って部屋が暗くなっても，半分以上の日射熱が室内に侵入してしまうことになる．ブラインドの日射遮蔽効果は，ブラインドの色（日射反射率）

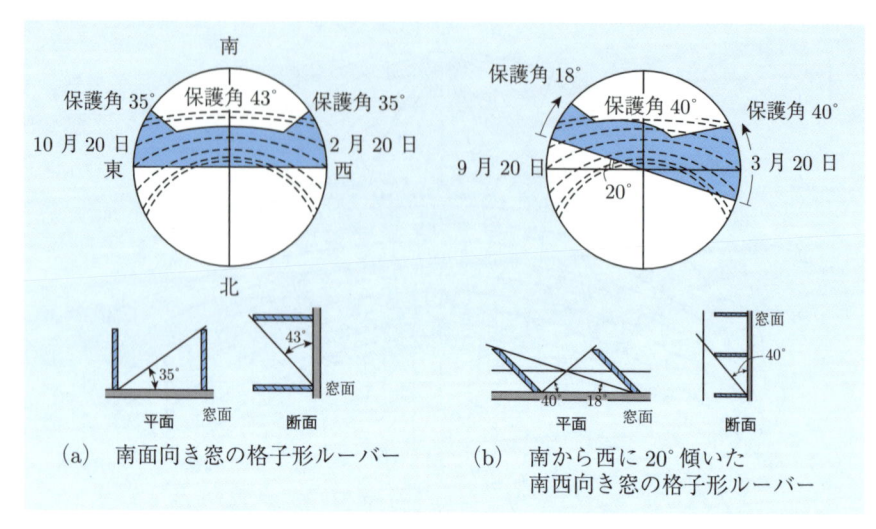

図 9.7 平射図による格子形ルーバーの日射遮蔽効果の検討例 (9-4)

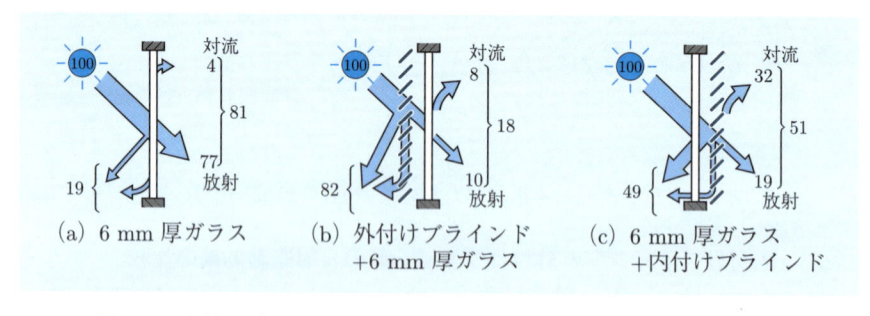

図 9.8 内付けブラインドと外付けブラインドの日射遮蔽効果の比較

によっても異なるが，我々が白と黒の中間と感ずる灰色のブラインドの日射反射率は30%前後の値で，目で見た印象ほど反射率の値は大きくない．

(4) 開口部における日射遮蔽の手法

緯度によって太陽高度が異なることからも推測できるように，開口部のデザインはその地域の気候・風土と深くかかわり，地域性に富んでいる．また，日射調整を積極的にデザインに取り入れることによって，ファサードが豊かな表情を作り出している例は多い．

9.3 日射遮蔽

開口部における日射遮蔽は4章で述べたように，日照調整と同時に考えねばならない．ここでは，日射遮蔽や日照調整を行う場所でそれらの方法を分類し，それぞれについて図9.9に例をあげてみた．

① 建築の形そのものによる工夫
② 窓の位置や形状による工夫
③ 窓の設備，付属物による工夫
④ 窓面材料による工夫

単に，ブラインドやカーテンだけでなく，いろいろな工夫があることが理解できよう．特に，窓に取りつける日除けの主な例について図9.10に示す．同図にはそれらの日除けが適する方位と適さない方位も表示してある．例えば，庇やバルコニーは夏季に太陽高度が高い南面のみに適し，その他の方位では日射が低い位置からあたるために適さない．

庇・バルコニー
○S
⊗SE-N-SW

水平ルーバー
○SE-S-SW
⊗E-N-W

オーニング
○SW-W-E-SE
⊗NE-N-NW

サンスクリーン・すだれ
○SW-W-E-SE
⊗NE-N-NW

外付けベネチアンブラインド
○NE-E-S-W-NW

垂直ルーバー
○NW-N-NE
⊗W-S-E

縦形ブラインド
全方位に適する

格子形ルーバー
○SW-SENW-NE

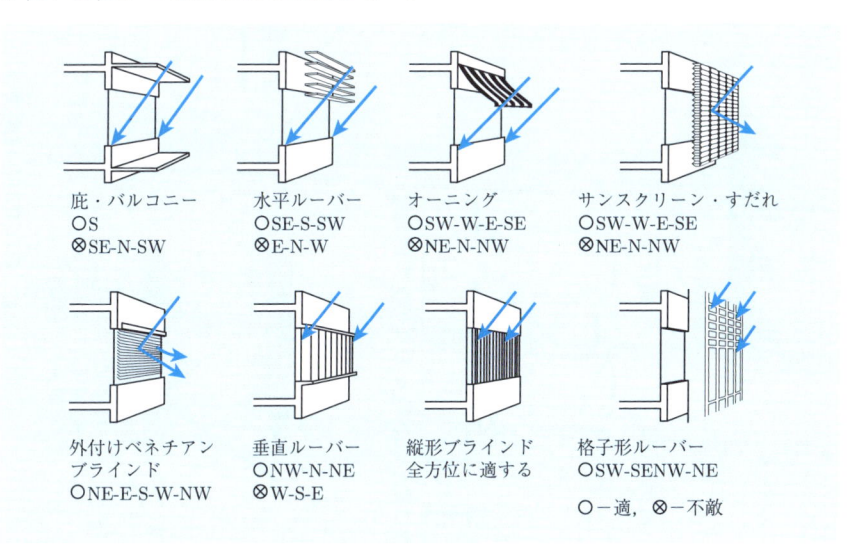

○-適，⊗-不敵

図9.10 日除けの例

180　第9章　涼しい住まい

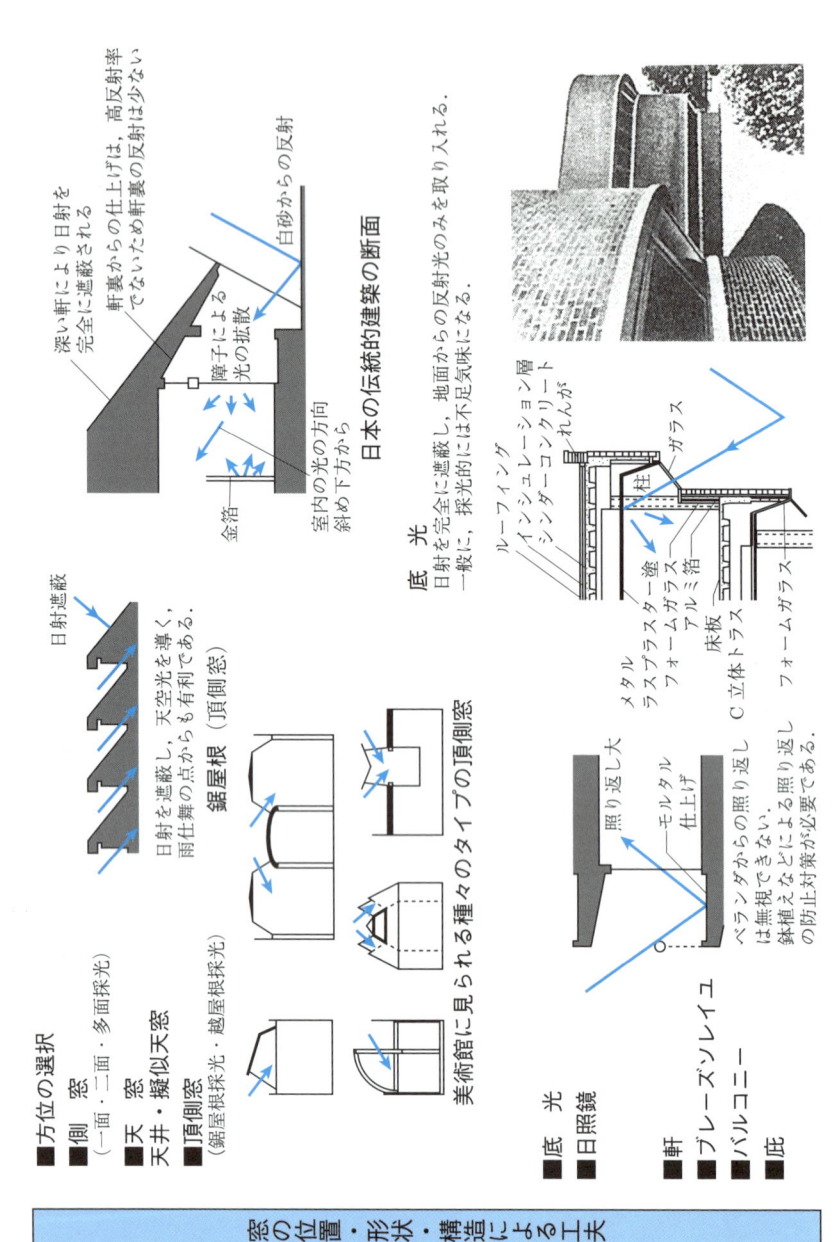

日本の伝統的建築の断面

- 深い軒により日射を完全に遮蔽される
- 軒裏からの仕上げは、高反射率でないため軒裏の反射は少ない
- 白砂からの反射
- 障子による光の拡散
- 金箔
- 室内の光の方向斜め下方から

底　光

日射を完全に遮蔽し、地面からの反射光のみを取り入れる。一般に、採光的には不足気味になる。

美術館に見られる種々のタイプの頂側窓

- 日射遮蔽
- 鋸屋根
- 日射を遮蔽し、天空光を導く、雨仕舞の点からも有利である。
- 頂側窓
- 鋸屋根採光・越屋根採光

■方位の選択
■側　窓（一面・二面・多面採光）
■天　窓
■天井・擬似天窓
■頂側窓

窓の位置・形状・構造による工夫

- ルーフィング
- インシュレーション層
- シンダーコンクリート
- れんが
- ガラス
- 柱
- メタルラスプラスター塗
- フォームガラス
- アルミ箔
- 床板
- C立体トラス
- フォームガラス

- 照り返し大
- モルタル仕上げ

ベランダからの照り返しは無視できない。鉢植えなどによる照り返しの防止対策が必要である。

■底　光
■日照鏡
■軒
■ブレーズソレイユ
■バルコニー
■庇

図9.9(a)　日射遮蔽と日射調整のいろいろ (9-5)

9.3 日射遮蔽

採光・日照調整の工夫とその特徴（他の環境要素との関係、建築設備との関係など）

建築の形態による工夫

G. Rottier の太陽都市の提案
直射日光を補集器で集光し、導管で各室に導く。補集器頭部の高光束のところで熱エネルギーを分離し、冷房などにも利用する。

日射鏡の原理

サンコントロールのための実験的事務所建築の計画
（R. ノーウェルス）

日射が極度に強い地方に見られる。日射遮蔽を建築形態によって解決した例（テンペ市庁舎）

図 9.9(b) 日射遮蔽と日射調整のいろいろ (9-5)

第9章 涼しい住まい

窓面材料による工夫

■熱線吸収ガラス
日射を吸収するので、ガラスの表面温度が上昇する。

■熱線反射ガラス
周辺建物への反射日射の影響も考慮する必要がある。窓面材料のエ夫では、一般に窓を閉じた状態でないと機能を果たさないため、同時に通風効果は得られない。また、外部の視野も得られないなど、不自然な場合が多い。

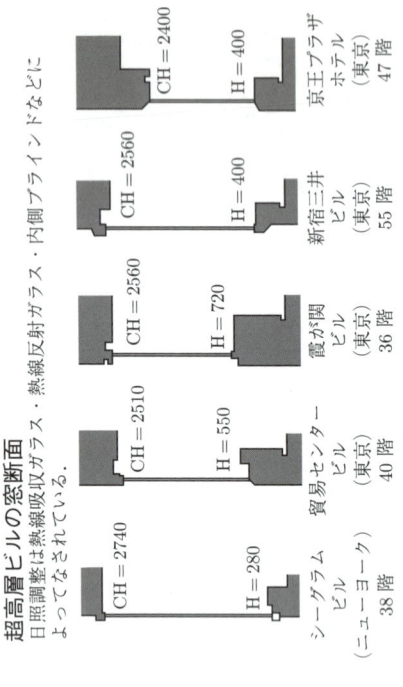

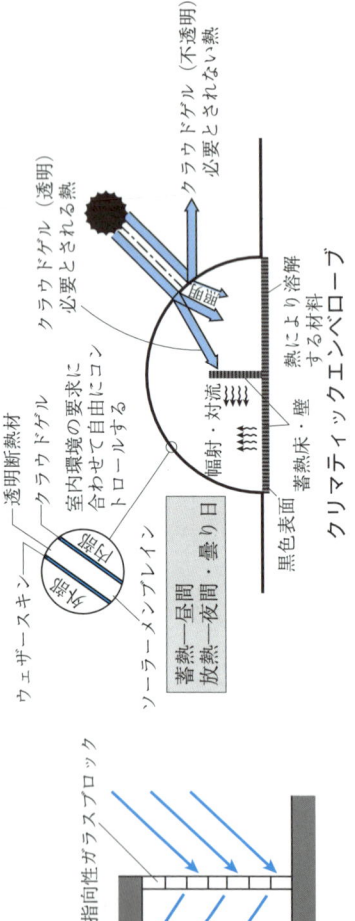

超高層ビルの窓断面
日照調整は熱線吸収ガラス・熱線反射ガラス・内側ブラインドなどによってなされている。

シーグラムビル（ニューヨーク）38階　CH=2740　H=280

貿易センタービル（東京）40階　CH=2510　H=550

霞が関ビル（東京）36階　CH=2560　H=720

新宿三井ビル（東京）55階　CH=2560　H=400

京王プラザホテル（東京）47階　CH=2400　H=400

指向性ガラスブロック
光を上方に屈折させ、室奥まで光を送ることができる

クリマディックエンベロープ
クラウドゲル（不透明）必要とされない熱
クラウドゲル（透明）必要とされる熱
熱により溶解する材料
黒色表面　輻射・対流　蓄熱床・壁
ウェザースキン
透明断熱材　クラウドゲル
ソーラーメンブレン　クラウドゲル
室内環境の要求に合わせて自由にコントロールする
蓄熱―昼間
放熱―夜間・曇り日

図 9.9(c)　日射遮蔽と日射調整のいろいろ (9-5)

9.3 日射遮蔽

採光・日照調整の工夫とその特徴（他の環境要素との関係、建築設備との関係など）

- ■ 中 庇
- ■ 格 子
- ■ ルーバー　太陽の位置・高度により自動調整できる
- ■ ベネチアンブラインド
- ■ バーゴラ
- ■ すだれ
- ■ カーテン
- ■ 障 子　すだれやカーテンは視野が遮られる

反射光により室内の照度分布を改善する

中庇は通風輪道のコントロールにも有効である。

ガラス窓　中庇　通風

反射面　反射光を導く

窓の設備・付属物による工夫

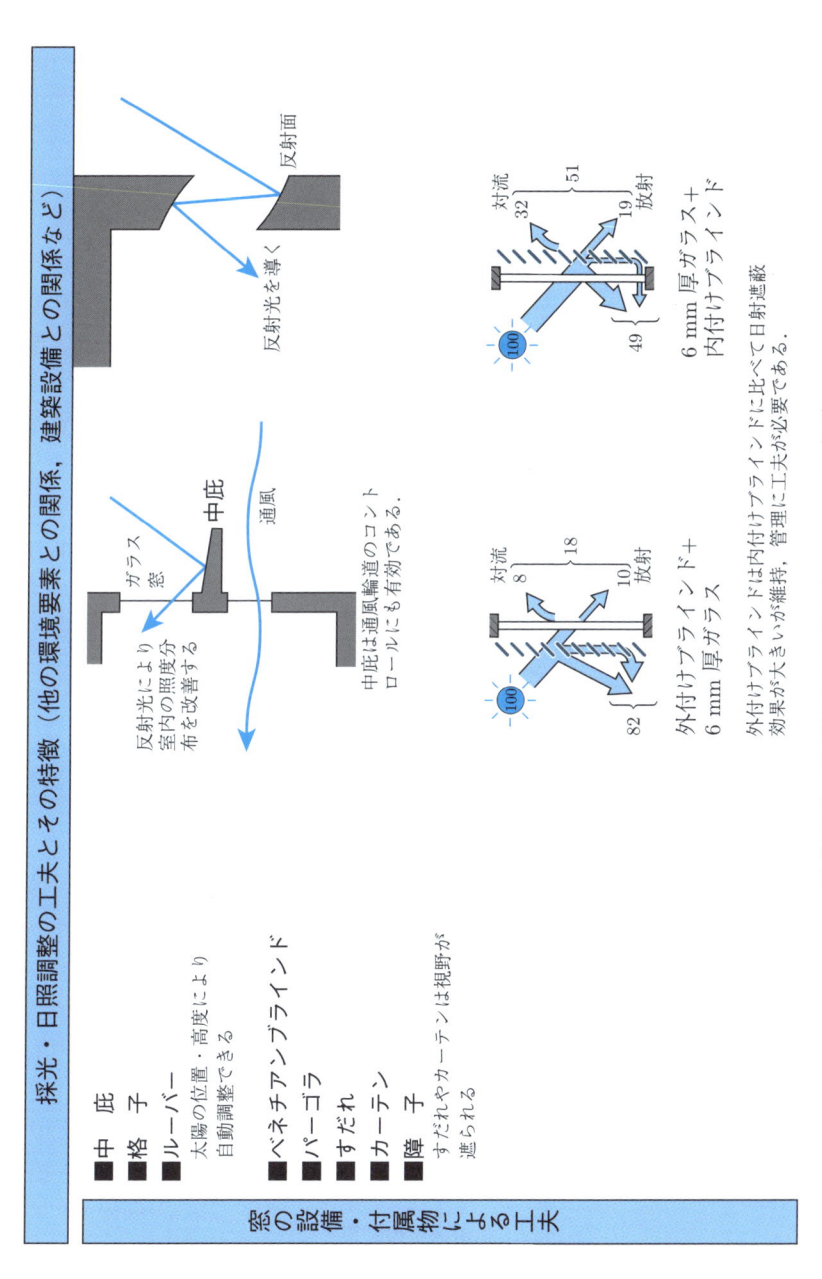

外付けブラインド＋6 mm厚ガラス
対流 8　18
放射 10
82

6 mm厚ガラス＋内付けブラインド
対流 32　51
放射 19
49
100

外付けブラインドは内付けブラインドに比べて日射遮蔽効果が大きいが維持、管理に工夫が必要である。

図 9.9(d)　日射遮蔽と日射調整のいろいろ (9-5)

9.4 通風計画

9.4.1 通風の効果

窓や室内の間仕切りを開放して，室内に風を通すことを**通風**とよぶ．換気と比較すると移動する空気の量ははるかに多く，室内に籠もった熱や湿気を速やかに取り除くことができる．また，気流速度が増すと熱対流および蒸発によって身体から奪われる熱量が増えるので，気流による涼感が得られることからも，日本の気候・風土に合った涼しさを得る有効な方法といえよう．

住宅でも種々の設備が使われるようになり，室内での発生熱はますます増加する傾向にあるため，より積極的な通風計画が望まれる．市街地の中では通風を期待できないところもあるが，通風には冷房では得られない清涼感がある．

わが国では冷房の普及によって通風の必要性が薄れ，夏でも閉鎖的でよいために，窓が小さくなる傾向にあるといわれている．しかし，わが国の気候特性から考えれば，窓を開放して新鮮な外気を取り込み，快適な室内気候を形成で

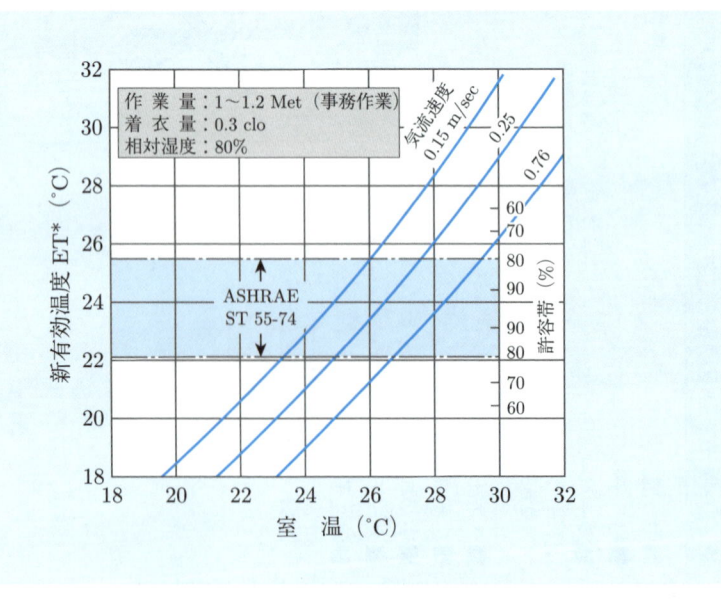

図9.11 気流速度の影響[9-6]

きる期間は長いことも忘れてはならない．

風速が体感におよぼす影響が大きいことは，5章で述べた通りである．5章で紹介した体感指標の中の新有効温度について，風速の影響の一例を図 9.11 に示す．例えば，気温が 28°C で無風に近い状態として風速が 0.15 m/sec や 0.25 m/sec であるとすると，ASHRAE の基準では快適範囲をはずれてしまう．これに対して風速が 0.76 m/sec あると，新有効温度は 23.5°C となり，快適範囲に入る．このように，通風によって室内の熱気を取り除くだけでなく，気流感による涼感が増すことに注目したい．

9.4.2　通風計画のための検討項目

室内の風速は屋外風速と深く関係することから，時々刻々と変動するが，夏季において通常の着衣状態で座っている場合には，0.3〜0.8 m/sec 程度が適当な気流速度といわれている．適切な通風を得るための検討項目を整理すると次のようになる．

① その場所の風の主方向と風速を知る．
② 室内に風を導く工夫をする．
③ 室内の通風輪道を考える．

9.4.3　風向・風速の特徴の把握

地域によって，風向・風速がいかに異なるかを，図 9.12 に示す 3 都市を例に比較してみよう．東京では夏は一日中かなりの風速が得られ南風が卓越しているが，福岡では海陸風が顕著で，昼は北風，夜は南風となる．大阪は西風が多い．このように地域によって風向が大きく異なることから，窓の位置を決めるときには，主風向の情報は必須といえよう．

風向・風速は，さらに周辺の地勢や建築の影響を直接受ける．2 章でも述べたように，高層建築が建て込んでいる地区では，上空の風速に対して地面近傍の風速は大きく減衰する．逆に，高層建築の近くでは局所的に強風が吹くところもあるので，微細気象を十分考慮する必要がある．

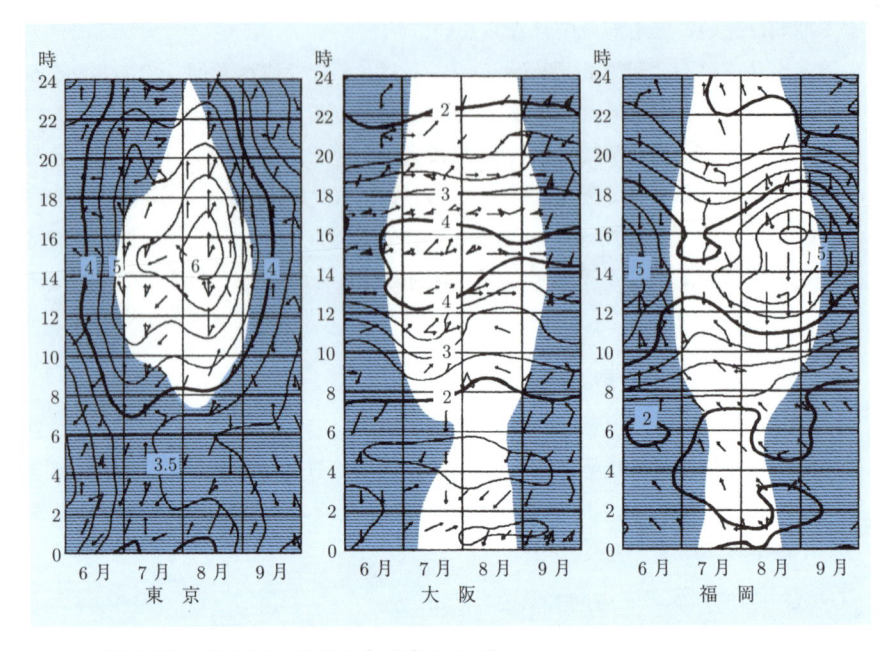

図 9.12　都市による風の主風向のちがい
（矢印の向き：風の吹いている方向，図の上が北．
矢印の長さ：風の主方向の頻度．等値線：風速（m/sec））[9-7]

9.4.4　風を導く工夫

　建築の中に外風を取り込むには建築外表面における風圧力の分布を知らねばならない．図 9.13 には，断面形状の異なるいくつかの建築について，すべて矢印のような自然風が吹いている場合に，建築の各面が受ける風圧力の分布を風圧係数で示す．風上側は＋で正圧，風下側は－で負圧になる．矢印の長さが長いほど風圧力が大きく，通風のポテンシャルが高いことを示している．例えば，フラットルーフの場合，屋根は常に負圧になる．勾配屋根は，屋根の勾配で，特に風上側の屋根の**風圧係数**は大きく変わる．同図は独立した建築の場合であって，周囲に建築が建っているときには，同図と大きく異なることがある．

　通風を図るには，図 9.13 からわかるように，正圧の風上と負圧の風下側に開口部を設けるとよい．ただし，風上ばかり面積を大きくしても有効な通風は図

れない．実際には上記のように開口部を設けることができない場合が少なくない．このようなときに風を導く工夫として，生垣や塀を配置した場合の通風輪道について一例を図 9.14 に示す．室内への通風は，風圧係数が大きいところにある窓から，それより小さい窓に向かって流れる．生垣や塀などを適切に配置することによって，同図に示すように，風向と平行の窓からも通風を得ることが可能となる．しかし，配置が悪い場合には妨げにもなる．

9.4.5 室内の通風輪道

部屋に風がいくら入ってきても，生活で必要とならないところを通ってしまっては，通風の効果は半減してしまう．そのため，目的とするところに適切な**通風輪道**ができるように窓の位置などを考えねばならない．

図 9.15(1) の (a)〜(c) のように，室内に流入する風の方向は，窓の近傍における壁面気流によって左右される．また，(e) のように，生垣や塀などによって室内に風を導くことができる．図のように風上と風下の窓の位置によっても通風輪道は異なる．

建築の上階部分では図 9.15(2) の (g)〜(j) に示すように，風がジャンプして天井に廻る現象が生ずる．このような場合には，庇や中庇を設けることによって風向を下に向けることができる．

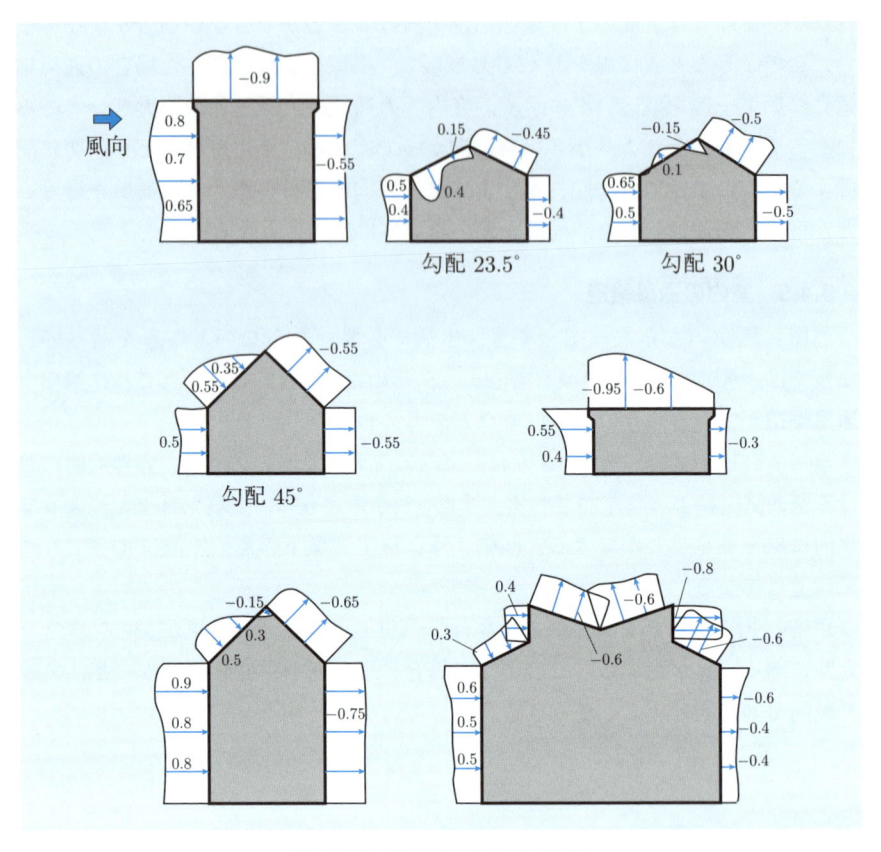

図 9.13　独立建築の風圧係数

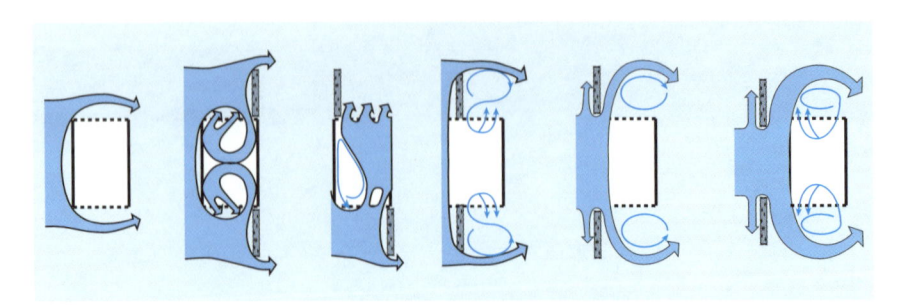

図 9.14　生垣や塀の配置と通風輪道の関係 [9-8]

9.4 通風計画

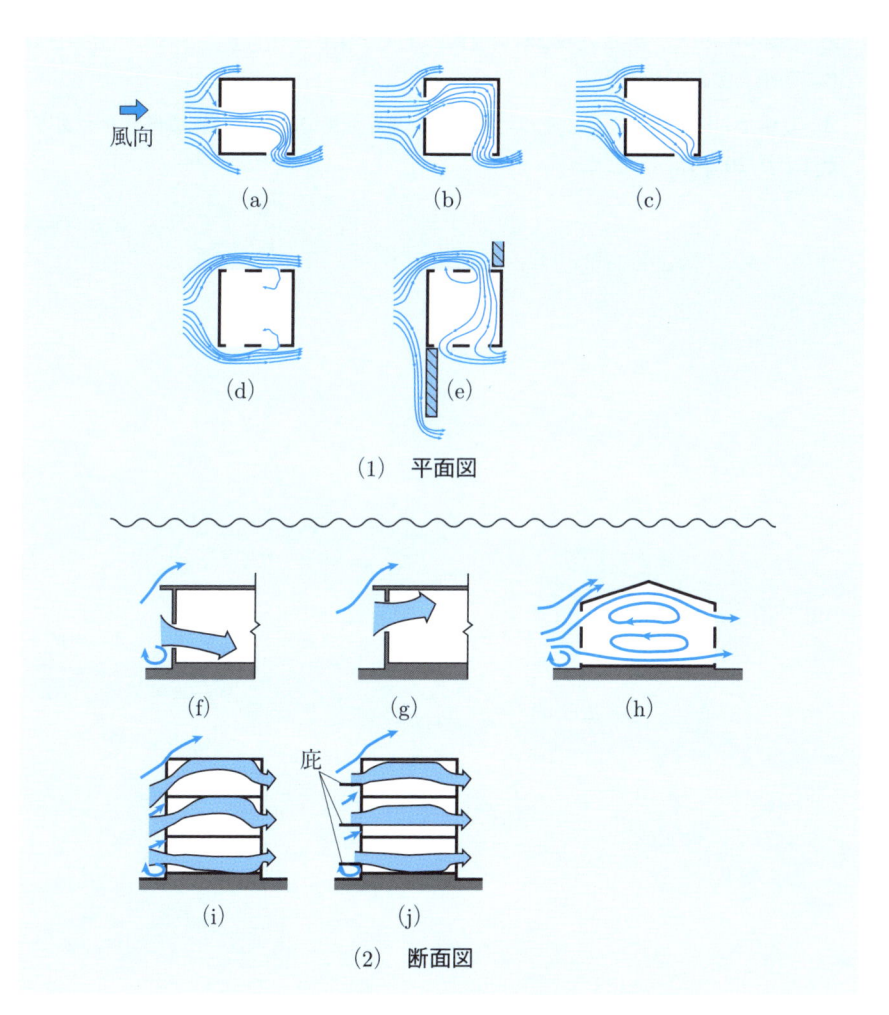

風向

(a) (b) (c)

(d) (e)

(1) 平面図

(f) (g) (h)

庇

(i) (j)

(2) 断面図

図 9.15 窓の位置と室内の通風輪道との関係 [9-9]

9章の問題

☐ **1** 内付けブラインドと外付けブラインドの日射遮蔽効果を比較せよ．

☐ **2** 街の中に出て，いろいろな日射遮蔽の工夫を探してみよう．さらに，その日射遮蔽効果を考えてみよう．

☐ **3** 夏季において適切な通風を得るために，通風計画で検討すべき項目を3つあげ，それぞれ20字以内で記せ．

第10章

パッシブシステム

　日射や風などの自然の力を巧みに生かした住まいづくりは，古くから民家などで行われてきているが，近年，パッシブシステムとよばれ，機械力に頼らずに建築そのものによって積極的に自然のポテンシャルを生かし，冬暖かく夏涼しい快適な住まいを実現しようとする設計手法の科学的アプローチが試みられている．本章ではその基本的な考え方と具体的な手法について概説するとともに，主な手法の効果について紹介する．

10.1	パッシブシステムとは
10.2	パッシブシステムの設計
10.3	パッシブヒーティング手法
10.4	ダイレクトヒートゲインシステムの効果
10.5	パッシブクーリング手法

10.1 パッシブシステムとは

　パッシブシステムの起源であるソーラーシステムについてまず述べる必要があろう．**ソーラーシステム**とは，太陽の光や熱，風，そして大地の熱など，自然のもつポテンシャルを有効に利用したり，あるいは調整したりして，自然のよさを享受できる快適な住まいを実現しようとする手法をいう．

　この中で，集熱器のような特別な装置を備えて日射熱を濃縮し，さらにポンプや送風機を使ってこれを循環させ，または風力を電力に変換するといった，いわゆる機械力による方法を**アクティブシステム**とよぶ．これに対して，パッシブシステムのパッシブとは，英語で「受動的な」とか「受け身の」といった意味であるが，自然に対して受け身の立場に立って，機械力に極力頼らないで自然のポテンシャルを生かし快適な住まいを実現しようとするのがパッシブシステムである．

　すなわち，建築として必ず必要な開口部や壁，床などの部位や，構造体全体，空間の形状など，建築そのものによって，自然のエネルギーをコントロールしようとする方法である．室内気候の問題を住宅という一つのシステムの中で解決しようとするもので，住み手の生活態度，特に季節変化，日変化，さらには天候の変動などに対する住み手のアクティブな対応に支えられる面も大きい．

　今日のように機械設備が発達していなかったときには，室内気候はシェルターとしての建築と住み手の工夫によって維持されてきた．この意味ではパッシブシステムは特に目新しいものではない．伝統的な手法を再評価するとともに，経験の知恵の領域からさらに科学の成果を取り込んで，今日の新しい技術や解析の力を駆使することによって，積極的に自然のもつポテンシャルを生かそうとする設計手法である．今日失われがちな自然の良さを享受できる生活を求めようとする発想が基本にある．今日の技術を否定したり，または昔の生活に戻ろうというわけではない．パッシブシステムによってより快適な室内環境の期間を拡大し，その不十分な点については適切な補助設備でこれを補う．

10.2 パッシブシステムの設計

10.2.1 パッシブシステムの基本的考え方

はじめにパッシブシステムを考える上での基本的な事項をあげてみよう．

(1) 地域のもつ自然のポテンシャルを最大限に引き出し，一方，不利な要素についてはこれを調整する．このためには，その地域の気候特性の深い理解が基本となる．気候・風土と住まいとの関係について1章の「気候・風土と住まい」や2章の「都市気候」で述べたように，地域の気候特性によって適したパッシブシステムも異なってくる．また，3章から9章までに述べた種々の環境調整手法の原理やその効果に関する知識を駆使してほしい．

(2) 自然エネルギーを薄く，広く，まんべんなく，できるだけそのままの形で利用することが原則である．自然エネルギーのもつ，変化，不安定，間欠，希薄という特徴を生かそうとする発想が必要であろう．化石エネルギーを使用する暖冷房設備のように，強力でかつ自由のきく技術ではない．すなわち，化石エネルギーに対する単なる代替エネルギーとして自然エネルギーをとらえている限り，自然エネルギーは不自由な代物である．また，前述のように，人間のアクティブな対応が前提となることが多いため，パッシブシステムが成功するか否かは，住まい方にも大きくかかわってくる．

(3) 例えば後に述べるダイレクトヒートゲインシステムを例にとっても，窓は日射を取り入れる集熱部位として，また床は日射熱を吸収する蓄熱槽としての役割をはたす．このように建築自体が集熱器や蓄熱槽になることから，熱的な役割のみをもった単一機能のものとしてとらえることはできない．パッシブシステムの設計は住宅の設計計画全体の中でとらえ，快適性だけでなく，住宅としての機能性，安全性，耐久性も同時に考えねばならない．

(4) 1章でも述べたように，わが国のほとんどの地域では，夏と冬の対策が必要である．さらには，昼と夜，天気によっても相反する条件に対する解決がせまられる．このため，非常に微妙なところでバランスを保つ工夫も要求されるが，このことがパッシブシステムによって形成される環境の魅力の一つともいえよう．

10.2.2 設計のプロセス

以上のことを踏まえた上で，設計のプロセスを整理すると次の3段階になる．

① 地域の気候特性を把握し，コントロールすべき気候要素を明確にする．
② 適したパッシブ手法を抽出し，気候要素ごとに検討する．
③ 手法間の矛盾を調整し，総合化する．

表 10.1 には冬のためのパッシブヒーティングと夏のためのパッシブクーリングに分けて設計プロセスと検討項目を示す．以下，それぞれについて具体的な手法とその効果を述べる．

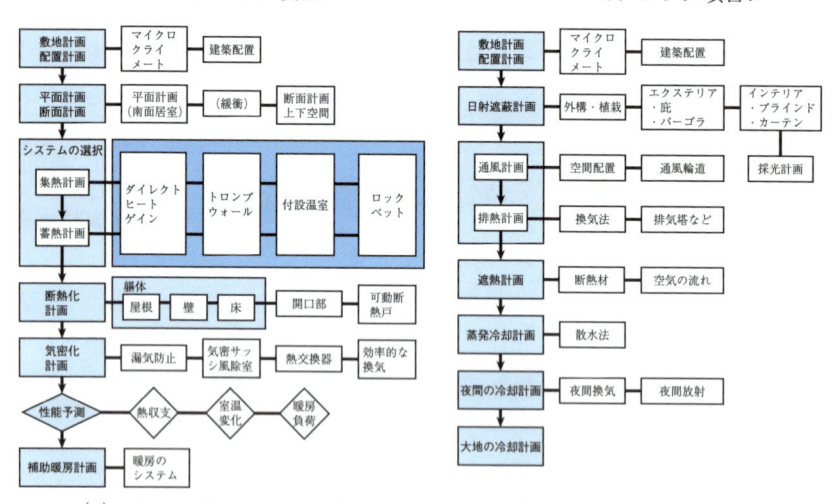

表 10.1 パッシブシステムの設計プロセスとチェック項目[10-1]

(a) パッシブヒーティングについて
(b) パッシブクーリングについて

10.3 パッシブヒーティング手法

パッシブヒーティングのための最も主要な自然のポテンシャルは太陽のエネルギーである．日射をいかに取り込み，室内を暖めるか，特に，日中取り込んだ日射熱を壁や床などに蓄熱させて，夜間の室温を維持することが大きな設計目標となる．日射熱を取得する手法としては，図10.1 や 図10.2 に示すように，基本的な手法としてダイレクトヒートゲイン，トロンブウォール，サーモサイフォン，付設温室などがあげられる．

10.3.1 ダイレクトヒートゲイン

図 10.1(a) に示した開口部から室内に日射を取り込んで，そのまま日射熱を室内に蓄熱し，夜間にこれを放熱させようとする最も単純な手法である．わが国の従来からの建築も南面に大きな開口部を設けているのでなじみもよく，最も普及しているパッシブ手法の一つである．しかし，いくら開口部を大きくして日射を入射させても，畳のように床の熱容量が小さい場合や断熱・気密性が悪い部屋では，夜まで日射熱を蓄えておくことはできない．日中は室温が上昇しても，日射があたらなくなると急激に降下してしまう．すなわち，**ダイレクトヒートゲイン**の設計のポイントは，開口部と蓄熱部位とのバランスを図り，できるだけ多く日射熱を開口部から取り込んで，これをまんべんなく室内の部位に蓄熱させるかである．このため蓄熱部位には熱容量の大きなコンクリートの土間床などが使われる．この上に絨毯を敷き詰めることは，蓄熱効果を著しく低下させてしまうため避けなければならない．

ポイントのもう一点は，蓄熱された部位から放出された日射熱を屋外に逃さないために，部屋の断熱・気密性を高めることである．特に，開口部の断熱性は一般には低いために，二重ガラスにしたり，また夜間には断熱戸や雨戸，障子を閉めるなどの工夫が必要となる．表 10.2 には建築として要求される条件について検討すべき項目を示す．また，現在はダイレクトヒートゲインの性能をこれらの検討項目ごとにチェックすることができる簡易なシミュレーションプログラムも開発されている．

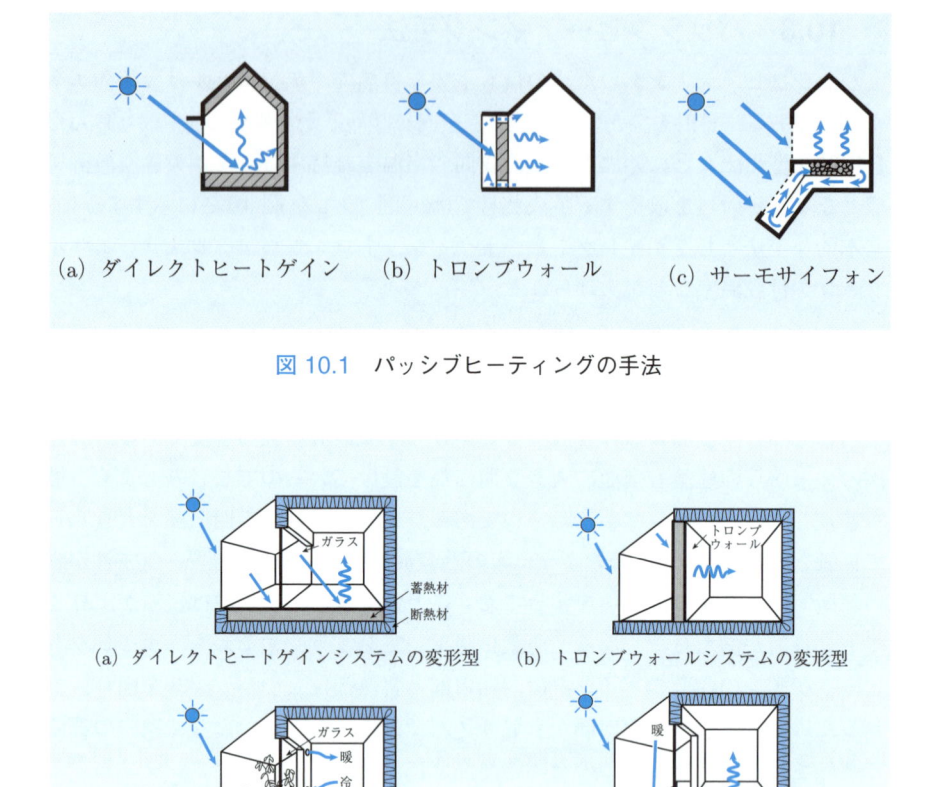

図 10.1　パッシブヒーティングの手法

(a) ダイレクトヒートゲイン　(b) トロンブウォール　(c) サーモサイフォン

図 10.2　付設温室のバリエーション[10-2]

(a) ダイレクトヒートゲインシステムの変形型
(b) トロンブウォールシステムの変形型
(c) 温室機能重視型
(d) 床暖房型：温室の空気を送って床下の蓄熱槽（砕石や潜熱蓄熱材を使用）に蓄熱する
(e) 壁暖房型：システムは床暖房型と同様

表 10.2 ダイレクトヒートゲインのためのチェックリスト

	チェック項目
建築の方位	○集熱窓の方位・傾斜角（熱取得に影響）
建築のプロポーション	○平面・断面計画上の対象暖房空間の位置 ○対象空間の幅・奥行・高さ（熱損失に影響）
窓の面積	○集熱窓の面積（熱取得に影響） ○非集熱窓の面積（眺望・通風・採光のために必要だが熱損失の原因になる）
集熱窓の位置	○日射の届く範囲（蓄熱面との位置関係） ○日射があたる面の時刻的な変化
窓の仕様	○ガラスの選択（単層・複層，各種ガラス） ○サッシの構戒（二重サッシ，開閉方式）
断熱戸	○断熱性・気密性，光透過性の有無 ○操作方法・可動装置
床・壁・天井	○蓄熱部位の厚さ・表面仕上 ○土間床断熱法（基礎断熱，床断熱その他） ○壁・屋根の外断熱法（蓄熱部位とする場合） ○非蓄熱部位の断熱性・気密性の確保
換気量・漏気量	○ジョイント部分，サッシのすき間の気密性 ○ドアの気密性（二重ドア，玄関の風除室） ○換気方法（装置，操作性） ○空気汚染源（ストーブなどの給・排気法）

10.3.2 トロンブウォール

図 10.1(b) に示した**トロンブウォール**は，ダイレクトヒートゲインに対して，間接的に日射熱を取得しようする手法の代表的な例である．開口部から入射した日射を熱容量の大きい壁体に吸収させ，壁体を暖めてそこからの自然放熱で室内を暖める．壁体で吸収されて室内側に貫流してくるまでの時間的な遅れ（タイムラグ）を積極的に利用し，夕方から夜間にかけて放熱させる．また，ガラスと壁体の間にある空気は日中暖められるので，壁の上下に穴を開けて室内に循環させるなどいろいろなバリエーションがある．

しかし，せっかくの南面を壁でふさいでしまうのは，日本では違和感があると思われるが，日中はあまり使われない寝室などでは，採光と通風が考慮されていれば利用可能である．

10.3.3 その他の手法

図 10.1(c) に示したサーモサイフォンは，集熱と蓄熱の部位が分離している手法である．集熱面と砕石蓄熱槽（ロックベット）との間を自然対流する空気で熱を運ぶため，**サーモサイフォン**とよばれている．傾斜地や高床などの場合に利用できる．

その他，居室の南側に大きな開口部をもった付設温室もパッシブヒーティング手法の一つである．図 10.2 にそのいろいろなバリエーションの例を示す．日中は居室との間の間仕切を開放して使用し，夜間は断熱戸などで仕切り，付設温室の部分を熱的な緩衝として使用している場合が多い．その他床に大きな熱容量をもたせたダイレクトヒートゲインに近いものや，居室と付設温室の間に熱容量の大きい壁をつくったトロンブウォールの変形型などいろいろなバリエーションが考えられる．なお，温室機能を重視すれば，付設温室内に熱容量が必要となる．

以上はいずれも日射を取り入れる手法であるが，当然夏のための日射遮蔽や通風計画も考慮されていなければならない．

10.4 ダイレクトヒートゲインシステムの効果

　パッシブソーラーシステムの一つとして，日本でも多くの実例が見られるダイレクトヒートゲインシステムの例を紹介しよう．図 10.3 は住宅・建築省エネルギー機構のパッシブソーラーハウス実大実験委員会で実施されたプロジェクトの中で建設された木質系パッシブソーラーハウスである．実験住宅は総二階建てで，南側にサンスペースがある．南開口部から日射を取り入れて，居間と食堂の土間コンクリート床に吸収させ，蓄熱された日射熱を夜になって放熱させるというダイレクトヒートゲインシステムが採用されている．冬季，日射が十分得られないと大きな効果は期待できないが，所在地である東京は，冬の平均雲量が約 4，すなわち，毎日晴れていると考えてもよいほど得られる日射量は多い．このシステムには最適である．

　晴天日の日中には，図 10.3 のように南側の大きな開口部から部屋の奥深くまで日射が差し込む．その結果，日中に収録した熱画像 口絵 10-1 からわかるように，日射を受けた土間床は日射熱を吸収して表面温度が上昇し，蓄熱が進む．

　日中吸収されて床に蓄えられた日射熱は，夕方から夜，そして朝方にかけて室内に徐々に放射されることになる．熱画像 口絵 10-2 に晴天日の翌朝の様子を示す．この実験住宅では夕方になると，室内の熱ができるだけ逃げないように，サンスペースと居間の間の間仕切ガラス戸と断熱戸を閉め，また東窓にはロールカーテンを下げて断熱性を高めている．同画像は断熱戸などを開放する前の状態であるが，居間および食堂の床一面が赤色で最も高温を示している．居間の床は 21°C，食堂でも 19°C であり，その結果室温も 18°C 程度に保たれている．すなわち，ダイレクトヒートゲインシステムによって，室温の降下が抑制でき，朝方でも室内に快適な熱環境が形成されていることがわかる．

　前述のように，ダイレクトヒートゲインシステムの場合，この実験住宅のように熱容量の大きい土間床がポイントになるが，もし熱容量が小さい畳であったりすると，日中は表面温度が 50°C 以上にも上昇し室温がたちまちオーバーヒートを起こしてしまうし，夕方になると急激に表面温度が降下し，夜間まで日射熱を蓄えておくことはほとんど期待できない．

　また，ダイレクトヒートゲインシステムで大きな効果を得るには，建築の断熱性能や気密性能も高いことが条件となる．早朝の熱画像（口絵 10-2）では，ロール

200　　　　　第10章　パッシブシステム

南面は大きなガラス窓で，冬は十分日射熱を室内に取り入れる．夏は外付けのブラインドなどで日射を遮蔽するとともに，窓を開けて通風を図る．

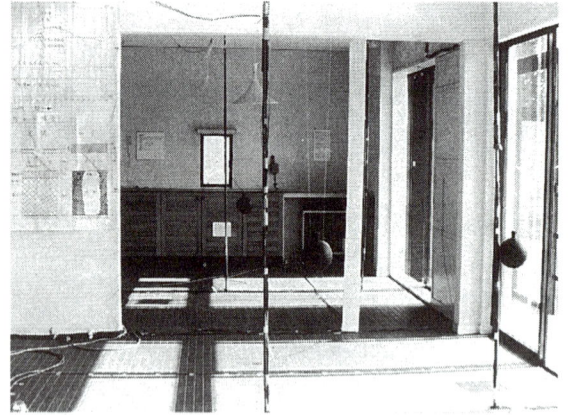

南開口部から入射した日射を，居間と食堂の土間コンクリート床に吸収・蓄熱させるダイレクトヒートゲイン（冬の正午前後．部屋の奥まで日射が差し込む）（口絵 10-1, 10-2 熱画像）

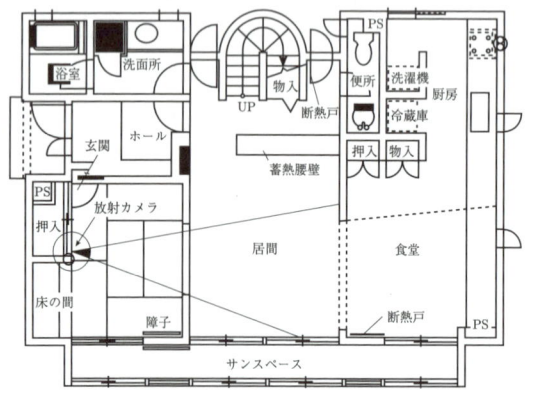

1 階平面図（住宅・建築省エネルギー機構，パッシブソーラーハウス実大実験委員会による木質系パッシブソーラーハウス）（上図は左側の和室から居間と食堂を臨んだもの）

図 10.3　パッシブソーラーハウス[10-3]

10.4 ダイレクトヒートゲインシステムの効果

カーテンをした東窓の下に見られる冷気の降下や，南側の断熱戸の合わせ目におけるサンスペースからの冷気の侵入など，熱的に若干弱いところも見られる．しかし，図 10.4 の実測結果が示すように，熱画像の中の最低温度がサンルームの室温より高いことからわかるように，上記の条件をほぼ満たしているといえよう．土間床の蓄熱効果がいくらあっても断熱性や気密性が低い部屋では，床から放熱された熱はそのまま外に逃げてしまい，朝方の室温を高く保つことはできない．

さらに昼間の熱画像からは，居間の床の中央にできている 2 階デッキの影のように日中の移動が少ない日影部分や，南壁の後方床ではほとんど表面温度が上昇していないことが読み取れ，日射遮蔽物があるとダイレクトヒートゲインシステムの効果が著しく低下することがわかる．日中の表面温度分布も，朝方になるとならされて均一になってしまうことが熱画像口絵 10-2 からわかり，熱が床一面に拡散されていることが興味深い．

例題 10.1

ダイレクトヒートゲインシステムの性能を大きく左右する開口部の面積と床の蓄熱面積との関係について述べよ．

【解説】 pp.199～202 参照．

今日では，設計図面から 3D-CAD を作成し，その情報を入力して熱収支シミュレーションを行い，最適な開口部の位置や面積などを決めることが可能となった．

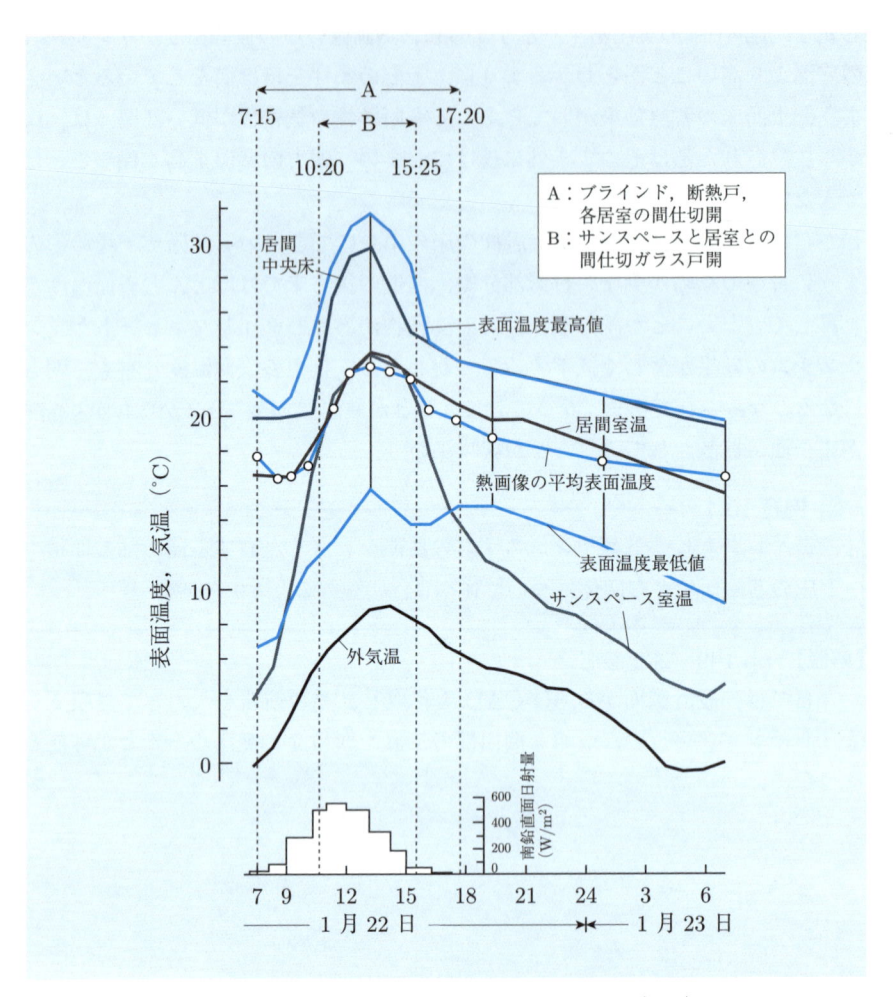

図 10.4 ダイレクトヒートゲインシステムの効果 [10-4]
(赤外線放射カメラなどによる室内環境の実測結果:居間や食堂の土間床の表面温度,室温,外気温などの日変化)

10.5 パッシブクーリング手法

涼しい室内環境を得るための手法としては

① 日射のコントロール
② 放熱の促進
③ 冷気の導入
④ 蓄冷

に大きく分けられる．表 10.3 には一般にパッシブクーリング手法といわれるものを整理し，利用できる自然資源との関係を示す．わが国の伝統的な手法やクールチューブ，ルーフポンドといった地震国であるわが国ではなじみの薄い手法も含まれている．

高温多湿なわが国の夏で，パッシブクーリングシステムを考える場合，伝統的建築がそうであったように，日射熱の室内への侵入をなくすことと，室内に入ってしまった日射熱や室内発生熱を湿気とともに，通風・換気で速やかに放出することが基本であろう．日射遮蔽には建築の周囲に日影空間を形成することが最も有効だ．地面や対向面からの日射反射や再放射も防げる．これには植栽が積極的に利用でき，その日射遮蔽効果は大きい．外壁面の日射反射率や長波長放射率の選択をはじめ，次に示すクーリングの原理や，力学的操作による日射のコントロール手法などの試みも見られる．日射は遮るだけでなく積極的に利用もできる．ソーラーチムニーとよばれ，日射を受けた高温面での自然対流により，室内の換気を促進する手法もある．しかし，これらの方法では高温となった日中の気温より室温を低く保つことは難しく，より積極的に冷やす工夫が望まれる．

積極的に冷やすための手法には

① 大気放射冷却
② 蒸発冷却
③ 夜間換気
④ 冷熱源としての大地の利用
⑤ ①〜④の複合利用

などがあげられる．

表10.3 パッシブクーリング手法の分類 (10-5)

	パッシブクーリング手法の原理，具体的手法	自然資源			
		日射 *1	空気 *2	水 *3	大地 *4
日射のコントロール	● 建築外構における微細気候のコントロール，照り返し防止	○	○	○	○
	● 植栽による日射遮蔽（つる植物による棚，樹冠による日影空間，ツタ）	○		○	○
	● 屋上緑化，覆土屋根	○		○	
	● 屋上散水	○	○	○	
	● 置屋根	○	○		
	● 二重壁，可動断熱壁	○	○		
	● 表面の日射反射率・放射率選択	○			
	● 開口部のダブルスキン構造	○	○		
	● 昼光利用	○			
放熱の促進	● 通風の促進		○		
	● 採風の工夫，採風塔		○		
	● 導気孔・換気孔の工夫		○		
	● 煙突効果の利用，ソーラーチムニー	○	○		
冷気の導入	● クールチューブ（地中埋設導気孔），クールフィード		○	○	○
	● 床下冷気の導入		○	○	○
	● 夜間換気		○		
蓄冷	● 地中住居，地下室				○
	● 土間床				○
	● ルーフポンド（スカイサーモ）	○	○	○	
	● ウォーターウォール	○		○	
	● ソーラーファンテン	○	○		○

*1 直達日射量，太陽高度，天空日射，大気放射量など
*2 気温，湿度，風向，風速など
*3 降水量，土壌含水率，地下水，水温など
*4 日射反射率，表面温度，地中温度，熱拡散率，熱容量など

10.5.1 大気放射冷却

地表面と天空との間で,日射の他に長波長放射の授受がある.日中高温となった屋根面は天空に向けてさかんに放射エネルギーを放射し,屋根面は冷却される.すなわち,周囲が開放的で水平な冷却面での**大気放射冷却量**(地表面有効放射量)E は次式で求めることができる.

$$E = \varepsilon(\sigma T_s^4 - D_o)$$
ε :冷却面放射率
σ :ステファン–ボルツマン定数
T_s:冷却面表面温度
D_o:大気放射量

冷却面の表面温度が高く,大気放射量が少ないほど大気放射冷却は促進される.砂漠地方のように乾燥して澄んだ空の下では,外気温の効果とともに冷却面は凍結さえ起こすほど冷却され,アイスウォールやデューポンドとよばれる手法も採用できるという.冷却面の表面温度が高い場合には大気放射冷却もかなり期待できる.冷却面の表面温度が外気温より高ければ,外気との対流による放熱で相乗効果が得られるが,表面温度が気温以下では逆効果となる.

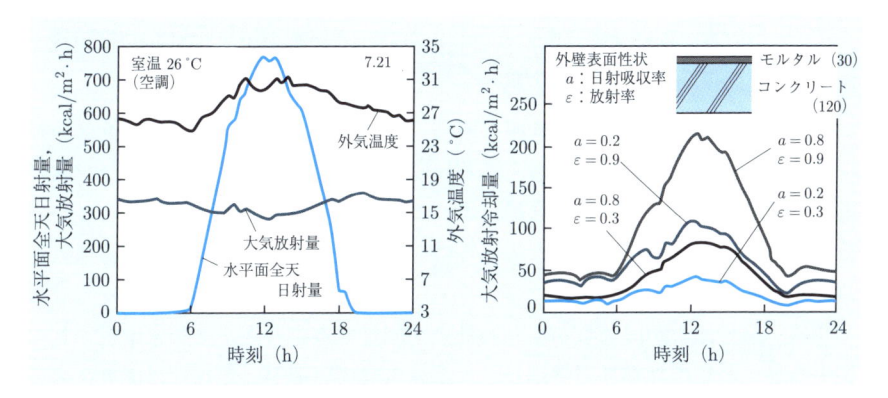

図 10.5 各種表面性状の屋根表面における大気放射冷却量の比較
(夏季の実測気象データを用いたシミュレーション結果)[10-6]

冷却面の長波長放射率は黒体に近いほど有効である．図 10.5 により表面仕上げが異なる場合の大気放射冷却量を比較してみよう．夏の晴天日，日中表面温度が高い高放射率の部位では大気放射冷却量は $200\,\mathrm{kcal/m^2\,h}$ 以上にも達する．これは水平面全日射量の約 30% にあたる．しかし，夜間になると表面温度が下がるため部位による差はほとんどなくなり，$50\,\mathrm{kcal/m^2\,h}$ 前後で一定となり冷却量は減少する．

以上の結果は夏の晴天日の気象条件などを設定した計算例であるが，冷却量は屋根面の構造や室内側温度によっても当然異なる．さらに冷却面は天空との形態係数が大きいほど効果があるため，特に周囲の高温遮蔽物は避けねばならない．

10.5.2 蒸発冷却

蒸発冷却によって，空気をどのくらい冷やせるかは，8章に示した湿り空気線図を用いて求めることができる．例えば，気温が 33°C で相対湿度が 50% の外気の場合，同図上で外気はほぼ湿球温度が一定の線上をたどって断熱飽和変化し，相対湿度 100% に達すると気温は 24.5°C まで冷却される．しかし，外気の相対湿度が 75% と高い場合は，外気は 27.5°C までしか下がらない．

蒸発冷却の利用方法は2つのタイプに分けられる．

① 蒸発によって冷却した空気を直接室内に導く方法．
② 屋根散水，ルーフポンドのように，蒸発によって部位を冷却し，その効果を間接的に利用する方法．

①は，乾燥地域の場合には加湿も同時に行えるので有効であるが，多湿のわが国では室内の湿気をさらに増すことになり，あまり得策ではない．わが国の民家に多く見られる土間床は通風によって湿気が速やかに排除されることが前提である．冷却された土間は人体からの放熱を促し，体感に与える影響は大きいと考えられる．

②についてはわが国でもかなりの効果が期待できよう．かや葺き屋根や瓦の保水効果・蒸発冷却効果の実測なども試みられているが，これらのメカニズムに学ぶところは多い．自然資源である雨水を利用した蒸発冷却システムなども最近では注目されている．

自由水面や十分濡れた表面からの蒸発による熱量は，水温に等しい飽和空気

の蒸気圧と空気中の蒸気圧の差，および風速（**対流熱伝達率**）の関数となる．すなわち，近似的には次式で求められる．

$$E = L(\alpha_c/c)(X_s - X_a)$$
E ：蒸発熱量（W/m²）
L ：蒸発潜熱（kJ/kg）
　　　（θ°C のとき $L = 597 - 0.559\theta$）
α_c ：表面の対流熱伝達率（W/m²·K）
c ：湿り空気の比熱（kJ/kg'·K）
　　　（$c = 0.24 + 0.441(X_s - X_a)/2$）
X_s ：濡れた表面の飽和絶対湿度（kg/kg'）
X_a ：表面近傍の空気の絶対湿度（kg/kg'）

蒸発を促進するには，大気放射冷却の場合と同様に蒸発面を高温に保つことと風速を増す必要がある．わが国のほとんどの地域では夏は湿度が高く，夜間には90%近くにも達する．このことから大きな蒸発冷却効果を望めないにしても，夏季，日射を受けた湿った地面などでは1日に約5mmの蒸発量がある．ほとんどは日中に行われ，夜間熱容量の小さい部位では表面温度が露点以下に下がることも多く，この場合には蒸発は望めない．

なお，日中表面温度が気温より高くならない川や大きな池の水面では，日中の蒸発量は少ないことが，上式から理解できよう．

10.5.3 夜間換気

日中高温を示す外気も，夜から朝方にかけては降下する．この冷えた外気を取り込んで室内を冷やしたり，さらに，建築部位に蓄冷し翌日にこの冷気を持ち込もうとする方法である．蓄冷の場合には部位の熱容量が必要となるとともに，翌日の生活モードも考慮されねばならない．

1章で述べたように，南九州や那覇では，真夏の夜間には外気温が25°C以下に下がらない，いわゆる熱帯夜が続く．この時期には積極的な利用は難しいが，初夏や残暑の頃には十分可能である．気温の日較差が大きく夜間の気温降下が大きい山間地をはじめ，わが国でもかなりの地域で効果が期待できよう．一般には大気放射冷却や蒸発冷却が利用できる地域ほど，気温の日較差も大きく夜

間換気が有効である．

　自然の力によって外気を取り込むためには，気温の日変化のみならず，夜間の風向，風速分布に関するデータも入手しておきたい．また，事務所のように夜間使用されない部屋は別にしても，居住空間を直接冷却する場合は，換気口の位置などにきめ細かな配慮が要求される．

10.5.4 冷熱源としての大地の利用

　図 10.6 は東京における地温の季節変化の一例である．地中の深さが増すと地中温度の変化が小さくなり，日較差は地下約 30 cm でなくなる．そして，およそ 10 m 程度で年中一定となり，その温度はほぼ気温の年平均値に等しい．この安定した地中温度を利用することは，中国の地中住宅をはじめ，寒暑，古今を問わず世界中に多くの例が見られる．降水量がきわめて少なく，湿気が問題とならない地方では，大地の熱容量と断熱性を生かした地中住居は非常に有効である．

　図 10.7 と 図 10.8 に中国の**下沈式窰洞**(やおとん)の外観と空間構成の一例を紹介しよう．

　蓄冷の手法を考える場合，わが国ではこれと切り放して考えられない結露対策について触れておく．露点以下に表面温度を下げなければよいわけであるが，表面温度と気温とのタイムラグは常に結露の危険性をはらんでいる．日中の高温時に涼しさを得るには蓄冷手法が期待できることから，吸放湿作用をもつ材料の開発や除湿の工夫が蓄冷手法と並行して進められなければならない．

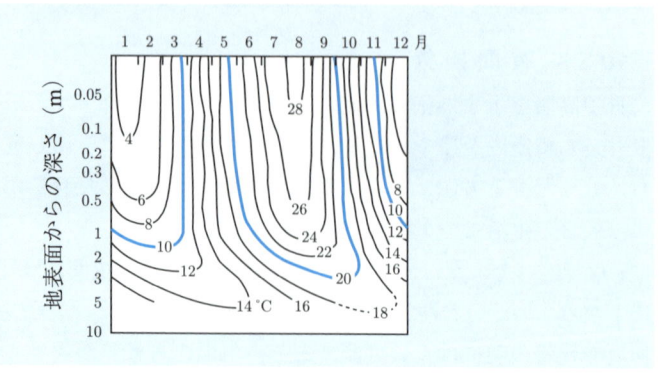

図 10.6　地温の季節変化(断面温度分布，東京) (10-7)

10.5 パッシブクーリング手法

図 10.7 中国の下沈式窰洞

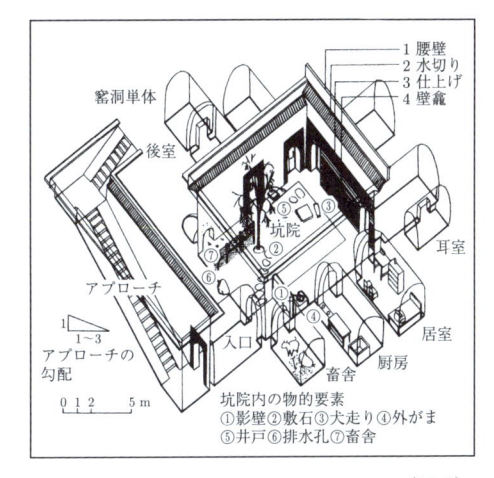

図 10.8 下沈式窰洞住居の空間構成 [10-8]

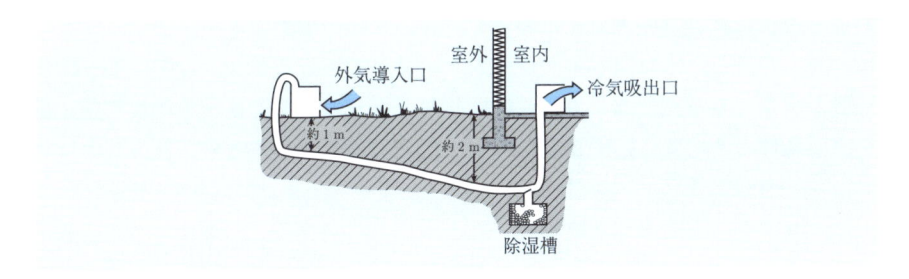

図 10.9 クールチューブの概念図

10.5.5 クールチューブ

同じ冷熱源としての大地の利用でも，地中に埋めたチューブの中に空気を通じ，冷却した空気を室内に導こうとするアイデアがあり，**クールチューブ**とよばれている．図 10.9 にその概念図を示す．壁や床を直接冷やしたりすることがないため，結露の問題は解決できる．乾燥地帯では，クールチューブ内で加湿効果や潜熱冷却も並行して行える利点もある．

一般には必要空気量に対し，チューブの長さが不足するため，チューブを並列にして大地との接触面積を増やす工夫（**クールフィールド**）もほしい．またチューブの埋設位置は深くないと地表面の影響を受ける．地面には植栽するとよい．年周期では冬季の冷風をチューブに通して，管まわりの土壌を冷やして

おくことも考えられる．

床下空間の熱容量も利用できる．夏の日中は床下地盤面の温度は外気温より低く，特に外気温が高い日ほど効果がある．その他，大地の自然現象である風穴を倉として利用した例もある．冷気がかなりの風速で岩の間隙から吹き出しているという．まさに天然のクーラーだ．

10.5.6 ルーフポンド

最後に，パッシブシステムの一つの特徴である季節による変化や日変化など，自然のポテンシャルをうまく利用するために，建築の部位を適切に調節することができれば，快適な住まいづくりにとって大きな可能性がある興味深い手法を紹介しよう．ただし，わが国は地震があるために，解決しなければならない課題は多い．

ルーフポンドは H. ヘイのスカイサーモにはじまる比較的新しい手法の一つである．屋根に熱容量の大きい水の層を設け，それに集熱，蓄熱，蓄冷，放熱の役割をもたせる．水は熱容量が最も大きい材料であることと，対流によって熱移動が促進できる点である．一般には断熱カバーの開閉で夏・冬そして昼・夜の気候条件の変化に対処する．図 10.10 はその模式図であるが，夏の日中は日

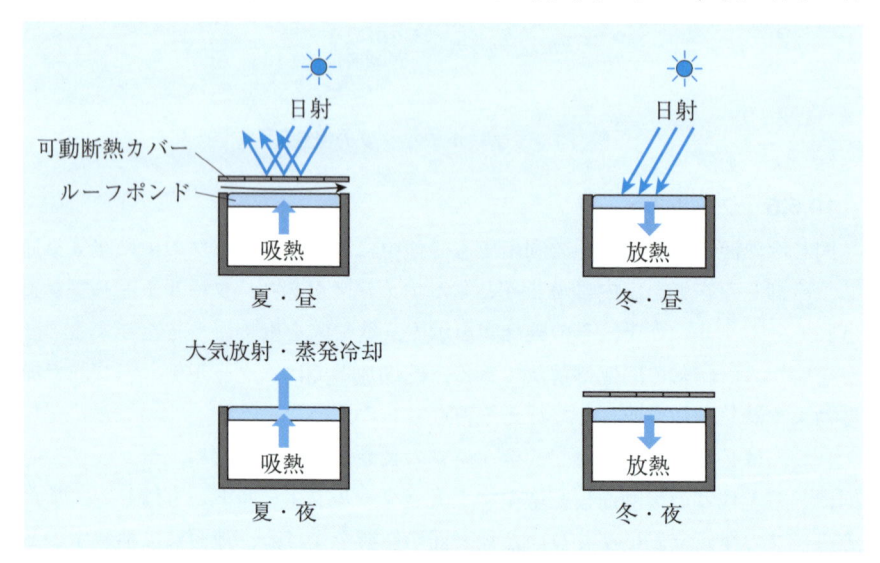

図 10.10 可動断熱カバーを用いたルーフポンドの夏・冬および昼・夜のモード

射を防ぐために断熱カバーで水面を覆い，夜間には外気にさらし，大気放射冷却，蒸発冷却などで水を冷やして蓄冷する．そして日中は室内の熱をこれに吸収させてクーリングを図る．空気の澄んだ砂漠地方などで非常に有効な方法といえよう．

一般には**ルーフポンド**の厚さは15～30 cm程度とされているが，実用化する場合には屋根荷重や防水上の問題もある．メンテナンスや冬の集熱時における蒸発による熱損失を防ぐことなどの理由から，通常は水をプラスチックの袋につめる，夏のみこの上に水をはったり散水したりする工夫がなされる．寒冷地ではさらに冬の熱損失を防ぐ目的から，小屋をかけたりする例もある．しかし，こうなると夏の冷却効果はほとんど期待できない．各種タイプのルーフポンドが試みられているが，地域の気候特性に最適なシステムが決められねばならない．

10章の問題

☐ **1** 本章にあげたいろいろなパッシブシステムが最も適する気候・風土について考えてみよ．

☐ **2** パッシブクーリングのために利用できる冷やす方法を3つあげよ．また，最も効果の得られる気候特性とはどのようなところか．

☐ **3** 蒸発冷却の舗装面を考える．気温35°Cで，相対湿度50%のとき，舗装面が十分濡れている場合，表面温度は何°Cまで下がることが期待できるか（図8.2の湿り空気線図を用いよ）．

資　　料

　本書では，光，熱，空気，水といった都市・建築に関する物理環境を中心に扱っている．

　そのために，これらの特性を定量的に表現する上でいろいろな計量単位が必要になる．この計量単位については，国際的に統一された単位制度を定めることを目指して，国際単位系（SI）が国際度量衡総会で勧告された．わが国でも国際単位系は，JIS Z 8203-1974 の中に「国際単位系（SI）及びその使い方」として取り込まれ，従来の工学単位からの切換えが進められている．

　本書では，第1章で紹介したパッシブ気候特性図の中の日射量については，kcal でコンターマップを作ってしまったため，SI 単位にするには初めから作業をし直す必要がある．このため，元のままとした．また一般に多く用いられていてなじみのよいものについては従来の工学単位を用いた．以下に本書の中で SI 単位と従来の工学単位の両方が用いられている計量単位について換算表を示す．なお，詳細については次の文献1～4を参照．

（文献1）　JIS Z 8202-1985，量記号及び単位記号，日本規格協会（1985）
（文献2）　日本規格協会編『国際単位系（SI）の手引』pp. 112-114（1986）
（文献3）　国立天文台編『理科年表』，丸善
（文献4）　日本建築学会編『建築設計資料集成　環境』丸善，pp. 257-258（1978）

資料

熱伝導率

W/m·K	kcal/m·h·°C
1	8.60000×10^{-1}
1.16279	1

（cal は計量法カロリーの場合）

熱伝達率，熱貫流率

W/m²·K	kcal/m²·h·°C
1	8.60000×10^{-1}
1.16279	1

比 熱

J/kg·K または J/kg·°C	kcal/kg·°C または cal/g·°C
1	2.38889×10^{-4}
4.18605×10^{3}	1

圧 力

Pa	mmHg
1	7.50062×10^{-3}
1.33322×10^{2}	1

（$1\,\mathrm{Pa} = 1\,\mathrm{N/m^2}$）

仕事，エネルギー，熱量

J	kW·h	kcal
1	2.77778×10^{-7}	2.38889×10^{-4}
3.600×10^{6}	1	8.60000×10^{2}
4.18605×10^{3}	1.16279×10^{-3}	1

（$1\,\mathrm{J} = 1\,\mathrm{W \cdot s},\ 1\,\mathrm{W \cdot h} = 3600\,\mathrm{W \cdot s}$
$1\,\mathrm{cal} = 4.18605\,\mathrm{J}$（計量法カロリーの場合））

問題解答

第1章

1, 2 略

3 図 1.2 および図 1.3 の各図，および pp.14～17(c)～(f) を参照して，一日の変化も考慮しながら年変化を読み取ってみよう．ただし，パッシブ気候特性図は本文にも記述されているように，p.24 の「パッシブ気候特性図利用上の留意点」を念頭において読むこと．

4 略

5 那覇は海洋性気候，東京は沿岸都市，松本は盆地に位置する．

6 p.25 の箇条書き⑦参照．

7 ①：室蘭は沿岸都市，旭川は盆地に位置する．

第2章

1, 2, 3 略

第3章

1 p.62 の図 3.3 参照．

2 p.66 参照．

第4章

1 p.76 の「日照の効用」参照．

2 p.85 の図 4.11 参照．

3 ③：次のページ図

問題解答　　215

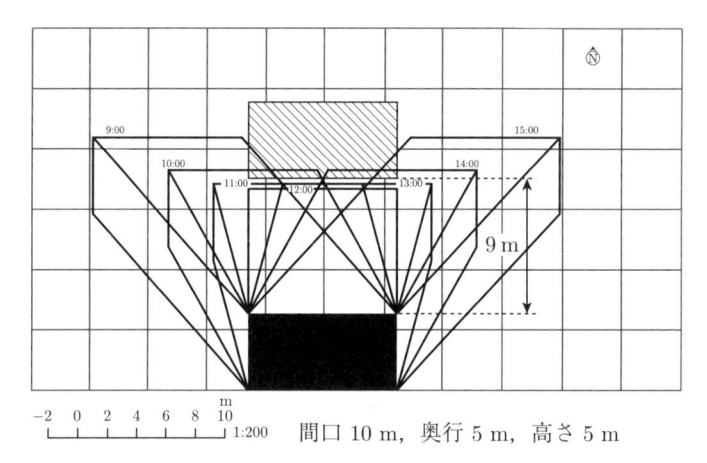

間口 10 m，奥行 5 m，高さ 5 m

第5章

1　p.93 参照．
2　p.107 および 6 章，7 章，9 章を参照．
3　(1)　人間側：産熱量（代謝），着衣量
　　(2)　環境側：気温，湿度，気流，放射（p.95 参照）

第6章

1　①：p.112 参照．
2　(1)　内断熱と外断熱のコンクリート造壁体では，壁体の屋外側と室内側の表面温度の値は同じであるが，壁体内部の温度分布は異なる．なお，壁体内部の断面温度分布が異なることは，内部結露の問題と深く関わる．当然ながら，定常状態においてはコンクリート等材料の熱容量は影響しない．
　(2)　$Q = k\Delta\theta$
　(3)　約 1/3
　(4)　夏季・晴天日では，南中時の太陽高度が高いため，屋根の表面温度が最も高温となる．木造の屋根と外断熱のコンクリート屋根は 60°C 近くまで上昇する．これに対して，内断熱のコンクリート屋根は，日中吸収された日射熱はコンクリートに蓄熱されるため，日中の表面温度は 50°C 程度であるが，夜間から朝方にかけては，蓄熱された日射熱により高温を示している．日没時には気温より 10°C も高い．壁面については，夏季の南中時は太陽高度が高いために南面の外表面温度はそれほど上昇

しないが，構造の違いによる表面温度分布の傾向は，屋根の表面温度分布とよく似ている．一方，西面については，15時頃真正面から西日を受けるために，この時刻には，木造および外断熱のコンクリート壁の外表面温度は50°C近くに上昇する．

(5) 今日においては，断熱のない屋根は論外であることがわかる．マンションの最上階は暑いというのが定説のようにいわれてきたが，その原因の一つが，屋根の断熱性が低いことである．断熱のないコンクリート屋根では，日中吸収された日射熱がコンクリート内に伝わり，午後から夜間にかけて，室内に伝わる．いわゆる焼け込みといわれる現象で，冷房負荷を増大させるとともに，天井からの熱放射が不快感を招く．夕方16時頃には，室温よりも10°Cも高くなっている．内断熱のコンクリート屋根は，日中吸収した日射熱を十分に蓄え込んでしまうため，夜間になってもコンクリート躯体は高温を保つ．

第7章

1 図7.7およびp.144参照．

第8章

1 p.163の(1–1), (1–2), (1–3)参照．
2 pp.162〜164参照．
3 ①

第9章

1 p.178と図9.9(d)参照．
2 図9.10参照．
3 ① その場の風の主風向と風速を知る．
　② 風を導く工夫をする．
　③ 室内の通風輪道を考える．(p.185参照)

第10章

1 略

2 p.203 より，
   ① 大気放射冷却
   ② 蒸発冷却
   ③ 夜間排気
   ④ 冷熱源としての大地の利用

などがある．いずれも太陽放射のように，大きな効果を期待することは難しいので，これらの複合利用も有効．これらの方法は，気候特性によってその効果は大きく異なる．本文をよく読んで，これらの方法の原理と気候特性との関係を理解することが重要．

3 約 $23°C$． pp.206～207 参照．

参考文献

1. 梅干野執筆関連文献

[1] シリーズ地球環境建築・専門編1『地域環境デザインと継承（第2版）』日本建築学会編［梅干野，淺輪分担：第5章 都市と地域の自然環境デザイン 5-1「緑化と地域微気候のデザイン」pp.98–103，第6章 都市の熱環境・エネルギーシステムデザイン 6.1「都市の熱環境デザイン」pp.118–125］彰国社（2010.10）

[2] 『THE COOL CITY 脱ヒートアイランド戦略 緑水風を生かした建築・都市計画』尾島俊雄＋クールシティ・エコシティ普及促進勉強会編著［梅干野 分担：pp.83–89］建築技術（2010.6）

[3] 『環境白書 平成21年度版』環境省編［梅干野 分担：pp.92–94］（2009.6.8）

[4] 『「2050年」から環境をデザインする』日本建築家協会，環境行動委員会編［梅干野 分担：第5章「脱ヒートアイランド都市」pp.194–218］彰国社（2007.10）

[5] まちづくり教科書第10巻『地球環境時代のまちづくり』日本建築学会編［梅干野 分担：2-3-1「ヒートアイランド現象と生活環境」pp.25–32］丸善（2007.10）

[6] 『ヒートアイランドと建築・都市—対策のビジョンと課題』日本建築学会編［梅干野 分担：3-1「緑化による対策」pp.88–95］丸善（2007.8）

[7] 『建築設計資料集成「環境編」』日本建築学会編［環境部会部会長］丸善（2007.2）

[8] 『立体緑化による環境共生—その方法・技術から実施事例まで』下村孝，梅干野晁，輿水肇編著，ソフトサイエンス社（2005.11.30）

[9] 『建築環境設備学（新訂版）』紀谷文樹編［梅干野 分担：第3編3章「都市の熱環境」pp.121–130］彰国社（2003.11）

[10] シリーズ地球環境建築・入門編『地球環境建築のすすめ（第2版）』日本建築学会編［梅干野 分担：2-2-2「都市環境と熱・エネルギー」pp.94–105］彰国社（2009.9）

[11] "Architecture for a Sustainable Future" Editor Architectural Institute of Japan, HOYANO Akira: 2-2-2「The urban environment from a thermal viewpoint」pp.94–105 IBEC（2005.8）

[12] 『建築設計資料集成「総合編」』日本建築学会［環境部会部会長］丸善（2001.6.30）

参 考 文 献   219

[13]　『第13版 空気調和・衛生工学便覧　1 基礎編』［梅干野 分担：1-2-2「都市環境問題」pp.409–412］空気調和・衛生工学会（2001.11）
[14]　『新太陽エネルギー利用ハンドブック』［梅干野 分担：第7章 パッシブソーラーシステム 第4節「自然エネルギー利用と地域環境」pp.530–534］日本太陽エネルギー学会（2000.11）
[15]　『建築環境と可視化情報―実験・シミュレーション・バーチャルリアリティー』［梅干野 分担：第6章「都市環境と可視化情報」pp.77–98，第9章「可視化・像処理ツール」pp.131–134］理工図書（1995.6）
[16]　『建築環境学　2』［梅干野 分担：第13章「植栽環境調整」pp.151–180］丸善（1993.8）
[17]　『パッシブシステム住宅の設計』［梅干野 分担：第2章「気候特性を読む」pp.14–27，付録「パッシブ気候特性図」pp.63–111］丸善（1985.12）
[18]　『自然エネルギー利用のためのパッシブ建築設計手法辞典』［梅干野 分担：手法2，pp.10–13，手法6，pp.24–25，手法13，pp.48–51，手法14，pp.52–55，手法28，pp.102–105］彰国社（1983.10）

2. 環境工学に関する関連文献や本書で扱う内容のバックグラウンドとなる関連文献

[19]　日本建築学会編『環境建築』オーム社（2011）
[20]　藤井修二他『建築環境のデザインと設備』市ヶ谷出版社（2004）
[21]　加藤信介他『図説テキスト　建築環境工学』彰国社（2002）
[22]　〈建築のテキスト〉編集委員会編『初めての建築環境』学芸出版社（2000改訂版）
[23]　図解住居学編集委員会編『図解住居学5 住まいの環境』彰国社（1998）
[24]　空気調和・衛生工学会『快適な温熱環境のメカニズム［新版］豊かな生活空間をめざして』丸善（2006）
[25]　久我新一『宇宙環境から人間環境へ　建築環境学入門』彰国社（1997）
[26]　環境工学教科書研究会編著『環境工学教科書』彰国社（1996）
[27]　宿谷昌則『光と熱の建築環境学』丸善（1993）
[28]　木村健一編著『建築環境学 1, 2』丸善（1992, 1993）
[29]　池田耕一『室内空気汚染のメカニズム』鹿島出版会（1992）
[30]　建築設備学教科書研究会編著『建築設備学教科書』彰国社（1991）
[31]　浦野良美編著『住宅のパッシブクーリング』森北出版（1991）
[32]　紀谷文樹他『建築環境設備学』彰国社（1988）
[33]　中村和郎他『日本の自然5　日本の気候』岩波書店（1986）

[34] 尾島俊雄他『新建築体系 9　都市環境』彰国社（1986）
[35] 福井英一郎他編『日本・世界の気候図』東京堂出版（1985）
[36] 進士五十八『緑からの発想—郷土設計論』思考社（1985）
[37] 木村健一他『新建築学体系 8　自然環境』彰国社（1984）
[38] 中村泰人他『新建築学体系 10　環境物理』彰国社（1984）
[39] レイナー・バウハム著，堀江悟郎訳『環境としての建築—建築デザインと環境技術』鹿島出版会（1981）
[40] 宮川英二『風土と建築』彰国社（1979）
[41] 小木曾定彰『住まいと都市の環境論』新建築舎（1979）
[42] 日本建築学会編『建築設計資料集成 1　環境』丸善（1978）
[43] G. O. ロビネッティ著，三沢彰，山本正之訳『図説 生活環境と緑の機能』産業技術センター（1978）
[44] 志賀重昂『日本風景論（上），（下）』講談社学術文庫（1976）
[45] 谷崎潤一郎『陰翳礼賛』中央文庫（1975）
[46] 渡辺要編『建築計画原論 I, II, III』丸善（1962, 1965, 1965）
[47] 日本建築学会編『建築設計資料集成 2』丸善（1960）
[48] 和辻哲郎『風土』岩波書店（1935）
[49] 藤井厚二『日本の住宅』岩波書店（1933）
[50] 国立東京天文台編『理科年表』丸善
[51] 寺田寅彦『寺田寅彦全集　第六巻』岩波書店（1997）

図表典拠

■ 1章
- (1-1) 梅干野晁他『標準気象データを用いた気候要素等値線図の作成』日本建築学会九州支部研究報告，第27号（1983）
- (1-2) (1-1)と同じ．
- (1-3) (1-1)と同じ．
- (1-4) (1-1)と同じ．
- (1-5) 浦野他『日本建築学会論文報告集』No.330（1983）
- (1-6) 農林水産省『農業気象資料』第3号（1982）

■ 2章
- (2-1) 岡建雄『都市の熱的空気環境』建築雑誌，Vol.**96**, No.1185, p.35（1981）
- (2-2) 尾島俊雄他『新建築学大系9，都市環境』彰国社，p.12（1986）
- (2-3) A. G. Davenport, "Wind Loads on Stractures", Technical paper, No.88（1960）
- (2-4) 勝田高司『日本建築学会建築年報』(1976) より一部改変．
- (2-5) 気象庁ホームページより作成．
- (2-6) (2-5)と同じ．
- (2-7) 環境省の2004年調査報告書による．
- (2-8) 梅干野晁『建築外部空間の熱環境』建築雑誌，Vol.**102**, No.1255, p.58（1987）
- (2-9) (2-8)と同じ．
- (2-10) 梅干野晁他『住宅地における夏季・冬季の熱環境実態および土地被覆率との関係』日本建築学会論文報告集，第331号，p.38（1983）
- (2-11) (2-10)と同じ．
- (2-12) 日本建築学会編『建築資料集成1　環境』丸善，pp.119–122（1978）
- (2-13) 足永靖信他「空気調和・衛生工学会論文集」No.92, "顕熱潜熱の違いを考慮した東京23区における人工排熱の排出特性に関する研究" pp.121–130（2004）

■ 3章
- (3-1) 東京国立博物館蔵．

222　図表典拠

(3-2)　梅干野晃他『屋上の芝生植栽による照り返し防止・焼け込み防止効果』日本建築学会環境工学論文集, pp.133–140 (1983)
(3-3)　(3-2) と同じ.
(3-4)　梅干野晃他『ツタの西日遮蔽効果に関する実験研究』日本建築学会計画系論文報告集, 第 351 号, pp.11–19 (1985)
(3-5)　(3-4) と同じ.

■ 4章
(4-1)　日本建築学会編『建築設計資料集成 2』丸善, p.41 (1960) より作成
(4-2)　日本建築学会編『建築統計資料集成 2』丸善, (1960)
(4-3)　日本建築学会編『建築設計資料集成 1　環境』丸善, (1978)

■ 5章
(5-1)　ASHRAE, "Hand book of Fundamentals", p.142 (1972)
(5-2)　P. O. Fanger, "Thermal Comfort", Danish Technical Press.
(5-3)　(5-1) と同じ, p.141.
(5-4)　日本建築学会編『建築設計資料集成 1　環境』丸善, p.107 (1978)
(5-5)　(5-4) と同じ, p.109.

■ 6章
(6-1)　日本建築学会編『建築設計資料集成 2』丸善, p.106 (1960)
(6-2)　(6-1) と同じ.
(6-3)　日本建築学会編『建築設計資料集成 1　環境』丸善, p.131 (1978)
(6-4)　(6-3) と同じ.
(6-5)　住宅・建築省エネルギー機構『省エネルギーハンドブック'85』p.265 (1985)
(6-6)　(6-3) と同じ.
(6-7)　(6-3) と同じ, pp.119–122.

■ 7章
(7-1)　池田耕一『室内空気汚染のメカニズム』鹿島出版会, p.3, 表 2 (1992)

■ 8章
(8-1)　日本建築学会編『建築設計資料集成 1　環境』丸善, p.167 (1978)
(8-2)　池田耕一『室内空気汚染のメカニズム』鹿島出版会, p.48 (1992)
(8-3)　日本建築学会編『建築設計資料集成 2』丸善, p.105 (1960)
(8-4)　建築学大系編集委員会編『新訂 建築学大系 22—室内環境計画』彰国社, p.606, 斉藤平蔵の提案値による. (1969)

(8-5) 日本建築学会編『建築設計資料集成1　環境』丸善，p.180，斉藤平蔵の値による．(1978)
空気調和・衛生工学会編，『空気調和・衛生工学便覧I』，p.I-76，表3.10，吉沢晋『燃焼器具を有する室内の汚染防止に関する研究』(1972) も参照のこと．
(8-6) 中村泰人他『新建築学体系10　環境物理』彰国社，p.141 (1984)

■ 9章

(9-1) 日本建築学会編『建築設計資料集成1　環境』丸善，p.105 (1978)
(9-2) (9-1) と同じ．
(9-3) 日本建築学会編『建築設計資料集成2』丸善，p.42 (1969)
(9-4) (9-3) と同じ．
(9-5) 梅干野晁『省エネルギーのためのトータルシステム，デザイナーのための設備チェックリスト』1981年度版「建築文化」10月号臨時増刊，彰国社，p.6 (1981)
(9-6) (9-1) と同じ，p.108．
(9-7) 梅干野晁他『標準気象データを用いた気候要素等値線図の作成』日本建築学会九州支部研究報告，第27号 (1983)
(9-8) (9-1) と同じ，p.161．
(9-9) (9-3) と同じ，p.111．

■ 10章

(10-1) (財) 住宅・建築省エネルギー機構編『パッシブシステム住宅の設計』丸善，p.28, 50 (1985)
(10-2) (10-1) と同じ，p.46．
(10-3) 梅干野晁他『全室熱移送を考慮した木質系パッシブソーラーハウスの熱性能に関する実測解析 (その4，熱赤外線放射カメラの熱画像による解析)』空気調和・衛生工学会学術論文集，p.453 (1985)
(10-4) (10-3) と同じ．
(10-5) 梅干野晁『Passive Cooling—自然エネルギー利用冷房』，「太陽エネルギー」Vol.9, No.5, p.7 (1983)
(10-6) 浦野良美他『大気放射冷却に関する実験的研究　第3報　モデル壁体によるシミュレーション』日本建築学会中国・九州支部研究報告，第5号 (1981)
(10-7) 農林水産省『農業気象資料』第3号 (1982)
(10-8) 窰洞考察団『生きている地下住居』彰国社，p.207 (1988)

索　引

あ　行

アクティブシステム　192
アスベスト　138
雲量　22
エコシティー　57
屋上芝生植栽　67
屋上緑化　60, 65
温室効果　40
温室効果ガス　39
温度差換気　144
温熱環境　101

か　行

開放型　147
海陸風　11
下沈式窰洞　208
カビ　161
換気　107
乾球温度　101
環境共生型　56
環境調整効果　59
換気量　141
乾燥空気　151
機械換気　144
季節風　11
気密性　10
気密性能　107, 110, 119
気密層　110
強制換気　144

局地気候　6, 34
空気線図　154
クールチューブ　209
クールフィールド　209
クリモグラフ　2
グレア　173
グローブ温度　99
グローブ温度計　99
形態係数　98
軽量人工土壌　68
結露　110, 157
結露防止　116, 163
建築外部空間　41, 44, 45
口腔粘膜乾燥　155
降水量　26, 27
コールドドラフト　110, 117
コンクリートジャングル　48

さ　行

サーモサイフォン　198
産熱量　92, 93
自然換気　144
自然光　76
自然対流　124
湿気　151
湿球温度　101
室内気候　44, 106
島日影　87
湿り空気　151

索 引

湿り空気線図　　103, 154, 206
修正有効温度　　102
人工排熱　　39, 41, 42
新鮮空気　　136
新有効温度　　101, 103

ステファン-ボルツマン定数　　47

生気候図　　95
清浄空気　　136
静電気　　155
積雪量　　26, 27

総合熱伝達率　　112, 118
相対湿度　　151
ソーラーシステム　　192
ソーラーチムニー　　203

た 行

大気顕熱負荷　　40
大気放射　　45
大気放射量　　26
大気放射冷却　　29, 39, 205
大気放射冷却量　　205
太陽高度　　77
太陽放射　　74
太陽放射エネルギー　　45
対流型　　123
対流熱伝達率　　207
ダイレクトヒートゲイン　　195
ダイレクトヒートゲインシステム　　10
ダニ　　161
断熱効果　　116
断熱材　　115
断熱性能　　107, 110, 120
断熱層　　110
暖房機　　147

地球環境問題　　41
地中温度　　26, 31
地表面温度　　26, 31

着衣量　　93, 94
昼光照明　　76
直達日射　　45, 173

通風　　107, 184
通風計画　　107
通風輪道　　187

照り返し　　173
天空日射　　45
伝導型　　124

等値線図　　11
都市気候　　35, 39
トロンブウォール　　197

な 行

内部結露　　159, 165
夏型結露　　160

二酸化炭素　　138
日射　　74
日射遮蔽　　64, 79, 108, 172
日射取得係数　　126
日射熱　　68
日射反射　　27
日射反射率　　173
日照　　74
日照権　　82
日照障害　　86

熱拡散率　　113
熱画像　　53, 116
熱環境　　95
熱環境調整効果　　65
熱貫流　　111
熱貫流抵抗　　111
熱貫流率　　111
熱コンダクタンス　　113
熱性能　　107
熱赤外線　　27

熱損失係数　126
熱帯夜　38
熱的な快適性　93
熱伝導率　112
熱平衡　92
熱平衡式　92
熱放射型　123
熱容量　39, 107, 120
熱流量　111

は 行

パッシブ気候特性図　11
パッシブクーリング　18
パッシブクーリング手法　203
パッシブシステム　10, 192
パッシブソーラーハウス　199
パッシブヒーティング　18
半密閉型　147

ヒートアイランド現象　35
ヒートブリッジ現象　164
日影曲線　84
日影図　84
微気候　6, 34
表面温度　52
表面結露　159, 163

風圧係数　186
風力換気　144
不快指数　101
複合日影　86
浮遊粉塵　136
冬型結露　159

平均放射温度（MRT）　97
壁面緑化　65
ベランダ緑化　65

防湿層　110
防湿フィルム　166
放射　97
放射熱　66
放射熱伝達率　118
放熱量　92
防風対策　10
飽和水蒸気圧　151
飽和線　154
ホルムアルデヒド　138

ま 行

マルチスペクトラルスキャナ（MMS）　48
密閉型　147

や 行

夜間冷却　27
焼け込み　67
屋敷林　58
有効温度　101, 102
有効温度図　102
夕凪　9
床暖房　96, 124
容積絶対湿度　151

ら 行

ラドン　136
リモートセンシング　48
緑化　60
緑被分布図　61
隣棟間隔　87
ルーフポンド　211
冷放射　110
冷房負荷　43
露点温度　151

索　引

英　字

Met　93

PMV　101, 105
TH 指数　101

著者略歴

梅干野　晃(ほやの　あきら)

1971 年　東京工業大学工学部建築学科卒業
1976 年　東京工業大学大学院理工学研究科建築学専攻博士課程修了
1981 年　九州大学大学院工学研究科熱エネルギーシステム工学専攻
　　　　　助教授
1986 年　東京工業大学大学院総合理工学研究科社会開発工学専攻助教授
現　在　東京工業大学大学院総合理工学研究科環境理工学創造専攻教授
　　　　　工学博士

主要著書

「建築設計資料集成　総合編」(環境部会長，丸善，2001)
「建築設計資料集成　環境編」(環境部会長，丸善，2007)
「立体緑化による環境共生—その方法・技術から実施事例まで」
　(下村孝，梅干野晃，輿水肇 編著，ソフトサイエンス社，2005)
「住まいの環境学」(放送大学教育振興会，1998) 他多数

建築工学＝EKA-10
都市・建築の環境設計　—熱環境を中心として—

2012 年 4 月 10 日© 　　　　　　　　　初 版 発 行

著者　梅干野　晃　　　　　発行者　矢沢和俊
　　　　　　　　　　　　　印刷者　小宮山恒敏
　　　　　　　　　　　　　製本者　米良孝司

【発行】　　　　株式会社　数理工学社
〒151-0051　東京都渋谷区千駄ヶ谷 1 丁目 3 番 25 号
☎ (03) 5474-8661 (代)　　　サイエンスビル

【発売】　　　　株式会社　サイエンス社
〒151-0051　東京都渋谷区千駄ヶ谷 1 丁目 3 番 25 号
営業☎ (03) 5474-8500 (代)　　振替 00170-7-2387
FAX☎ (03) 5474-8900

印刷　小宮山印刷工業 (株)　　製本　ブックアート

≪検印省略≫

サイエンス社・数理工学社の
ホームページのご案内
http://www.saiensu.co.jp
ご意見・ご要望は
suuri@saiensu.co.jp まで。

本書の内容を無断で複写複製することは，著作者および
出版者の権利を侵害することがありますので，その場合
にはあらかじめ小社あて許諾をお求め下さい。

ISBN978-4-901683-74-6
PRINTED IN JAPAN

建築計画学入門
建築空間と人間の科学
大佛・宮本・藤井共著　２色刷・Ａ５・上製・本体2800円

建築構造力学入門
元結正次郎著　２色刷・Ａ５・上製・本体2100円

非線形構造力学
構造物の多軸挙動と塑性論
瀧口克己著　Ａ５・上製・本体2800円

基本建築構造力学
片持ち線材の挙動
瀧口克己著　Ａ５・上製・本体2200円

線材力学の基礎
ひずみと応力の解析からの展開
瀧口克己著　Ａ５・上製・本体3000円

新・建築材料Ⅰ
［構造材料編］
田中・三上・横山共著　２色刷・Ａ５・上製・本体1900円

新・建築材料Ⅱ
［部位構成材料・機能材料編］
田中・川村・三上・横山・高橋共著
２色刷・Ａ５・上製・本体2200円

＊表示価格は全て税抜きです．

発行・数理工学社／発売・サイエンス社